AF141456

Christian August Wichmann

Wilhelm Pitts des jüngern verkehrte Minister-Streiche

Christian August Wichmann

Wilhelm Pitts des jüngern verkehrte Minister-Streiche

ISBN/EAN: 9783743691728

Hergestellt in Europa, USA, Kanada, Australien, Japan

Cover: Foto ©ninafisch / pixelio.de

Weitere Bücher finden Sie auf **www.hansebooks.com**

Wilhelm Pitt's

des jüngern

verkehrte

Minister=Streiche.

Zweyter Band.

O Schatten Chatham's, erscheine deinem Sohn, und erleuchte
mit deinem Genius seinen Verstand, oder fodre aus der
Tiefe deines Grabmaales von ihm den Namen zurück,
den er geschändet hat.

Frau von Stael, geb. Necker.

Cöln,
bey sel. Peter Hammers Erben.
1 7 9 6.

Vorrede des deutschen Herausgebers.

Das Thema von Wilhelm Pitt's des jüngern ver=
kehrten Minister=Streichen ist so reichhaltig, daß es
schon vor mehrern Jahren in einem oder ein Paar
Bänden voll Erörterungen darüber nicht schien er=
schöpfet werden zu können; und Herr Pitt selbst
wird nicht müde, den künftigen Geschichtschreiber
seiner Thorheiten immer mit mehr und mehr neuen
Materialien zu versorgen.

Das deutsche Publicum würde die Last dessen,
was in England täglich und stündlich theils in gröf=
fern und kleinern fliegenden, von Buchhändlern
verlegten Schriften, theils in den vielfältigen räson=
nirenden Zeitungs=Blättern und Journalen wider
diesen Minister und seine treufleißigen Mit=Arbei=
ter an Groß=Britanniens Verderben erscheint, zu=
verläßig nicht tragen. Also läßt sich unter dem al=
len für deutsche Leser nur eine Auswahl der interef=
santesten Aufsätze treffen; und ich habe deßhalb,
unter dem einmal beliebten General=Titel meiner

zufällig angefangenen Sammlung, dem deutschen Liebhaber der Zeit = Geschichte aus einer sehr großen Anzahl von den wichtigern Schriften, die bisher über die Lage erschienen sind, worein Groß Britannien, und mit ihm zugleich der größte Theil von Europa durch das widersinnige Verfahren des bisherigen brittischen Ministeriums versetzet worden ist, vorzüglich drey ausgelesen, welche, nach meinem Ermessen, nicht so wohl der persönlichen Invectiven halber, die darinnen vorkommen, als vielmehr wegen der ökonomisch = politischen Erörterungen, die ihren Haupt = Innhalt ausmachen, ein allgemeineres Interesse haben, und ohne alle persönliche Rücksichten auf das verdorbene brittische Ministerium, auch nach künftiger, Gott gebe baldiger Beendigung des bisherigen heillosen Kreuz = Zuges wider die neufränkischen Freyheits = und Gleichheits = Maximen, ihren Werth für denkende Leser behalten werden.

Die erste und kürzeste von diesen drey Schriften, die noch im J. 1793 bald nach der Kriegs = Erklärung, welche das damalige französische, bekanntlich von der Girondisten = Partey geleitete Ministerium der Krone Groß = Britannien zu thun genöthigt wurde, führt im Originale die Aufschrift: an Inquiry into the Causes of the present Derangement of Public Credit in Great Britain; occasioned by

Mr. *Pitt's* Speech in the House of Commons,
on the 27th of March last. To which is added,
Some Hints to the Legislature for the Formation
of a Plan for the immediate Employment of the
numerous destitute Poor. Der ungenannte, und
mir wenigstens nicht bekannte Verfasser derselben
entwickelt aufs deutlichste die Ursachen, durch die
gleich bey dem Ausbruche des Krieges der Franzosen wider die Englische Regierung und den Erb-
Statthalter der vereinigten Niederlande, (denn nur
mit diesen, und nicht mit den Völkern, hat es die
Republik Frankreich zu thun,) ein sehr großer
Theil der brittischen Fabriken und Manufacturen
zerrüttet ward, eine vorher nie erhörte Anzahl von
Bankerotten in allen Gegenden von Groß-Britannien entstand, und eine unbeschreibliche Menge von
bisherigen Arbeitsleuten bey den Manufacturen,
sammt ihren Weibern und Kindern, brodlos werden
mußte. Nächstdem macht er zu eben der Zeit, da
er die unverständigen Minister seines Vaterlandes
zu belehren sucht, zugleich jedem aufmerksamen Leser eine Wahrheit begreiflich, die so gar für aufge-
klärtere Staatsmänner noch ziemlich neu zu seyn
scheint; ich meyne die Wahrheit, daß ein entschied-
ner Handels-Staat, (welches Groß-Britannien
freylich nicht zu seyn brauchte,) ein ganz ander Interesse habe, als ein Agricultur-Staat; daß daher

das brittische Handels-System in der innigsten Verbindung mit dem System der brittischen Cabinetts-
Politik stehe, so daß beide schlechterdings von einander abhängen; und daß folglich das Ministerium
eine ungeheure, ihm selbst gefährliche Sottise bege-
he, wenn es Krieg, zumal plötzlich und gegen alles Erwarten der Nation anfängt; eine Sottise,
durch die mit einmal Millionen von Einwohnern in
ein Elend gestürzt werden, von dem sich hernach in
ruhiger-gewordenen Zeiten nur ein gar kleiner Theil,
mit aller Anstrengung seiner Kräfte, jemals wieder
zu erholen vermögend, der viel größere Theil aber
unwiederbringlich zu Grunde gerichtet ist. Am Ende giebt er noch denen, die sich mit Handels-und
Gewerbs-Angelegenheiten beschäfftigen, einige vernünftige Rathschläge, wie sie, für ihren Theil,
dem Fortgange der gräulichen Zerrüttung, die aus
einer solchen Regierungs-Sottise für das Vaterland
entstanden ist, dergestalt entgegen-arbeiten können,
daß sich die Folgen davon zum wenigsten nicht weiter ausbreiten, als es durchaus ihnen unmöglich
ist, sie zu hemmen.

Die zweyte und stärkste Schrift dieses Bandes
führt ursprünglich den Titel, a Letter, commercial
and political, addresset to the R. H. *William
Pitt*: in which the real Interests of Britain, in

the present Crisis, are considered, and some Ob-
servations offered on the general State of Europe.
By *Jasper Wilson*, Esq. Sie ist ebenfalls bereits
im J. 1793 ans Licht getreten, und ist in Groß-
Britannien mit so ausgebreitetem Beyfall aufgenommen worden, daß sie binnen wenigen Monaten
zum andern und drittenmale neu gedruckt werden
mußte. — Sie greift den Minister, an den sie gerichtet ist, um so empfindlicher an, je sanfter, scho-
nender und bescheidner der ganze Ton ist, in dem
Herr Wilson schreibt, und je weniger sich die Ar-
gumente des Verfassers mit Bündigkeit wider-
legen lassen.

Freylich war sie gleich anfangs, und sie ist vermuthlich auch itzt noch, einer ganzen Rotte von ge-
schwornen Anhängern des brittischen Ministeriums
ein stechender Dorn in den Augen. Denn daß Herr
Pitt und seine Collegen in Groß-Britannien
eine zahlreiche Rotte von Anhängern haben, ist eben
so wenig ein Wunder, als daß irgend ein andrer
Tyrann einen Anhang von verdorbnen Menschen hat,
die durch seine Hülfe ihr Glück auf Kosten der Nation gemacht haben, oder es noch künftig zu machen
denken, und die schon deßhalb allein blindlings von
dem Wink und Willen dessen abhängen, von dem
alle Gnaden-Bezeigungen eines Hofes ausgetheilt
werden. Aber zu Herrn Wilson's Schrift haben

doch so wohl Herr Pitt und seine Collegen im Mi=
nisterium, als alle Anhänger derselben geschwiegen —
bis auf Einen, dessen ich sogleich näher gedenken
werde. — Desto mehr scheint es dagegen einem Wun=
der ähnlich, wenn sich außer England irgendwo, be=
sonders aber in Deutschland — (wo so leicht Nie=
mand weiter ein Interesse haben kann, die verkehr=
ten Streiche eines so unwissenden und schädlichen Mi=
nisters, wie der itzige Schatzkammer = Canzler von
Groß = Britannien ist, zu bewundern, als etwan
gleiche Gesinnungen, d. i. gleichen Eigennutz, glei=
che Verachtung des Volkes, und gleichen Hang zum
Despotisiren) — da oder dort ein Mensch, und, was
am sonderbarsten ist, ein Gelehrter findet, der die
Rolle des Vertreters eines solchen Mannes über=
nimmt.

Wenn ein Engländer, wie Chalmers, durch
Gunst des Ministers und seiner Cabalen eine einträg=
liche Sinecure, bey der es weiter nichts zu thun
giebt, als Geld einzustreichen, oder eine große Gna=
den = Pension zu erhaschen sucht, wie Burke, dem
die Minister, zum Lohne für seine Abtrünnigkeit von
der Sache des Volkes und seiner Freyheit, zu einem
Jahr = Gehalte*) verholfen haben, von dem er sich

*) Zwischen 24,000 und 30,000 Reichsthalern Conventions=
Geldes.

in vielen Gegenden Deutschlands jährlich ein neues
Ritter=Guth kaufen könnte; so läßt es sich begrei=
fen, daß er alle Sophistereyen, deren er fähig ist,
aufbietet, um die Lügen plausibel zu machen, daß
sich Groß=Britannien gerade zu der Zeit im größ=
ten Flor befunden habe, da jeder andre, der seine
Vernunft und seine Sinnen nicht verläugnen wollte,
über Abnahme der Nahrung, Deficit in den Finan=
zen, und augenscheinlichen Verfall des Vaterlandes
zu klagen, und eine noch traurigere Zukunft zu be=
fürchten alle Ursache fand. Wenn aber ein deutscher
Gelehrter einem solchen Schriftsteller, dessen Sophi=
sten=Künste überall in die Augen springen, blind=
lings nachbetet; was soll man, und was kann man
davon denken? — Nichts beßres, als daß er, wenn
er an einem solchen Posten stünde, wie Pitt, ohne
Bedenken ein gleicher Volks=Bedrücker und Fürsten=
Betrüger seyn würde, so fern er nur damit seinen
eignen Nutzen befördern könnte.

Es ist wohl kein Zweifel, daß Groß=Britan=
nien, wie Chalmers zu beweisen sucht, seit der
Revolution auf verschiednen Seiten beträchtlich ge=
wonnen habe: seine Manufacturen sind sehr empor=
gekommen, und sein Handel hat sich dermaßen
ausgebreitet, daß er so gar den Handel der Hollän=
der in mehrern Gegenden verdränget, und ein be=
trächtliches Uebergewicht über denselben errungen

hat. Durch die Freyheit, welche die Britten mittelst
der Revolution im J. 1660 erkämpfet hatten, ge=
langte das Land wirklich zu mehrerer Kraft und
Stärke im Innern, und that in jenen bewunderten
Industrie=Unternehmungen, ungeachtet der Staats=
Schulden, zu deren itzt ungeheurer Ausdehnung
schon Wilhelm der Dritte den Anfang gemacht hat=
te, die ansehnlichsten Fortschritte bis zu dem Zeit=
Puncte, da das Haus Braunschweig zur brittischen
Krone gelangte. Die Wirkungen der errungenen
Freyheit haben auch noch unter der Regierung dieses
Hauses bis itzt fortgedauert; aber sie haben doch
immer mehr abgewommen, je mehr die Minister der
Könige aus diesem Hause die Freyheit der Britten
nach und nach wieder zu untergraben gesucht, und
je mehr sie die Mittel hierzu durch immer mehr ver=
größerte Häufung der National=Schulden=Masse
gefunden haben. Und itzt scheint die Nation, be=
sonders durch den erschöpfenden Krieg wider Frank=
reich, durch die entsetzlich gehäufte Schulden=Last,
und durch die empörende Beschränkung der National=
Freyheit mittelst der so genannten Conventions=
Bills vom December 1795, auf dem Puncte zu
stehn, daß eine neue Revolution bald den
Ausschlag geben kann, ob die Engländer ihre Frey=
heit, und mit derselben ihre bisherige Stärke wieder
gänzlich verlieren, oder ob sie sich von ihrer Ernie=

drigung aufs neue erheben, und den Hochverräther-
Plan despotischer Minister zu Unterjochung der Na-
tional=Freyheit, sammt dessen Urhebern, in die
Luft sprengen werden. Denn bis itzt haben die Minister mit jedem neuen Kriege neue Schulden gemacht, und damit der Nation eine Last von Zinsen
aufgewälzt, welche noch lange zu tragen, beynah
einer Unmöglichkeit gleicht.

Wilson sah und sagte von dem Kriege der
brittischen Regierung wider die Franzosen viele traurige Folgen für Groß=Britannien vorher, von denen
schon eine ziemlich bedeutende Reihe eingetroffen
war, ehe sein Schreiben an Herrn Pitt noch zur
zweyten Auflage gelangen konnte, d. ist, ehe sechs
Wochen verlaufen waren. Und wie viel mehreres
davon hinterher noch zugetroffen sey, werden unsre
Leser theils selbst aus den Zeitungen schon wissen,
theils ist es von uns unter dem Wilsonschen Text
ausdrücklich angemerkt worden. In so fern steht also die Ehre dieses Schriftstellers unbeweglich fest.

Dem Herrn Chalmers war auch Wilson's
kleine Schrift wichtig genug, um ihr in der Dedi-
cation der neuen Ausgabe seines Werkes *) eine

*) Von der ersten Ausgabe desselben haben wir eine deutsche,
  zu Berlin 1786 gedruckte Uebersetzung unter dem Titel:
  Ge. Chalmers Schätzung der verhältnißmäßigen Stärke von Groß=Britannien während der gegenwärtigen und der vier vor-

umständliche Erörterung von 130 Seiten in Groß=
Octav zu widmen, worinnen er mit vieler Mühe
wahrscheinlich zu machen suchte, daß die Folgen von
dem gedachten unseligen Kriege wenigstens so schlimm
für Groß=Brltannien nicht ausfallen würden, wie
sie Herr Wilson dem Minister Pitt vorgestellt
hat. Dem verblendeten Recensenten des Chalmers=
schen Werkes in den Göttingischen Anzeigen
hingegen *) scheint Wilson's Schreiben die Auf=
merksamkeit nicht zu verdienen, die Herr Chalmers
darauf gewandt hat; wohl zu merken, weil Er, der
Recensent, an Wilson's Schrift nichts unterschei=
det, als daß der Verfasser desselben Unglück wahr=
sagt, Noth und Elend wahrnimmt — wo doch welt=
kundig, laut aller Zeitungs=Berichte, laut der eig=
nen ängstlichen Berathschlagungen des brittischen
Parliaments, wie der Noth, dem Elend, und be=
sonders dem Hunger des Volkes am leichtesten und
geschwindesten abzuhelfen seyn möchte, unläugbares
Unglück, unwidersprechliche Noth und Elend des
brittischen Volkes alle Assertionen Wilson's erhärten.

Der Partey=Geist, meynt eben dieser Re=
censent, bringe dergleichen Broschüren täglich in
... hergehenden Regierungen, des Verlustes
seines Handels in einem jeden Kriege seit
der Staatsveränderung; aus dem Englischen
mit einigen Anmerkungen von B. A. Heinze.

*) Im 164sten Stücke von 1795.

England hervor — wie in Deutschland, wo ebenfalls
Mißvergnügte zuweilen dergleichen gegen
Maaß-Regeln der Landes-Regierung ohne Druck-
Ort ausfliegen ließen. — Hierauf dient zur Antwort:
Ob nur Partey-Geist bloß Mißvergnügte
zu Schriften dieser Art bewege, und ob gerade diejenigen Schriftsteller als parteyisch zu betrachten
sind, welche gewisse Maaß-Regeln gewisser Lan-
des-Regierungen als unrechtmäßig oder unpolitisch
darstellen, oder namhafte Verfassungs- und Regie-
rungs-Gebrechen aufdecken und darüber Beschwerde
in Druck-Schriften führen, ohne Druck-Ort
anzuzeigen, weil sie vor persönlichen Mißhandlun-
gen von Seiten eben so rachgieriger, als ungerechter
Machthaber nicht sicher sind *) — oder ob nicht vielmehr diejenigen schändlich-parteyisch, niedrige Mi-
nister-Schmeichler und verächtliche Hofgunst-Schlei-
cher seyen, die das nicht leiden können, weil sie von

*) Im letzten Vierthel des achtzehnten Jahrhunderts sind
  wohl in Deutschland nirgend häufiger anonymische Berichte von ungerechten und unpolitischen Regierungs-Maaß-
  Regeln, Verfassungs-Gebrechen, u. d. gl. gedruckt worden, als zu Göttingen unter der Firma des Herrn Hof-
  raths und Professors Schlözer in seinem so-genannten
  Briefwechsel und in den Stats-Anzeigen. Wer
  war aber da parteyisch? waren's diejenigen, deren Berichte und Beschwerden Hr. Schlözer ins Publicum brachte,
  oder nicht vielmehr die, denen die Bekanntmachung solcher Dinge so empfindlich fiel, daß sie wohl gar Klage
  gegen Hrn. Schlözer vor seiner Obrigkeit erhoben!.

den Mißbräuchen, worüber jene klagen, gern mit=
schmausen möchten, kann füglich der Beurtheilung
jedes Verständigen überlassen werden.

Dieser Recensent weiß von Wilson's Schrift
nichts zu sagen, als daß man auf allen Sei=
ten derselben Uebertreibungen, Gerüchte, und vom
Hören=sagen entlehnte Beweise des Grundes seiner
Erinnerungen gegen verkehrte Minister=Schritte
fände. Wie unverschämt aber dieses gelogen sey,
kann nun jeder ehrliche Deutsche urtheilen, der Wil=
son's Schreiben nur obenhin durchließt.

Und daß von diesem Wilsonschen Schreiben in
Einem Jahre drey Auflagen erschienen sind, schreibt
dieser, seinem anmaßlichen Selbst=Lobe nach mit bes=
sern Staats=Kenntnissen, als Wilson, versehene
Recensent bloß den politischen Caffeehaus=
Gesprächen zu. — Gewiß aber müssen in Eng=
land so gar die politischen Bierhaus=Gespräche
vernünftiger und gründlicher seyn, als die politi=
schen Katheder=Lectionen eines solchen Kri=
tikus, der Herrn Wilson's Klagen bloß darum
Träume eines politischen Arztes nannte,
weil er selbst, der Recensent, sich Groß=Britan=
nien unter der Leitung solcher Minister, wie Pitt
ist, als ein hoch=beglücktes Land träumte, oder zu
träumen bloß die Miene haben wollte,

Die letzte, im gegenwärtigen zweyten Bande vorkommende Schrift erschien im Original 1794 unter der Rubrik: a Refutation of Mr. *Pitt's* alarming Assertion, made on the last Day of the last Session of Parliament, „that unless the Monarchy of France be restored, the Monarchy of England will be lost for ever". In a Letter, addressed to the Right Hon. *Thomas Skinner*, Lord Mayor of the City of London. Der Verfasser derselben heißt zwar in der Unterschrift am Ende seines Schreibens der Beobachter*): ob er aber derselbe sey, der vor einiger Zeit die vortrefflichen Briefe über das Fürsten=Bündniß zur Theilung von Pohlen und Frankreich **) mit der Unter= schrift, von einem stillen Beobachter ***), herausgab, kann ich so genau nicht sagen. Beide haben gleich wenig Respect vor den Einsichten und Absichten des Herrn Pitt: aber so wenig der stille Beobachter den Schatzkammer=Canzler da schon= te, wo ihm dieser Minister keine Schonung zu ver= dienen schien, so verfährt er doch, dünkt mich, in seinem ganzen Vortrage nirgend so hart und weg= werfend mit dem Manne, wie der Beobachter, der ihn hier in die Schule nimmt.

---

*) The Observer.
**) Cöln, bey sel. Peter Hammers Erben, 1794.
***) A calm Observer.

Aus seiner Darstellung ergiebt sich mit ziemli=
cher Wahrscheinlichkeit, daß dem lange verhaltenen
Vorsatze des Ministers Pitt, der deutschen Fürsten=
Coalition zu dem Kriege wider Frankreich beyzutre=
ten, die eigne Absicht der Girondisten=Partey in
Frankreich, und besonders die Meynung ihres An=
führers Briffot, die Britten nicht zu einem blei=
benden Uebergewicht im Handel gelangen zu lassen,
und sie zu dem Ende durch Reizung zur Theilnahme
an der Fehde zu schwächen, gar sehr zu Statten ge=
kommen; und es bleibt fast kein Zweifel übrig,
daß die rasche Kriegs=Ankündigung von Seiten
Frankreichs ein Werk der gedachten stolzen und
herrschsüchtigen Partey gewesen sey; wie denn die
bedächtigern Glieder des girondistischen Ministeri=
ums, Roland und Le=Brün, den Ueberei=
lungs=Fehler fast, so bald er begangen war, einsa=
hen, und deßhalb den wirklichen Ausbruch der Feind=
seligkeiten noch durch erneuerte Unterhandlungen mit
dem brittischen Ministerium, wo möglich, wieder
abzuwenden suchten — womit sie aber nunmehr bey
Lord Grenville und Herrn Pitt um so weniger
ihre gute Absicht erreichen konnten, weil diese Her=
ren eben durch die rasche Erklärung der Franzosen
erlanget hatten, was so lange vorher schon ihr
Wunsch gewesen, und wozu ihr, freylich sehr falsch
berechneter Plan schon lange gemacht war.

Wie es zugienge, daß auf

Wilhelm Pitt's des jüngern

Rede im Hause der Gemeinen

am 27ſten März 1793,

mit einmal der

öffentliche Credit Groß-Britanniens

in

die größte Verwirrung gerieth

und eine

ſehr zahlreiche Menſchen-Menge brodlos wurde.

Si quis dubitat, audito.

Dritter Theil

von

Wilhelm Pitt's des jüngern

verkehrten Miniſter-Streichen.

A

Was für ein ausnehmend, empfindliches Ding der öffentliche Credit sey, läßt sich wohl nicht witziger, und zugleich lehrreicher beschreiben, als es der ehemalige große brittische Staatsmann Joseph Addison in einer schönen Allegorie*) beschrieben hat. Er schildert den öffentlichen Credit unter dem Bild eines schönen Frauenzimmers, welches auf einem goldnen Throne sitzt, in seinem ganzen Benehmen ungemein schüchtern, über jedweden Laut zusammenzufahren und augenblicklich die Farbe zu verändern geneigt, und dabey solchen plötzlichen Anfällen der Schwindsucht unterworfen ist, daß es mit einmal aus der blühendsten Farbe und dem gesundesten Zustand in Verfall geräth und zu einem scheuslichen Gerippe welkt.

Diese Allegorie ward in unsern Tagen, binnen einer Zeit von vier kurzen Monaten, in Groß-Britanien zu einer buchstäblichen Realität; indem das gedachte zarte Frauenzimmer aus dem blühendsten Stande der Gesundheit und Kraft in einen überaus niedrigen Stand der Entkräftung und Gebrechlich-

A 2

*) Im Spectator No. 3. (S. 13—16 der deutschen Uebersetzung.)

keit verfiel. Das Vertrauen, worauf sich der Cre
dit gründet, ward angegriffen, besieget und todt-
geschlagen; und nun haben Argwohn, düsterer Argwohn, — und in seinem Gefolge Niedergeschlagen-
heit, Bankerott, Armuth und Elend die Stelle des
Vertrauens eingenommen.

Die Facta sind so auffallend und so wichtig,
daß sie jedem denkenden Menschen Anlaß geben
konnten, nach der Ursache zu forschen, und zu fragen,
wie das gekommen wäre; und das ansehnlichste
Zeugniß, mit dem wir bisher über diesen Punkt
beehret worden sind, ist die Erklärung des Herrn
Schatzkammer-Canzlers Wilhelm Pitt. Seine
Meynung verdient Aufmerksamkeit wegen allerley
zusammentreffender Umstände; sie erfordert aber
auch, wegen nicht minder mannichfacher zusammen-
treffenden Umstände, genaue Prüfung.

Herr Pitt soll nämlich in seiner Parlaments-
-Rede vom 27sten März 1793, bey Gelegenheit der
neuen Staats-Anleihe, ausdrücklich gesagt haben:
„die ganz sonderbaren Umstände, in denen sich der
„öffentliche Credit zu befinden scheint, und die sich
„aus den neuerlich vorgefallenen Bankerotten zu
„Tage gelegt haben, rühren meines Erachtens am
„wenigsten von politischen Ursachen her“.

Diese vom Herrn Pitt so ausdrücklich erklärte
Meynung ist die Frage, deren Erörterung für itzt
meinen Zweck ausmacht. —

Die brittische Nation hatte nach Abschließung
des allgemeinen Friedens vom Jahr 1784 in der
Erweiterung ihres Handels und ihrer Gewerbe
schnellere Fortschritte gethan, als wir uns aus irgend einer frühern Zeit-Periode ihrer Geschichte zu
erinnern wissen. Der Handels-Vertrag mit Frankreich, und die Revolution, die sich im Jahr 1789
in diesem großen Reich ereignet hatte, trugen zu
Vergrößerung der Sicherheit der brittischen Manu-
factur- und Handels-Häuser um so mehr bey, weil
sie den Britten ein desto besseres Vernehmen mit
dieser europäischen Haupt-Macht zu versprechen, und
dadurch eine langwierige Fortdauer des Friedens,
der so sehr zur gelegensten Zeit zu Stande gekommen war, aufs gewisseste zu versprechen schienen.
Hierzu kamen nicht nur die Geschicklichkeit und der
erfinderische Fleiß der brittischen Kunst-Arbeiter, sondern auch noch überdieß eine überhandnehmende Neigung zu großen Unternehmungen, und ein fast un-
begränzter Credit; wodurch also das Verkehr der
brittischen Nation in einem vorher ganz unerhörten
Grad erweitert ward — in einem Grade, der vielleicht die Erwartungen des hoffnungsreichsten Be-
rechners überstieg.

Ueberhaupt hat sich mit dem Handels- und Gewerbs-System in Groß-Britannien binnen einem
Zeit-Raume von hundert Jahren eine Total-Verän-
derung ereignet: an die Stelle baaren Geldes ist
nämlich nunmehr durchgängig bloßer Credit getre-

ten; und dieser Credit ist so geschickt in das Handels
System verschmelzet worden, daß er dermalen so
ziemlich allen Geschäften der Handels= und Gewerbs=
Leute entspricht. Die ganze Nation hat sich stufen=
weis an diese Veränderung gewöhnet; und aller
Wahrscheinlichkeit nach hat das brittische Handels=
System neuerer Zeiten seinen Ruhm und sein An=
sehen hauptsächlich der Leichtigkeit der Circulation,
und der durchgängigen Neigung zu verdanken, die
jeder thätige Mann bezeigte, sich auf die Industrie,
Erfahrenheit und Redlichkeit eines andern thätigen
Mannes zu verlassen.

Es ist weder schwierig noch unnatürlich, diese
ungemein große Erweiterung des Credits, und des
Vertrauens auf Credit, von dem in England seit
der Revolution eingeführten Fundirungs=System
der National=Schulden *) herzuleiten. Gehen wir
von der Epoche dieses Systems aus; so haben wir
Gelegenheit, zu bemerken, daß die Stiftung der Eng=
lischen Bank nach und nach die Bahn zur Einfüh=
rung eines durchgängigen Papiergeld=Curses gebro=
chen habe. Nun mag man aber die Erweiterung
des Credits, die Ueberschwemmung des Landes mit
Papier=Geld, und den Speculations=Geist der Ge=
werbs= und Handels=Leute, (ob mit Recht oder Un=
rechte, gilt hier gleich,) noch so sehr tadeln; so ist

*) Man sehe im ersten Bande die Anmerkung S. 30 ff. wo
bereits umständlich erkläret worden ist, was es für eine Be=
wandtniß mit dem Fundiren der Staats=Schulden in
England habe.

doch nichts gewisser, als daß sie bloße Folgen von
der politischen und gesetzlichen Stiftung der Fundi-
rungs- und Banco-Noten-Systeme, und aus diesen
Systemen, als aus ihrer wahren und eigentlichen
Quelle, wirklich geflossen sind.

Die Revolution vom Jahr 1688 zog verschiedne
langwierige und kostspielige Kriege nach sich, die den
Vortheilen, welche die Britten unläugbar von der
Revolution selbst eingeärndtet hatten, in gewisser
Maaße die Waage hielten. Das Staats-Einkommen war zu damaligen Zeiten unzulänglich zu Bestreitung der Staats-Bedürfnisse *); und es würde

*) Staats-Bedürfnisse! Was heißt das Wort? —
Wir sehen es häufig gebraucht, ohne daß damit ein be-
stimmter und wahrer Begriff verbunden wäre, der Wahrheit nach sind Staats-Bedürfnisse nicht mehr und nicht
weniger, als nothwendige Mittel zu Erhaltung
des Staats-Zwecks. Und was ist Staats-
Zweck? — Sicherheit des Ganzen, und jedes zum Ganzen gehörigen Theils: also 1) Sicherheit gegen gewaltthätige Beeinträchtigung des Staates und seiner Bürger
von Seiten auswärtiger Feinde; und 2) Sicherheit gegen
Eingriffe böser Bürger in die gemeinsamen Gerechtsame ihrer Mitbürger. Und die Mittel hierzu sind 1) eine be-
waffnete Gesammt-Kraft, und 2) Obrigkeiten zu Hand-
habung des Rechts und der Gerechtigkeit. Was hierzu er-
forderlich ist, ist Staats-Bedürfniß; was hierzu nicht erfordert wird, kann vor der Vernunft nicht für
Staats-Bedürfniß gelten. Offensiv-Kriege gehören nicht
dazu, und können keine Staats-Schulden in der That
nöthig machen. Defensiv-Kriege hingegen, die zu Erhaltung eines Staates bey seiner Integrität, zu Sicherung
der Einwohner gegen auswärtige Gewalt geführt werden
müssen, können freylich wohl einen ungewöhnlichen Staats-

dem Interesse des Königs Wilhelm des Dritten offenbar geschadet haben, wenn er es auf irgend eine Art hätte mit Gewalt merklich ergiebiger machen wollen *). Daß also die Regierung damals des

Aufwand erfordern; aber kann wird sich auch kein Bürger, der das Interesse seiner eigenen individuellen Sicherheit einzusehen Menschen-Sinn genug hat, des nöthigen Beytrages zu Erreichung eines so nothwendigen Zwecks weigern; und es ist geradehin widersinnig, eine solche Weigerung zu erwarten. Weigert sich ein beträchtlicher Theil der Staats-Bürgerschaft, seinen Beytrag zu Führung eines solchen Krieges zu thun, so kann dieses bloß davon herrühren, daß dieser Theil von Bürgern sein eigenes Bestes nicht kennt — also viel unwissender und unaufgeklärter ist, als die Menschen unter einer weisen und guten Regierung seyn können. Ihnen also Licht zu geben, ist in solchem Fall erster Beruf der Regierung. Können aber die Staatsbürger, denen man die nöthigen Steuern zu Führung eines Defensiv-Krieges abfodert, diese Beyträge nicht aufbringen, und sträuben sie sich bloß aus Unvermögen dawider; so liegt der Fehler in der Besteuerungsform, welche das Viele denen, die wenig haben, abfodert, und mithin die Kräfte zur Vertheidigung des Staates nicht bey den Kräftigen, sondern vernunftwidriger Weise bey den Schwachen sucht. Also erfodert, beym Lichte besehen, auch ein Defensiv-Krieg nicht, daß Staats-Schulden contrahiret werden. Wird jeder Bürger nach wahrer Proportion des Vermögens-Unterschiedes zur Kriegssteuer gezogen; so läßt sich ein Defensiv-Krieg ausführen, ohne daß die Armee im Lande zu ewigen Knechten der Reichen durch Aufborgen der Gelder, die der Krieg erfodert, gemacht werden müßten.

*) Wilhelm der Dritte hätte nur gehörig Sorge tragen dürfen, der Nation die Nothwendigkeit der Kriege, die er zu führen sich für verbunden hielt, begreiflich zu machen.

Anfang machte, die Anticipation künftiger Staats-
Einkünfte zu practiciren, um damit ihren so dem
dringenden Erfordernissen zu begegnen, ist zwar von
verschiednen Schriftstellern aus verschiednen Absichten und Bewegungs-Gründen hergeleitet worden;
allein der wahre Grund zu diesem Verfahren war
doch, allem Ansehen nach, kein andrer, als daß es
nicht Sache freyer Wahl, sondern ein Werk reeller
Nothwendigkeit war; denn es gab in der That keinen andern Weg, es besser zu machen *).

Wegen des Mangels an klingender Münze, der
aus dem Zusammenscharren derselben, wie es in Zeiten einer National-Verlegenheit unfehlbar nie un-
terbleibt, entstanden war; und wegen der hieraus
erwachsenden Schwäche der Circulation und des Credits, sah sich die Regierung genöthigt, die Bedingungen, unter denen die Staatsschulden gemacht
wurden, und die außerdem wohl für übertrieben

So bald die Nation diese Nothwendigkeit für wahr erkannte, konnte sie ihm die nöthigen Subsidien nicht ab-
schlagen; — und dann brauchte er keine Fonds bey den
Handels-Compagnien erst zu erborgen. War er nicht im
Stande, die Nation von der Nothwendigkeit seiner Kriege
zu überzeugen; so sollte er diese Kriege nicht geführt, und
noch weniger Schulden auf Rechnung der Nation gemacht
haben.

*) So was müßte wohl bündig erwiesen werden, wenn es
von der unbefangenen Vernunft für gültig angenommen
werden soll. Die erste und Haupt-Frage hierbey ist, und
bleibt immer, ob die unvermeidliche Nothwendigkeit
des Krieges, der Veranlassung zu solchem Schulden-Ma-
chen, erweislich war und erwiesen wurde.

möchten erklärt worden seyn, einzugehn. Indessen
mußten doch einmal für allemal Vorräthe angeschafft
werden; und es ward also das alte Sprichwort,
„der Borger ist des Leihers Knecht," schon damals
bestätiget, wie es nachmals immer mehr bestätiget
worden ist. Das hauptsächlichste Mittel, dessen man
sich bediente, war, daß man denen, die ihr Geld
herschossen, Annuitäten oder Leib-Renten bewilligte; und zwar einige, die auf gesetzte Jahre eingeschränkt waren, nach deren Ablaufe die geliehenen Cax
pitalien verfielen; andere, die auf die Lebens-Zeit der
Darleiher galten; und wieder andere auf ewige Zeiten. Aber die fatale moralische Folge hiervon war,
daß einzelne Menschen dadurch verleitet würden,
sich wegen ihres Vermögens und der Mittel zu ihrem Unterhalte lediglich von der Dauer und Treue
der Regierung abhängig zu machen; und so nach-
ward ein jeder durch die Summe, die er für seinen
Theil der Regierung anvertraute, verbunden, und genöthigt, sein ganzes Ansehen im Staate zur Unterstützung der Regierung *) zu gebrauchen.

*) Und mithin auch zu Unterstützung der Maaß-Regeln der
Regierung, wenn auch diese noch so willkührlich, und
dem Staate noch so nachtheilig waren. — Daher das
immer mehr zunehmende Uebergewicht der Stimmen im
Unter-Hause, die der Sicherheit ihrer Capitalien-Zinsen
wegen für die Schritte der Regierung stimmen müssen,
damit nicht der Credit der Regierung vernichtet werde.
Je länger die bisherige Verfassung des Unter-Hauses und
seiner Composition dauert, desto weniger wird es
möglich seyn, der Regierung irgend einen Schritt, den

Wie nun in der Folge die Bedürfnisse der Regierung zunahmen; so ward auch nach Proportion diese Abhängigkeit von derselben, und die damit verbundene Anhänglichkeit an ihr, immer mehr erweitert. Die Leute gewöhnten sich, ihr Vermögen nicht nach dem, was sie wirklich besaßen, sondern nach dem Belaufe der Foderungen zu rechnen, die ein jeder an das Publicum, durch Vermittelung der höchsten Landes-Obrigkeit, zu machen hatte.

Wie also hernach der Uebergang von einer Abhängigkeit vom Publicum zu einer Abhängigkeit von einem reichen, klugen, erfahrnen und arbeitsamen Mann entstanden sey, kann sich ein jeder leicht vorstellen, zumal wenn sich die Versuchung eines Zuwachses an Zinsen dazu gesellte. Es giebt nicht wenig Menschen, die aus gewohntem Hange zur Unthätigkeit, oder weil sie zu Handels-Geschäften und Gewerben nicht erzogen sind, oder auch anderer Umstände wegen die Benutzung ihres Vermögens lieber ihrem Nachbaren überlassen, als es selbst benutzen mögen, wo fern sie nur eine gute Meynung von der Si-

---

sie thut, zu bewehren, so fern derselbe durch die Autorität des Parlamentes geltend gemacht werden kann. Folglich bedarf augenscheinlich das brittische Parlament einer Reforme, und da das Parlament selbst in seiner Majorität bey Abwendung einer Reforme interessiret ist; so scheint dem brittischen Reich um so mehr eine neue Revolution bevorzustehn, je weniger ein National-Convent zu neuer Einrichtung des Parlamentes nach dem Geschmacke derer ist, die den vorzüglichsten Beruf hätten, in demselben als Patrioten thätig zu seyn.

theilt dieses Vermögens, und von der regelmäßi=
gen Bezahlung der davon bedungenen jährlichen
Zinse hegen.

Nächst den übrigen außerordentlichen Subsidien
für die neue Regierung erdachte sie den Plan zu
Vereinigung der Staats=Schulden mit der Han=
dels=Gesellschaft der Englischen Bank, den sie denn
auch ins Werk richtete; und der unmittelbare Nu=
tzen, den sie von dieser Anstalt zog, war ein Vor=
schuß der Bank von zwölfmal hundert tausend
Pfunden Sterlings. Für die Zinsen davon, und
zu Bestreitung der Verwaltungs=Kosten bewilligte
sie eine Annuität von hundert tausend Pfunden. —
Den Fortgang der Geschäfte zwischen dieser Bank
und der Regierung hier zu erzählen, ist unnöthig;
aber eine Folge von dieser Anstalt ist gewesen, daß
sich die brittische Nation statt wirklicher Zahlung,
an's Zahlungs=Versprechen gewöhnet hat; oder mit
andern Worten, daß Papier der klingenden Münze
gleichgeltend, Sicherheit und Zutrauen eingeführet,
und dadurch unvermerkt der Credit ausgedehnt wor=
den ist. Nun ist wiederum der Uebergang nicht
schwer von der gedachten incorporirten Handels=Com=
pagnie (denn etwas andres war die Bank ursprüng=
lich nicht,) zu einem Privat=Bank=Hause, welches
aus fünf bis sechs Associrten besteht, die wegen ih=
res vereinigten Capitals an Reichthum, Handels=
Treue und Einsichten in gutem Ruf und Ansehen
bey ihren Mitbürgern stehen; zumal wenn die Ma=

aller dieser Associrten, Geschäfte zu treiben und ab=
zuthun, von jener Störung durch Formalitäten
frey ist, die bey der Englischen Bank die üble Wir=
kung gethan haben, daß der leichte und ungezwungene
Gang, den die Handels = Geschäfte erfordern, hin
und wieder gehemmt wurde; wie auch, wenn sie
immer bereit sind, ihren Kunden mehrere Willfäh=
rigkeit zu beweisen, als sich die Englische Bank, bey
der nöthigen Rücksicht auf die öffentliche Sicherheit,
zu bewilligen fähig fühlen mag.

Nun standen zwar die Zettel aus dieser Bank
im ganzen Königreich allenthalben in allgemeinem
Credit: aber sie waren doch, wie man glaubte, mit
einer zwiefachen Unbequemlichkeit behaftet, von denen
die eine darinnen bestand, daß sie bloß zu London in
klingende Münze verwandelt werden konnten, und
die andre, daß die Valuta der niedrigsten davon
doch immer zehn Pfunde Sterlings betrug. Diesen
Unbequemlichkeiten abzuhelfen, wurden in verschie=
denen Gegenden des Königreiches Privat = Banken
eröffnet, welche Bank = Zettel von fünf Guineen aus=
stellten, und die baare Zahlung derselben auf dem
Ort festsetzten, wo die Zettel ausgestellt wurden.
Und nun wurden die Leute gewohnt, Papier statt
klingender Münze zu nehmen: und da die Männer,
die sich auf solche Art zu Privatbank = Gesellschaftern
aufwarfen, durchgängig bekannt waren; so rechnete
man dreist auf die Gültigkeit der von ihnen ausge=
gebenen Papiere, und setzte gar häufig klingende

Münze gegen solche Papiere um so lieber um, weil diese viel leichter zu transportiren sind, als wirkliches Geld. Auf diese Weise verließ sich beynahe jedermann, der einen kleinen Vorrath von Guineen besaß und Gelegenheit fand, sein Bißchen Geld in Umlauf zu setzen, auf die Assecuranz der Bank-Innhaber über die Auszahlung ihrer Zettel, so bald solche verlanget ward — eben so sicher, als ob er das Geld selbst in seiner Tasche hätte.

Der Belauf der Papiere, die auf solche Weise in Bank-Zetteln von fünf Guineen ausgegeben worden sind, hat sich überhaupt immer nach dem Credit der Männer, aus denen die Bank-Gesell-schaften bestanden, und nach der Länge der Zeit ge-richtet, seit welcher ihre Bank gestanden hatte. Einige solche Banken haben Zettel zu einem Belaufe von hundert tausend, und vielleicht noch mehr Pfunden Sterlings, andre hingegen nicht mehr als zehn tausend, und einige noch weniger ausgegeben.

Außer den Geldern, die gegen diese Zettel ein-gekommen waren, haben die Banken auch die Ge-wohnheit gehabt, Depositen-Gelder auf Zinse an-zunehmen. für die sie bald drey, bald auch wohl viertehalb Pro-Cente gaben, und die überhaupt ge-gen ihre Handschriften, zwar nicht auf Sicht, aber doch auf eine gesetzte Anzahl von Tagen nach Sicht, (das heißt, nach dem Tage, wo sie präsentiret wur-den,) zahlbar waren. Wie hoch sich nun die Summe des Belaufes der Gelder, die auf solche Weise zu

sammengekommen sind, erstrecken mag, läßt sich
schlechterdings nicht überrechnen; es macht aber ohne
allen Zweifel eine Summe von unermeßlicher Größe
aus.

Die Gelder, die auf solche Art, es sey nun in
den Händen der Londoner, oder der außer London
wohnenden Bank-Innhaber, beleget waren, mußten zu einer einträglichen Benutzung angewandt
werden. Stehen nun die öffentlichen Bürgschaften
so hoch, als sie z. E. in den beiden Jahren 1791
und 1792 gestanden haben; so wird die Versuchung
desto größer, sich am liebsten die Vortheile, welche
von den Privat-Banken dargeboten werden, zu
Nutze zu machen, die letztern geben eine sichere
Zinse von fünf Pro-Centen, wobey die Innhaber
noch überdieß den Neben-Vortheil haben, daß sie
Zettel statt klingender Münze ausgeben, oder doch
wenigstens eine Bilanz von Baarschaft in den Händen behalten, die zur nöthigen Versorgung ihrer
Kunden mit klingender Münze zulangt, da hingegen
jene nicht viel mehr einbringen, als drey Pro-Cente.
Privat-Bürgschaften bestehen aus Wechsel-Briefen,
Handschriften, Hypotheken auf Waaren, Häusern
und Ländereyen; und die Gelder, die auf diese ge-
liehen sind, werden zu neuen Mitteln, Manufacturen und Handel zu erweitern, welches ohne dergleichen zufällige Vortheile so lange verschoben bleiben müßte, bis die Wechsel oder Handschriften fällig, oder die Waaren, Häuser oder Ländereyen

verkaufet, und mit klingender Münze bezahlet
würden.

Auf diese Weise ist das gesammte Eigenthum
des Königreichs in die Circulation geschleudert worden;
und so nach haben sich der Manufactur-Innhaber,
der Krämer und der Kaufmann verleiten lassen, ihre
Geschäffte viel weiter auszudehnen, als sich die
Kräfte erstreckten, welche ihnen ihre effectiven Capitalien darboten. Es ist bey den Bank-Innhabern
bisher gar nichts Ungewöhnliches gewesen, daß sie
ihren Kunden eben so angelegentlich zugeredet haben,
baares Geld anzunehmen, als diese Kunden itzt genöthigt sind, um baares Geld zu bitten. Jenes
Zureden ist freylich blendend zum Bezaubern; und
es giebt nicht viel Menschen, die klug und vorsichtig
genug wären, einer solchen Lockspeise zur Ausdehnung eines einträglichen Gewerbes oder Handels
bis über die gewöhnlichen Mittel zur Behauptung
und ungehemmten Fortführung desselben zu widerstehn.

So war der Zustand beschaffen, worinnen sich
das Handels-Interesse Großbritanniens im October
des Jahres 1792 befand: sein Credit war weit ausgedehnt, und die Circulation desselben erstaunens-
würdig schnell. Der Ueberfluß an Gelde, wie man
es nennt, oder vielmehr, der Wahrheit nach, der
Ueberfluß an einem Credit, welcher so vortheilhaft
geformt war, daß er völlig dem Zwecke des Geldes
entsprach; die starke Bestellung von ausländischen
Handelsplätzen, und eine im Zunehmen begriffene

Con-

Consumtion im Lande selbst, hätten Anlaß zu ungeheuren Speculations-Projecten, und zu eben so ungeheuren Unternehmungen im Handel und Manufactur-Wesen gegeben. Nun mochten auch die Uebel, mit denen dergleichen Speculationen und Unternehmungen von Haus aus behaftet waren, so groß seyn, als sie immer wollten; so würden sie doch auf den gewöhnlichen Wegen allenfalls ihr Heil-Mittel selbst mit sich gebracht haben. Waren die Menschen gar zu große Wagehälse; so würden einige fehlgeschlagene Erwartungen, und etliche derbe Einbußen ihrem Uebertreiben schon Einhalt gethan haben, ohne daß das Haupt-System erschüttert worden wäre. Die Uebereilung oder Unbedächtigkeit dieses oder jenes besondern Projektes würde in die Augen gefallen seyn; und ein jeder würde sogleich eingesehen haben, warum es fehlgeschlagen war: aber das allgemeine Zutrauen wäre doch unerschüttert geblieben.

Hätte ein wohl-unterrichteter, gescheuter und thätiger Feind einen Plan zur Zerrüttung des Handels von Groß-Britannien, und durch die Zerrüttung dieses Handels zum durchgängigen Elende der Einwohner, oder wohl gar zum Untergange des ganzen Landes gemacht; so würde er kein, der Wahrscheinlichkeit nach wirksameres Mittel zu Erreichung seiner Absicht haben erwählen können, als daß er durchgängigen Argwohn und allgemeine Furcht rege machte. Die größte, mit Klugheit auf einmal angeordnete Ausrüstung, die jemals in der

B

Welt gesehen worden wäre, würde nicht so geschwind
ihre Wirkung gethan haben, als die Veranlassung
durchgängiger Besorgniß vor einer Empörung, vor
heimlichen Verräthereyen, und vor Verschwörungen
zu einem Ueberfalle gegen die Stadt London, und
zum Umsturze der Regierung. Wenn also die
Menschen, die jene argwöhnischen Vermuthungen
und diese Besorgnisse wirklich rege machten, die Folgen davon vorher sahen; so haben sie an der britischen Nation als Verräther gehandelt. Sahen sie
aber diese Folgen nicht vorher; so haben sie damit
eine höchst auffallende Probe von der Unzulänglich-
keit ihrer Einsichten, und von ihrer gänzlichen Un-
fähigkeit abgelegt, eine billige Regierung zu führen
und sie aufrecht zu halten. Eins von beiden muß
wohl der Fall seyn; einen dritten scheint es nicht zu
geben. Denn ist es wohl möglich, daß durchgängiger Verdacht und allgemeines Zutrauen neben einander bestehen? Wenn Verdacht rege gemacht und
genährt werden muß; so kann es nicht fehlen, das
Zutrauen muß schlechterdings zu nichte werden.

Die erste Kundschaft von dem Haupt = Plan
wurde dem Publicum durch die Verbrüderung
zu Erhaltung der Freyheit und des Eigenthumes wider Republicaner und Gleichmacher, die in der Cron = und Anker-
Schenke zusammenkömmt, *) gegeben. Diese

---

*) Association for preserving liberty and property
against republicans and levellers, meeting at the
Crown and Anchor Tavern.

Brüderschaft ließ am 20sten November 1792 ein
langes Avertissement austheilen, welches gewisse
Betrachtungen und Beschließungen, worüber die
Brüder, wie es darinnen hieß, unter einander einig
geworden waren, enthielt, und in welchem der Anfang gleich mit der Erklärung gemacht wurde, daß d i e
ö f f e n t l i c h e R u h u n d O r d n u n g i n G e f a h r
s c h w e b t e n. Der Ursprung und die Connexionen dieser neuen Verbrüderung kamen gar bald an den Tag;
und sie hatten auch weiter in der Welt keinen Zweck, als
eben dieser Vorstellung von der Gefahr, in der die
öffentliche Ruh und Ordnung schweben sollten, das
Siegel aufzudrücken. — Natürlicher Weise breitete
sich eine allgemeine Furcht aus, worinnen man das
Publicum zu bestärken für dienlich fand; und ein
aufmerksamer Blick auf die Menschen, durch welche
die zahlreichen Verbrüderungen von gleicher Art
befördert wurden, kann uns ohne Mühe zu Entdeckung der Quelle führen, aus der sie alle zusammen
ursprünglich flossen. *)

Die öffentlichen Fonds, die zu allen Zeiten bey
der geringsten Unruhe schwankend werden, bekamen

B 2

---

*) Es liegt nunmehr völlig am Tage, daß die oben ge-
dachte Verbrüderung, so wie alle nachmals entstandene
ähnliche Gesellschaften lediglich von den brittischen Ministern gestiftet wurden, denen sie bloß die Wege zu Ausführung ihrer Absichten bahnen mußten, welche zuerst
auf Erregung des Krieges wider Frankreich, und in der
Folge auf immer größere Beschneidung der verfassungsmäßigen Freyheiten der Nation gerichtet waren.

auf der Stelle einen Stoß. Die zu drey Pro-Centen consolidirten Actien, die noch am 20sten November 1792 sieben und achtzig und ein halb standen,
(wie sie viele Tage nach einander vorhin gestanden
hatten,) kamen am 21sten mit einmal um fünf Pro-
Cente niedriger zu stehn. Dieses hatte die Wirkung,
daß die allgemeine Bestürzung noch mehr überhand
nahm, wovon die öffentlichen Fonds abermals den
Rückschlag dermaaßen empfanden, daß zu Ausgange
des Novembers die zu drey Pro-Centen zinsbaren
Actien bis unter den Preis von acht und siebenzig
gesunken waren — als die andern Stücke des vorhin
gedachten löblichen Plans zum Vorscheine kamen.

Die königliche Proclamation vom ersten December 1792 zur Zusammenziehung und Bewaffnung
der Land-Miliz enthielt die Erklärung, „es würde
„bereits von übel-gesinnten Leuten im Königreiche,
„die mit andern Leuten in auswärtigen Ländern ge-
„meinschaftlich zu Werke giengen, mit dem äußersten
„Fleiß an Ausführung der Absicht gearbeitet, die Ge-
„setze und die im Königreich eingeführte Constitution
„zu stürzen, und darinnen alle Ordnung und
„Regierung zu zernichten; und es“ hätte
„sich schon letzthin ein dadurch erregter Hang zu Tu-
„mult und Unruh in allerley gewaltthätigen und auf-
„rührerischen Bewegungen zu Tage gelegt.“

Hiermit wurde noch eine andre Proclamation
zur Zusammenkunft des Parlamentes auf den 13ten
desselben Monates verknüpfet.

Die vorhin gedachten Actien änderten sich ins
dessen vergleichungsweise nur wenig in ihrem Preise,
nachdem obige beiden Proclamationen erschienen
waren: denn die geheime Machination, welche durch
die Verbrüderung in der Cron- und Anker-Schenke
schon vorher an den Tag gekommen war, hatte
bereits ihre Wirkung gethan.

Es würde mir schwer werden, die durchgängige
Bestürzung, zu der diese Minister-Schritte, (denn
auf Seine Majestät kann nicht wohl ein Tadel gelegt werden,) den Anlaß gaben, zu beschreiben.
Die Besorgniß des Publicums wurde für die Sicherheit des Publicums rege. Die eilige Befestigung
des Towers erzeugte die stärkste Versicherung, daß
ein Feind vor der Thüre wäre, und die Stadt selbst
in naher bevorstehender Gefahr schwebte. Die Verstärkung der Wache bey der englischen Bank galt für
ein augenscheinliches Zeugniß von irgend einem fürchterlichen Anschlage, die unschätzbaren Schätze derselben auszurauben. Die zahlreichen Nachrichten
von der Entdeckung und Ergreifung gewisser Hoch-
Verräther mußten wohl dienen, die Nation zu überzeugen, daß die Regierung sich gezwungen sähe,
dergleichen ungewöhnliche Maaß-Regeln zu Erhaltung der allgemeinen Sicherheit zu ergreifen. Und
wie viele tausend Herzen zitterten nicht mitten unter
dem allen für das Vermögen und den Credit, welche sie bey den so weit-verbreiteten Handels- und
Gewerbs-Operationen verpfändet hatten!

Ist es wohl einem Manne von nur ganz gemei-
nem Menschen-Verstande, wenn er das allgemeine
Handels- und Gewerbs-System Groß-Britanniens
betrachtet hat, so wie dasselbe auf wechselseitigem
Vertrauen und Credit beruht, möglich, zu glauben,
daß dieses System allein nichts von dem Ein-
fluße solcher Vorstellungen und Anstalten empfinden
könnte, durch die alles Vertrauen und alle Sicherheit gerade in der Wurzel verletzet wird, wie es der
Fall offenbar bey diesen Vorstellungen und Anstalten
war? Sollte wohl eine königliche Proclamation so
ganz harmlos seyn, daß sie nicht einmal vermögend
wäre, eine Wirkung zu thun, wie sie beynahe wohl
ein alltägliches Mährchen thun könnte, wenn es
mit einem dazu passenden Ernst in der Miene erzählet würde? Kann die Nation durch die höchste Landes-Obrigkeit benachrichtiget werden, daß „ein Hang
„zu Tumult und Unruhe sich schon in allerley ge-
„waltthätigen und aufrührerischen Bewegungen zu
„Tage gelegt habe“; und kann sie mit einer Aussicht
auf die Sicherheit ihres Eigenthums und ihrer Capitalien solche Maaß-Regeln, welche die äußerste
Gefahr für dieselben anzeigen, ergreifen sehn, und
doch ungerührt bleiben? Was für Absichten indessen
auch die Regierung durch diese Maaß-Regeln zu
erreichen gesucht haben mag, so hat die Erfahrung
offenbar ausgewiesen, daß dadurch eine durchgängige
Kleinmüthigkeit erreget worden, und die Aufmerksamkeit jedes Menschen, von Stund an, auf die
Sicherheit seines persönlichen Eigenthums und Cre-

dies getichtet gewesen ist, sollte auch diese Sicherheit seinen Kunden noch so theuer zu stehn kommen, und sollte sie für die, die es mit ihm bisher zu thun gehabt haben, auch noch so verderblich ausfallen.

Als hierauf das Parliament zusammenkam, so ward in der Anrede des Königs vom Throne die beunruhigende Sprache der Proclamation wiederholet, und dabey das Vorhaben angekündigt, „die See = Macht und die Armee zu verstärken," weil dieses am besten „dienen könnte", so wohl „die Ruh im Lande zu erhalten," als „sich bey den Wohltha= ten des Friedens zu behaupten".

Eine Vermehrung der See= und der Land= Macht konnte aber wohl von der Nation für nichts geringers angesehen werden, als für Andeutung ei= nes nahen Krieges: und bey der traurigen Aussicht auf innerliche Unruhen und Krieg im Auslande wur= de die Stimmung des Publicums in der That höchst niedergeschlagen, wenn auch gleich manche, bey der Sache interessirte, oder betrogne Menschen einen noch so guten äußerlichen Schein des Eifers für das Beste ihres Vaterlandes annehmen mochten. Ge= nug, ein jeder zog den Credit, den er bisher Andern gegeben hatte, zurücke: dieses veranlaßte denn so= gleich den Zustand, den man gemeiniglich im Sinn hat, wenn man sagt, das Geld mache sich selten: und wäre nicht gerade noch zu rechter Zeit der frey= gebige Beystand eingetreten, den die Englische Bank im December=Monate dem gewerbtreibenden Publi=

cum leistete, indem sie, wie ich mir habe sagen lassen, Wechsel und Noten zu dem ungeheuren Betlaufe von siebenzig Millionen Pfunden Sterlings discontirte; so hätten die Folgen unvermeidlich, auf der Stelle so unglücklich ausfallen müssen, daß der Jammer nicht würde zu übersehn gewesen seyn.

War es bey der ängstlichen Besorgniß um die Sicherheit der Bank und der Hauptstadt des Königreiches wohl möglich, daß die Wechsler wegen ihres Bestehns gesichert und ruhig blieben? War es möglich, daß ihre zahlreichen Kundleute, die so wohl in der Hauptstadt, als im ganzen Lande, mit ihnen in beständigem Verkehr gestanden hatten, auf ihr ferneres Bestehn dreist rechnen konnten? War es möglich, daß diese Wechsler den Kaufleuten, den Manufactur-Innhabern, den Krämern und den Handwerksleuten ihren bisher gewohnten Beystand leisteten? War es möglich, daß diese Wechsler so empfindlich litten, und dennoch die Banken im Lande, die durch Fürsorge und Unterstützung von ihnen genährt und gepflegt wurden, unangefochten blieben? Konnten sie wohl ihren zahlreichen Kundleuten und denen, die auf sie rechneten, ihre gewöhnliche Unterstützung gewähren? Konnte ihre Sicherheit ganz ungestört bleiben in einem Zeit-Puncte, wo die Nation ausdrücklich, vom Thron aus, veranlasset wurde, für die Sicherheit der National-Bank zu zittern? — Das alles war nicht möglich; und es ward auch keinem nur ein wenig scharfsichtigen

Auge schwer, die Calamitäten vorherzusehen, die auf diese Art verursachet worden sind, und die so lange immer noch mehr zunehmen müssen, bis sich etwan eine wunderthätige Macht in das Spiel mischt, welches jedoch bald und eilig geschehn muß, wenn der Untergang des Staates noch abgewandt werden soll.

Die nachmaligen Maaß-Regeln der brittischen Minister und der von ihnen bestellten Kundschafter haben sammt und sonders gleiche Absicht gehabt, und gleiche Wirkung gethan. Die außerordentlich-gewaltsamen Vollmachten, womit sie durch die Bill, betreffend Ausländer *), versehen wurden, mußten für rechtmäßig wegen der äußersten Gefahr gelten, in der die Nation, zu Folge der Behauptung der Minister, bloß darum schweben sollte, weil gewisse Franzosen einen Bund mit gewissen Engländern zu Vernichtung der brittischen Constitution und Regierung gemacht, und der große Einfluß dieses Bundes sich bereits immer mehr und mehr zu Tage gelegt haben sollte. Es wurden neunzehn Dolche mit den Worten No King **) durch einen Mann von großem Ansehen zum Vorscheine gebracht; und man beredete das Publicum, daß diese Dolche entdecket worden wären: es sollten aber diese neunzehn bloß Proben von tausenden seyn, welche die Verbündeten hätten fabriciren lassen, um die entsetzliche That,

*) the Alien Bill.
**) Keinen König.

die in der Aufschrift der Dolche angedeutet würde, ins Werk zu richten *).

Die Minister maaßten sich so gleich eine Inquisitions-Gewalt an, bestellten und besoldeten geheime Spione, gaben anonymischen Anklagen williges Gehör, und brauchten überhaupt jeden Kunstgriff, so wie ihr ganzes Ansehen, die Leute zu versichern, daß ihnen die schrecklichste Gefahr bevorstünde, und die Nation schlechterdings anders nicht zu retten wäre, als durch dergleichen unerhörte Schritte ihrer Regierung. Zuletzt thaten noch die Vertreibung des französischen Ambassadeurs Chauvelin, und der unläugbare, jedermann in die Augen fallende Vorsatz, Krieg anzufangen, die endliche Wirkung, auf die sie offenbar abgezielt waren, indem sie der französischen Nation eine Erklärung abdrangen, „sie wäre mit England im Kriege“: und nun soll und muß also, allem Ansehen nach, dieser erpreßte Krieg, in seinem Fortgang und seinen fernern schrecklichen Folgen,

*) Da es sich hinterher, zum Theil durch förmliche Untersuchungen, ausgewiesen hat, daß dieß alles bloßer blinder Lärmen gewesen, alles durch die Minister, und die von ihnen zum Allarmiren des Volkes bestellten, und aus der Schatzkammer besoldeten Helfershelfer selbst veranstaltet worden war, um durch den blauen Dunst, welcher auf diese Art der geschreckten Nation gemacht wurde, desto besser bey der Ausführung ihrer eigentlichern Absichten gedeckt zu seyn; so kann der Leser leicht urtheilen, was es für Menschen sind, mit denen es die brittische Nation an ihren itzigen Ministern zu thun hat.

das Maaß der Calamitäten Groß-Britanniens voll-
machen.

Für einen Handels-Staat *) sind die Wirkungen eines Krieges, den er führt, zu allen Zeiten
äußerst nachtheilig: aber um wie viel nachtheiliger
müssen ihm diese Wirkungen vollends dann werden,
wann sich Besorgnisse vor Unruhen und aufrührerischen Bewegungen im Lande selbst dazu gesellen!
Nun möchte es aber zu den argwöhnischen Vermuthungen von heimlich angesponnenen Verräthereyen, und von Verschwörungen zum Aufstand oder
zur Empörung gegeben haben, was für einen Grund
es immer wollte; so hätte doch nichts unweiser seyn
können, als daß man im ganzen Lande die größte
Sorge für die unmittelbare Sicherheit der Stadt
London und für die Englische Bank rege machte.
Da die Regierung mit Gesetzen, die einer jeden Art
von Missethaten ihre angemessene Strafe zuerkann-
ten, und mit hinlänglicher Macht bewaffnet war,
diese Gesetze zur Vollstreckung zu bringen; was konnte da zu befürchten seyn? Die Besorgniß vor Ver-
räthern und Verschwornen, die Beweise von ihrem

*) Daß England in diesem, zu Ende gehenden Jahrhunderts
   mehr Handels- als Agricultur-Staat geworden ist, war
   verfehlte Bestimmung der Natur seines Klimats und Bodens; und diesem groben Mißgriffe seiner Staats-Administration hat es England vorzüglich zu danken, daß itzt
   der Ruin seines Handels und seiner Manufacturen einen
   so traurigen Einfluß auf den Wohlstand des großen Englischen Publicums hat.

Verbrechen, ihre Verurtheilung und Bestrafung
hätten mit einmal, in eben derselben Stunde, der
Nation die Gefahr, in der sie schwebte, bekannt gemacht, und zugleich die gerechte und dem Zweck angemeßne Energie der Regierung zu Abwendung dieser Gefahr vor Augen gelegt werden können und sollen: so würden die Besorgnisse des Publicums in
eben dem Augenblicke, da sie unvermeidlich erregt
werden mußten, zugleich wieder gehoben worden
seyn *).

Dahingegen thaten die Maaß-Regeln, welche
die Minister ergriffen, eine dem allen ganz entgegen-
gesetzte widrige Wirkung. Sie verbreiteten überall
eine Aengstlichkeit, ohne der Aufmerksamkeit des
Publicums die Richtung nach der Gegend zu geben,
von welcher der Unfug herkommen sollte. Je mehr
der im Werke seyn sollende Anschlag verheimlichet
wurde, desto allgemeiner wurde die Verzagtheit.
Das Volk sah sich auf allen Seiten nach seinen
Feinden um, und fand es doch nicht möglich, nur
Einen davon zu Gesichte zu bekommen; mittlerweile
aber sank der öffentliche Credit, nach Addison's Alle-

---

*) Hätten die Minister wirklich von einer Verschwörung ge-
wußt, oder nur selbst im Ernste daran geglaubt; so würden sie vermuthlich zu Werke gegangen seyn, wie es die
Natur der Sache und die Landes-Gesetze mit sich brachten.
Allein da jenes der Fall nicht, sondern das ganze Vorgeben bloß als Intrigue von ihnen selbst erfunden war; so
konnte natürlich ihr ganzes Verhalten kaum anders, als
unregelmäßig und widersinnig, ausfallen.

gotie, aus seinem blühenden Gesundheits-Zustand, und von seiner, noch kurz vorher so stark scheinenden Leibes-Constitution bis zu einem bloßen Geripe herab.

Wie ganz anders verhielt sich Cicero zu der Zeit, da er Catilina's Verschwörung entdeckte! Catilina und seine Mit-Verschwornen waren in dem Hause des M. Porcius Läca zusammengekommen, wo sie beschlossen hatten, es solle ein allgemeiner Aufstand in ganz Italien erreget werden; Catilina selbst solle an die Spitze der in Etrurien angeworbenen Truppen treten; Rom solle an vielen Orten auf einmal in Brand gesteckt, und der ganze Senat, sammt allen übrigen Feinden der Verschwornen niedergemacht werden, bloß die Söhne des Pompejus ausgenommen, die man, um Frieden mit ihrem Vater zu bekommen, als Geißeln in Verwahrung zu behalten für nöthig hielt. Während der Bestürzung über den Brand und die Niedermetzelung so vieler angesehenen Männer sollte Catilina mit seiner etruskischen Armee die allgemeine Verwirrung nutzen, und sich der Stadt bemeistern, in welcher Lentulus den Vorsitz in den allgemeinen Bürger-Versammlungen führen, Cassius die Anzündung der Stadt besorgen, und Cethegus der Metzeley die erforderliche Richtung geben sollte. Cicero, der durch seine Wachsamkeit die Verschwörung, und mit dieser zugleich das Vorhaben, ihn selbst des folgenden Morgens in seinem Bette zu ermorden, entdecket hatte, ließ auf der Stelle den Senat in dem Tempel des Jupiter auf dem Ca-

pitolium zusammenkommen, wo außer den Zeiten
öffentlicher Unruhe, der Senat keine Versammlungen zu halten pflegte, und klagte da öffentlich und
namentlich den Catilina wegen der entsetzlichen
Verschwörung an. Catilina, der sich seines Ver-
brechens bewußt war, flüchtete; da indessen Lentulus und seine andern Mit-Verschwornen zu Rom in
der Eile noch die Anstalten fortsetzten, ihr Vorhaben ins Werk zu richten. Cicero hatte aber genaue Acht auf ihre Bewegungen; und so bald er die
vollständigsten Beweise von ihren Anschlägen in Händen hatte, ließ er den Senat abermals zusammenkommen, schickte Boten nach dem Lentulus, Cethegus, Statilius und Gabinius, visitirte persönlich
das Haus des Cethegus, wo er eine große Menge Schwerdter und Dolche vorfand, die zum unverzüglichen Gebrauche da in Bereitschaft lagen, und
brachte darauf seine Beschuldigungen, sammt den
Beweisen, vor dem ganzen Senat an. Die Verschwornen wurden hierauf ungesäumt hingerichtet.
Catilina, der sich an die Spitze seines Heeres gestellt
hatte, wurde geschlagen, und blieb im Gefecht: und
so mit war die öffentliche Gefahr fast in eben der
Stunde abgewandt, in der man sie entdecket hatte.

Haben die Verräthereyen, Empörungen, Verschwörungen und Insurrectionen die mindeste Existenz
weiter gehabt, als in Parliaments-Reden und
Proclamationen auf dem Papier; so frage ich hiermit kühnlich: wo ist in Groß-Britannien die pflicht-

wichtige Wachſamkeit, der es zukam und oblag, die
Urheber und Thäter zur verdienten Strafe zu bringen? Wen haben wir am meiſten Urſach zu tadeln,
die Urheber dieſer Verräthereyen, Empörungen,
Verſchwörungen und Inſurrectionen, oder vielmehr
die Miniſter; durch deren unverantwortliche Fahr-
läſigkeit und Nachſicht ſie bis heutigen Tag haben der Strafe entgehen dürfen? Iſt denn alſo
kein Verbrechen begangen worden, wider das ſich
die Geſetze wirkſam beweiſen könnten? Oder iſt etwan in Groß-Britannien keine Macht mehr vermögend, die Beſtrafung der Thäter zu bewirken? —
Aber nein; die Miniſter weichen der Pflicht aus, ihr
Vorgeben zu beweiſen; dieſes und ihre ganz unnö-
thige Zögerung, Recht und Gerechtigkeit in einem
ſo wichtig-ſcheinenden Falle zu handhaben, ſind
die ſtärkſten Anzeigen, daß der ganze Lärmen ungegründet, und ein bloß blinder Lärmen geweſen iſt.
So ganz grundlos er aber, wie ſich's am Ende aus-
weiſen wird und muß, geweſen ſeyn mag, ſo hat er
doch, bey alle dem, völlig die traurige Wirkung gethan, die er wahrſcheinlicher Weiſe hätte thun können, wenn er wirklich gegründet geweſen wäre.

Nunmehr leidet die brittiſche Nation dadurch,
daß dieſe beiden gewaltigen Uebel, die Furcht vor
einheimiſchen Unruhen und die Operationen eines
Krieges wider das Ausland, zuſammengekommen
ſind, ſowohl an ihrem Credit, als in ihrem Handel
und Verkehr. Durch jene Furcht bekamen, wie wir

bereits dargethan haben, die Wechsler und Bank-
Innhaber auf der Stelle einen Stoß; unter welchem ihre Kunden und die Leute, die von ihnen abhiengen, unvermeidliche Einbußen litten. Durch
diese, die Kriegs-Operationen, werden die Bestellungen für auswärtige Handels-Plätze beynahe vernichtet, und die Rimessen von denselben gehemmt;
und in dem Falle mit Frankreich sind sie mittelst der
plumpen Beleidigung, die England wahrscheinlicher
Weise den Franzosen mit der eben so unnöthigen als
schädlichen Bill zu Verhütung verrätheri-
scher Correspondenz angethan hat, zu einem
Belaufe von vielen Millionen ganz abgeschnitten.
Der Preis der rohen Materialien, die zur See ins
Land kommen, muß unfehlbar so wohl durch den
Verzug, den ein Krieg jedesmal mit sich bringt,
als durch die Erhöhung der Assecuranz-Prämien,
gar sehr gesteigert werden; da indessen durch den
Verlust des auswärtigen, und durch die Stockung
des brittischen innländischen Verkehrs die Manufacturen große Schwierigkeit finden, ihren vorräthigen
Waaren einigen Absatz zu verschaffen. Mit einem
Worte, das ganze System ist gestört; es ist aus seiner Bahn verschlagen; und die fernern Folgen, die
noch davon zu befürchten stehen, erfordern die Vereinigung aller denkenden Köpfe und aller thätigen
Hände, ob sie vielleicht durch irgend eine Möglichkeit verringert, oder in irgend einem Grade, wäre
derselbe auch noch so geringe, vermieden werden
könnten.

Wir

Wir haben bereits weiter oben gezeigt, was für ein Zusammenhang zwischen dem Interesse der Wechsler auf einer, und der Manufactur-Innhaber auf der andern Seite, ja so gar was für eine innige Verbindung zwischen dem Interesse aller Menschen im ganzen Staat obwalte; (wovon bloß das Interesse derer auszunehmen ist, die in hohen Staats-Aemtern sitzen, die von Gnaden-Gehalten leben, und die der Regierung zu Lieferanten dienen*); denn diese Menschen haben ein ander Interesse, welches ihnen ganz eigen, und von dem Interesse der Nation ganz verschieden ist). Aber die Manufactur-Innhaber befinden sich überhaupt und durchgehends in einem sehr tläglichen Zustande, da sie nunmehr der Geld-Hülfen beraubet sind, welche sie auf ihren Credit bey den Banken bisher ohne Schwierigkeit zu erheben gewohnt waren.

Ein Manufactur-Innhaber muß immer einen Theil von seinem Capital in einem todten, unbeweglichen Vorrathe von Gebäuden, Werkstühlen, Maschinen, Arbeits-Geräthen, Werkzeugen, u. s. w. liegen haben. Er muß auch eine beträchtliche Quantität von Arbeits-Materialien, theils roh, theils schon zu fernerer Anwendung zugerichtet, vorräthig haben; und in Friedens-Zeiten, wenn Geld im Ueberflusse vorhanden ist und die Bestellungen und Versendungen geschwind hinter einander gehen, sind diese Dinge überhaupt in größerer Proportion, als zu irgend einer andern Zeit, zu seinem Gewerbe.

*) Contractors.

C

Gegenwärtig befinden sich die Krämer, seine nächsten unmittelbaren Abnehmer, weil sie der gewöhnlichen Consumtions- und Vertreibungs-Canäle beraubet sind, außer Stande, ihm seine Waaren abzukaufen: oder wenn sie ihm solche ja abkaufen; so sind sie doch, bey der Seltenheit des Geldes und bey dem Ausbleiben der Rimessen, nicht im Stande, zu zahlen. Mithin muß unvermeidlich der Waaren-Vorrath des Manufactur-Innhabers, oder, (welches vielleicht noch schlimmer ist,) die Summe seiner Buch-Schulden, immer mehr anwachsen: denn eine Manufactur, die einmal im Gange ist, läßt sich nicht im Augenblicke verringern, oder gar einstellen. Seine Kunden von der Krämer-Gilde, die ihm nun nichts mehr abkaufen können, sind auch nicht einmal vermögend, ihm regelmäßige Zahlung für die Waaren, die sie bisher von ihm bezogen haben, zu leisten.

Auf der andern Seite ist dem Manufactur-Innhaber, der sonst ordentlicher Weise eine oder die andre Aushülfe mit von einer mäßigen Summe Geldes brauchte, der aber nun bey weitem mehr nöthig hat, durch die Verarmung seines Wechslers und den durchgängigen Miß-Credit der Wechsel-Briefe jede Zuflucht von dieser Art abgeschnitten. Was soll er nun in einem solchen Zustande thun? Opfert er seine Waaren auf, um sich mit baarem Gelde zu versehen; so leidet er einen so ungeheuren Verlust, daß dadurch seinem Capital eine vielleicht

tödtliche Wunde beygebracht wird. Verzögert er seine
Zahlungen; so ist sein Credit in Gefahr, zu leiden.
Vielleicht sieht er sich genöthigt, beides zu thun, und
noch obendrein seine Arbeitsleute abzudanken — und
dadurch dem Publicum einen Zuwachs zu einer Last,
die ohnehin schon fast unerträglich geworden ist, auf
den Hals zu wälzen.

Es ist dieß auch nicht etwan eine übertriebene
Vorstellung; vielmehr sind die Farben auf meinem
Gemälde noch lange nicht so stark aufgetragen, als
sie sich im Leben selbst finden, welches Tausende in
jedem Winkel von Groß-Britannien bezeugen können. In vielen Fällen kann auch alles, was ich er-
wähnet habe, nicht einmal fruchten, sondern es
muß unausweichlich Bankerott entstehn; und so mit
wird itzt mancher ehrliche Mann, der noch vor vier
Monaten einer anständigen und einträglichen Manufactur als Eigenthümer vorgestanden hat, indem er
auf ein Capital von ein, zwey, zehn bis zwanzig
tausend Pfunden Sterlings rechnen durfte, schlechterdings insolvent. Seine Insolvenz trifft auch
andre mehr: und man muß nicht vergessen, daß da,
wo eine Manufactur bis zu dem ganzen Umfang
ihres Capitals ausgedehnt worden ist, keine Sicherheit aus der Größe ihres Belaufes zu erwarten sey.
Je ausgebreiteter die Geschäffte sind, desto weiter ist
der Bezirk, binnen welchem das Werk in jeder möglichen Richtung getroffen werden kann.

Man gehe nur einmal in Gedanken den Folgen
nach, die zu gegenwärtiger Zeit aus einem großen

Faillimente fließen; so wird man im Stande seyn, die Folgen vieler solchen Faillimente einiger Maaßen zu berechnen. Einer zieht immer mehrere, und jeder von diesen wieder andere nach sich. Wenn sich vor dieser unglücklichen Periode große Faillimente ereigneten; so blieben doch immer Hülfs-Quellen übrig, welche noch zulangten, denen unter die Aerme zu greifen, die etwan bloß auf eine Weile in Verlegenheit gerathen waren: aber gegenwärtig brauchen die ehemaligen Hülfs-Quellen selbst Beystand, oder wenn sie auch selbst keinen Beystand suchen müssen; so zwingt sie doch die dringende Sorge für ihre eigne Sicherheit, ihn Andern zu versagen. Und wo ist nun mitten in dieser gehäuften Calamität die Gränze, bey welcher das Unglück stehn bleiben wird? Wer kann das Ende davon vorhersehn? Und läßt sich wohl irgend ein wahrscheinlicher Zeit-Punct bestimmen, wie lange es dauern werde?

Man kann mir vielleicht die Einwendung machen, „der Krieg werde nicht lange dauern, und „dann werden Handel und Gewerbe wieder auflebén „und der Credit sich wieder finden." Allein wer kann denn wissen, daß der Krieg bald geendigt seyn werde? Hat wohl überhaupt ein einziger von den Kriegen, die Groß-Britannien seit hundert Jahren geführt hat, binnen weniger als sieben Jahren ein Ende gewonnen? Oder gesetzt auch, daß dieser Krieg vor dem Ablaufe des ersten Jahres zum Schlusse gedeihn sollte; was für Entschädigung wird

wohl die Rückkehr des Friedens den Tausenden, die
unterdessen in ihr völliges Verderben sinken, und
der noch größern Menge von denen gewähren, die
durch schwere Einbußen bey ihren Geschäften in eine
solche Verlegenheit gerathen, daß sie sich zwar auf
eine Weile noch hinschleppen, aber doch am Ende
in alle Drangsalen und Schrecknisse der Insolvenz
verwickelt werden müssen? Es kann vielleicht in
nicht wenig Fällen eine Frage seyn, wer von beiden,
ob die, die itzt stürzen, oder die, die noch stehen, den
meisten Anspruch auf unser Bedauren und Mitleid
zu machen haben.

Die Verlegenheiten, in die der Kaufmann und
der Krämer gerathen, sind nicht minder groß, als
die Noth, die den Manufaktur-Innhaber drückt.
Das Ausbleiben der Rimessen aus fremden Ländern,
der zu Hause im Königreiche selbst überall zunehmende Nothstand, der durchgängige Miß-Credit der
Wechsel-Briefe; und, in vielen Fällen, die überhandnehmende Neigung der Menschen, diese Widerwärtigkeiten zur Entschuldigung ihrer Unbehülflich-
keit zu mißbrauchen, können der gewöhnlichen Re-
gelmäßigkeit der Zahlungen leicht Abbruch thun,
und zum öftern aller Zahlung schlechterdings hinder-
lich werden. Wie schrecklich muß alsdenn die durchgängige Verwirrung werden! Wenn der Kaufmann
den Handwerksmann nicht bezahlen kann; so kann
der Handwerksmann auch nicht den Manufactur-
Innhaber bezahlen; und der Manufactur-Innha-

ber tömmt ebenfalls außer Stand, dem Kaufmanne seine rohen Materialien zu bezahlen. Die Noth drängt die Menschen in jedweder Richtung, und in jedweder Richtung drückt sie wieder zurück.

Das Commercial-System eines Landes läßt sich nicht übel mit einer gut-gebauten, aber ziemlich zusammengesetzten Maschine vergleichen, deren Räder sämmtlich dergestalt in einander greifen, daß die Wirksamkeit jedes einzelnen immer auf dem gesunden und unverletzten Zustand aller übrigen beruht. Das große Haupt-Rad, wodurch alle andern in Bewegung gesetzt werden, ist öffentlicher Credit. Zerschlaget ihr dieses Rad; so stockt die Maschine mit einmal: und wird ihre Wirksamkeit einmal unterbrochen; so gerathen die andern, von jenem Haupt-Rad abhängigen Räder in Unordnung, und leiden beträchtlichen Schaden.

Sollten nicht in der Geschwindigkeit einige kräftig-wirkende Mittel angewandt werden, um der fernern Ausbreitung dieser Calamitäten, so fern es noch möglich ist, vorzubeugen; so können diese Calamitäten die äußerste Zerstörung des Credits alles Papier-Geldes im Lande nach sich ziehen. Da der Credit des Papier-Geldes, d. i. der Wechselbriefe, der Handschriften, der schriftlichen Zahlungs-Versprechungen *), seine Bedeutsamkeit und leichte Circulation ursprünglich durch die Stiftung der Englischen Bank und die Circulation ihrer Zettel bekommen hatte; so kann auch nunmehr die Vernichtung jener Bedeutsamkeit,

*) Promissory notes, *Billets de promesse.*

und die hieraus erfolgende Hemmung dieser Circu=
lation die traurige Würkung thun, daß ein allgemei=
ner Miß=Credit auf alles Papier=Geld fällt und
die Circulation jedweder Art von Papier=
Gelde gehemmt wird. Es ist dieses eine wichtige
Betrachtung, die wohl einer eignen, ernstlichen
Ueberlegung nicht ganz unwürdig seyn mag.

Was wir bisher gesagt haben, kann vielleicht
hinlänglich zum Beweise dienen, „daß die itzige ganz
„eigne Lage, in der sich der Credit befindet, so wie
„sie sich aus den neuerlich vorgefallenen Banketot=
„ten“, und nicht nur aus diesen Bankerotten, son=
dern auch überhaupt aus den durchgängigen Hinde=
rungen des Handels und Verkehrs der Britten
„ergiebt, aus politischen Ursachen herrühre“, und
daß derjenige, der diese Thatsache leugnet, entwe=
der selbst politisch blind seyn, oder bey seiner Be=
hauptung ein eignes Interesse haben, und daher
mit der Neigung behaftet seyn müsse, das Publicum
von der Erforschung und nähern Untersuchung der
wahren Ursache zu den vielfältigen Einbußen und
Drangsalen, die es gegenwärtig zu erleiden hat, ab=
zuhalten. Sage man doch wider den Credit des
Papier=Geldes und wider die Speculationen der
Handelsleute und Manufactur=Innhaber, was man
immer wolle, so ist nichts unwidersprechlicher, als
daß beide durch die erbaulichen Beyspiele von oben
herab seit guter Zeit gleichsam förmlich sanctioniret
sind; und obgleich nicht zu läugnen steht, daß sie

gar häufig mit Mißbräuchen verknüpfet seyn, die
nichts weniger als Lob und Beyfall verdienen; so
hat doch das herrschende System, wenn es einmal
in Thätigkeit gesetzt ist, nothwendig Anspruch auf
allen den Schutz und Beystand, den die Regierung
zu leisten vermögend ist. Muß das System selbst
geändert werden; so sind doch die Mittel, eine Aenderung zu bewirken, durchaus nicht anders, als
stufenweise, zu brauchen: sie dürfen aber auf keinen
Fall so beschaffen seyn, daß das Volk dadurch ein
Recht bekömmt, zu glauben, wenn wir unsern Nachbaren den Krieg ankündigen, so haben wir im Grund
eigentlich Krieg wider unsern eignen Handel geführt,
und unsre stärksten Zerstörungs-Waffen in der That
wider unser köstlichstes Interesse gekehrt. —

Wollte jemand fragen, zu was für einer Absicht gegenwärtige Schrift abgefaßt wurde? so ist die
Antwort: sie hat einen doppelten Zweck; der eine
ist, zu zeigen, daß das System des Handels der
Britten mit dem System der Politik Groß-Britanniens aufs innigste verknüpfet, daß es überhaupt
eben nicht unwichtig, daß es mithin nichts weniger
als so ganz unschädlich sey, wenn die Regierung damit ihr Spiel treibt, wie sich vielleicht Herr Pitt
und einige andre von unsern Staatsmännern einbilden mögen, und daß diese Verknüpfung, Abhängigkeit und Wichtigkeit auch vom ganzen Volke
durchgängig eingesehen werden könne; der andre ist,
denen, die sich einmal in Handels-Geschäfte einge-

laſſen haben, und nun darein verwickelt ſind, einige
Ideen an die Hand zu geben, wie es zu verhüten
ſeyn möchte, daß die gegenwärtige Noth nicht zu einer ſo unglücklichen Höhe ſteige, als ſie ſonſt wohl
ſteigen möchte. Und ſollte auch nur einer von dieſen
beiden Zwecken durch meine Schrift erreichet werden;
ſo wird ſie ſchon darum nicht ohne Nutzen ſeyn. *)

Mit der erſten von dieſen beiden Abſichten habe
ich mich in dem größten Theile deſſen beſchäfftiget,
was der Leſer bisher gefunden hat; und wie weit
ich darinnen meinem Gegenſtande Genüge gethan
habe, mag ein jeder ſelbſt urtheilen. Die letztere iſt
mit einiger Schwierigkeit verknüpfet: unterdeſſen
wird doch jedermann im Stande ſeyn, richtig zu ent-
ſcheiden, wie weit ſich die hier hingeworfenen Ideen
auf ſeine perſönlichen Umſtände anwenden laſſen.

Wollten die Männer, die es nicht eben auf der
Stelle nöthig haben, ihr Eigenthum aus den Händen derer, bey denen es ſich ſo eben in Gewahrſam
befindet, zurückzuziehn, einer durchgängigen Neigung zur Nachſicht und Schonung Raum geben; ſo
würde ſich ſchon dieſes als eines der wirkſamſten
Mittel zu Erhaltung der allgemeinen Sicherheit aus-
weiſen. Die Wechsler-Häuſer, die mit ihren Zahlungen bereits inne gehalten haben, würden vielleicht im Stande geweſen ſeyn, jeder an ſie gemach-

*) Leſer in Handels- und Manufactur-Städten werden auch
in Deutſchland den hier folgenden ſehr praktiſchen Unter-
richt unſerer Engländer lehrreich finden.

ten Foderung genüßt zu werden, wann diese Fode
rungen nur eine nach der andern, und nicht alle auf
einmal gekommen wären. Wer eine Wechsel-Bank
hält, thut es, um sich mit seinem Geld einen Ge
winn zu machen: er wird aber nie einen bedeuten
den Gewinn machen können, wenn so viel Geld,
als die ganze Summe, dessen beträgt, was Andre,
(jeder im Einzelnen,) bey ihm zu fodern haben, be
ständig bey ihm in der Casse liegt. Man setze ein
mal, es habe ein Wechsler im Lande Geld-Zettel,
auf Sicht zahlbar, zu einem Belaufe von vierzig
tausend Pfunden Sterlings ausgegeben; er habe
vielleicht in dem Gange seiner Geschäffte aus der Er
fahrung erkannt, daß im Durchschnitte der Eingang
seines Geldes dem Ausgange desselben über die
gedachte Summe gleich sey; und zu folge dessen ha
be er sich für hinlänglich sicher geachtet, wenn er
nur etwan fünf tausend Pfunde Sterlings immer
vorräthig hätte, um jede etwan von ungefähr ein
tretende außerordentliche Foderung abzuthun. Was
die übrigen fünf und dreyßig tausend Pfunde an
langt, so nehme man an, er habe sie theils zum
Discontiren guter Wechsel-Briefe, die nach einen,
zween, oder auch drey Monaten a Dato zahlbar
werden, theils in den öffentlichen Fonds, und theils
auf Hypotheken angewandt; — welches letztere
Verfahren in der That prakticiret worden ist, ob
gleich dieses ganz gewiß eine unverantwortliche Art
ist, das Eigenthum des Publikums zu benutzen,
weil auf diese Art belegtes Geld, so sicher es auch

am Ende seyn mag, doch nicht zur Hand ist, die
rechtmäßigen Foderungen des Publicums augenblicklich zu berichtigen. — Wenn nun jene Zettel, zu
dem gesammten Belaufe von vierzigtausend Pfunden Sterlings, binnen einem, zween oder drey
Tagen präsentiret werden; wie soll sie der Wechsler bezahlen? Er würde die ganze Summe zu jeder
andern Zeit, als wenn eben öffentliche und allgemeine Noth vorhanden ist, gegen Verpfändung seiner in Händen habenden Wechsel und Documente
ohne Schwierigkeit herbeyschaffen können: allein so
bald die Umstände eines jeden Andern gleicher Aushülfe bedürfen, auf was für eine wirksame Hülfs-
Quelle kann er da wohl rechnen? — Auf keine.
Folglich schließt er seine Bank; und dadurch, daß Er
die seinige schließt, werden auch seine Kunden genöthigt, die ihrige zu schließen. Die Wechsel, die er
discontiret hat, werden nun schon geringer an Werth.
Hieraus entsteht denn Insolvenz; und so mit ist der
Mann auf der Stelle in den Bankerott und das
Verderben gestürzt.

So hat der Londoner Wechsler in dem einförmi-
gen Gange seines Gewerbes gefunden, daß ihm eine
gesetzte Proportion von allen ihm anvertrauten Summen baaren Geldes, zum Beyspiel etwan ein Drit-
theil, zu hinlänglicher Sicherheit gegen den Unterschied zwischen dem bey ihm gewöhnlichen Ausgang
und Eingang an Baarschaft diene. Also nutzt er
das Uebrige auf die sicherste und einträglichste Weise

die ihm der Markt unaufhörlich darbietet. Da kann
denn alles aufs klügste angewandt seyn: aber darum
kann denn doch nicht alles zur Stunde, wenn es
unvermuthet aufgekündigt und gefodert wird, zu
haben und herbeyzuschaffen seyn. Nun setze man
also, seine sämmtlichen Gläubiger verlangen auf
Einen Tag ihre Zahlung, und er ist nicht im Stande,
die ganze Summe seiner Wechsel, Documente, Hypotheken, u. d. gl. auf der Stelle in baare Münze
umzusetzen; so muß er mit der Zahlung inne halten.
Dieses greift wiederum seine noch so sicher ausstehen-
den Privat-Forderungen an, weil diese vielleicht
hauptsächlich in Wechseln und Schuld-Verschrei-
bungen von seinen Kunden bestehen, die bisher gewohnt waren, Hülfe bey ihm zu suchen und zu finden. Mithin erfolgt auch hier wiederum Insolvenz,
die denn abermals augenblicklich auf Bankerott und
Untergang hinaus läuft.

Allein so gründlich auch die Nothwendigkeit allgemeiner Nachsicht und Schonung dargethan, und
so überzeugend immer der weit-verbreitete Nutzen
davon dargestellt werden mag; so ist es doch gleichwohl kaum möglich, mit Anpreisung derselben viel
Gutes auszurichten, wenn einmal das öffentliche
Zutrauen schon gestört ist, und die argwöhnischen
Vermuthungen schon durch das Failliment solcher
Häuser, die bisher für groß und achtungswerth ge-
golten haben, bestätiget sind. Ein jeder sieht natürlicher Weise zu allererst auf sein eignes Interesse,

und macht also den Schluß: wenn andre ihre Baar=
schaften von einem namhaften Manne zurückneh=
men; so könnte leicht am Ende ihn allein das Schick=
sal treffen, den hier wahrscheinlich zu erwartenden
Schaden und Verdruß zu tragen. Wo das Interesse,
allem Ansehen nach, auf der Seite gegen über liegt,
da können wir keine große Hoffnung haben: also
müssen wir wohl unsre Zuflucht zu andern Hülfs=
Quellen nehmen.

Das hauptsächlichste Mittel der Sicherheit,
worauf man sich verlassen kann, besteht demnach in
einem strenge zu haltenden Entschluß, in keinem ein=
zigen Falle, wo die Anschaffung des Zahlungs=Mit=
tels von einem Zufall abhängt, Handschriften oder
Wechsel auszustellen. Zu einer solchen Zeit, wie die
gegenwärtige, ist es einem Manne, der ein beträcht=
liches oder auch nur ein wenig bedeutendes Verkehr
treibt, möglich, sich auf seine sonst gewöhnlichen Ein=
nahmen sicher zu verlassen. Es können leicht aller=
hand Umstände, die in die bereits erwähnten ver=
webt, oder mit denselben verwandt sind, zusammen
treffen, wodurch diese Einnahmen mehr oder weni=
ger verringert werden. Aber zur Tilgung von Wech=
seln und Handschriften muß zur gesetzten Zeit, wie
sich's gebührt, Geld geschafft werden; sonst ist alles
verlohren, und der Aussteller ist durchaus gestürzt. —
Diese Behutsamkeit ist nicht so unnöthig, wie sich
manche Leute wohl einbilden mögen: denn in solchen
Nothfällen, wie der gegenwärtige ist, werden Hand=

schriften und Wechsel viel häufiger als zu irgend einer
andern Zeit, eingefodert werden; und dann kann es
gar nicht wohl angehn, die Zahlung derselben zu
verweigern. Indessen ist es im höchsten Grad unsicher, dergleichen Papiere auszustellen, so bald die
Auszahlung derselben von irgend einem Zufall abhängt.

Diese Behutsamkeit kann und soll ihre Anwendung eben so gut in solchen Fällen finden, wo dergleichen Papiere zur Zahlung für Waaren verlanget
oder gesucht werden, als in irgend einem andern.
In diesem Fall ist es besser, die Zahlung bis auf die
Zeit zu verschieben, zu welcher die Handschrift oder
der Wechsel würde fällig geworden seyn: und wenn
schon alsdann die ganze Summe nicht in Bereitschaft
ist; so kann doch so viel darauf abgezahlt werden,
als wirklich da ist. Findet sich auch nicht ein Theil
von der schuldigen Summe in der Casse; so läßt sich
doch die Zahlung auf acht oder vierzehn Tage verschieben. Und ist es gar nicht möglich, baares Geld
zu schaffen; so wird ein vernünftiger Creditor insgemein seine Zahlung lieber noch in Waaren nehmen, als sich noch weitere Ungewißheit oder Zögerung gefallen lassen. Auf solche Weise läßt sich so
wohl der Credit des Schuldners, als das Eigenthum des Gläubigers wechselseitig aufrecht erhalten,
da hingegen bey Negociirung von Wechseln oder
Handschriften vielleicht beide verlohren seyn können.
Denn wenn der Schuldner nicht an dem gesetzten
Tage, wo der Wechsel oder die Handschrift fällig

wird, baares Geld schaffen kann; so kömmt die Foderung zurück an den Gläubiger, welcher Indossent
geworden ist: und ist dieser hierauf nicht gefaßt; so
müssen beide zugleich brechen.

Ein ander nöthiges Stück für Manufactur-
Inhaber, Handwerksleute, und Krämer ist, daß
sie dermalen überhaupt bedacht seyn müssen, ihre
Geschäfte durch alle Mittel der Klugheit lieber so
eilig, als möglich, ins Enge zu ziehen, als irgend
einen scheinbaren Gewinn machen zu wollen.
Kann indessen beides gleichen Schritt mit einander
halten; so ist's desto besser: muß aber eins von beiden weichen; so muß lieber das letztere, weil es in
solchen Zeiten das minder-wichtige ist, aufgegeben
werden. Lassen sich die vorhandenen Vorräthe und
Effecten nicht realisiren; so läßt sich doch wenigstens
fernerer Schade verhüten; und es wird nichts leichter
seyn, als sich wieder ins Große auszubreiten, wenn
nur erst die dermalige trübe Aussicht glücklich vorüber ist.

Eine dritte Hülfs-Quelle läßt sich noch darinnen finden, daß ein jeder mit seinen Ausgaben, und
überhaupt mit seinem ganzen Aufwand eine mehr als
gewöhnliche Sparsamkeit ausübt. Zum wenigsten
sollten alle unnöthigen Ausgaben vermieden werden:
denn wenn sie auch an sich gleich, dem Ansehen nach,
nicht viel Unterschied machen, so fern wir sie mit
dem großen Zwecke, von dem hier die Rede ist, zu-
sammenhalten; so haben sie doch ihre Wichtigkeit

für sich, zumal da, wo Einbußen erlitten werden: denn wenn auch schon dergleichen Einbußen eben nicht auf unmittelbaren Ruin hinauslaufen; so wird doch das werbende Capital dadurch verringert, und jeder künftige glückliche Fortgang der Geschäffte schon unzuverläßiger.

Uebrigens kann es Niemandem zum Schimpfe gereichen, daß er jeden überflüßigen Aufwand zu einer Zeit, wenn rings um ihn her allgemeine Noth herrscht, beschneidet. Gesetzt auch überdieß, daß die Lage seiner eignen Geschäffte eben nicht die strengste Oekonomie unumgänglich nöthig machte; so hat doch der klägliche Zustand der Armen lauten Anspruch auf sein Mitleiden: und in solchen Zeiten nimmt die Anzahl und das Elend der Armen in einem höchst beunruhigenden und kränkenden Grade zu, indem allenthalben Tausende von Menschen außer Arbeit und Brod gesetzt werden, deren Anspruch auf die Hülfe ihrer Neben-Menschen schlechterdings nicht aus den Augen zu setzen ist.

Die Maaß-Regeln, mit denen die Regierung, oder auch die Englische Bank, zu Erleichterung des Publicums in die Mitte zu treten für dienlich befindet, mögen seyn, welche sie wollen, so können für itzt weder die eine, noch die andre, der Nothwendigkeit ausweichen, unverzüglich Sorge für die Anstalten zu tragen, die hier ihrer Aufmerksamkeit empfohlen werden. Auch dürfen wir es uns eben nicht als so gar leicht einbilden, daß die vereinigten

Be-

Bemühungen beider in der Geschwindigkeit ein
angemessenes, zum Zwecke völlig hinreichendes Heil-
Mittel beschaffen können. Die Bereitwilligkeit der
Bank, eine Menge von Wechseln zu discontiren,
muß immer durch strenge Rücksicht auf die eigne
Sicherheit der Bank in Schranken gehalten werden;
jedoch läßt sich hoffen und billig erwarten, daß die
Directoren, mit beständiger Hinsicht auf die Sicherheit derselben, alles Mögliche thun werden, die
Noth des Publicums zu lindern und dessen Beküm-
merniß zu stillen.

Es haben sich zwar einige Leute alberner Weise
eingebildet, die Directoren der Bank hätten, im
Einverständnisse mit den Ministern, den Vorsatz,
die Privat-Banken im Land in Nothstand zu ver-
setzen, und sie dadurch am Ende zu stürzen: allein
es ist nicht möglich, daß ein so durchgehends nachtheiliger und zerstörungssüchtiger Vorsatz jemals
könnte gefaßt worden seyn. Denn es könnte nicht
fehlen, der Nothstand der Privat-Banken im Lande würde, da sie gegenwärtig so weit verbreitet sind,
den Nothstand der Londoner Wechsler nach sich ziehen; und zwar nicht bloß dadurch, daß jene ihre
bisher gewöhnlichen Bilanzen an Baarschaft von
diesen zurück nähmen, sondern auch dadurch, daß
die Bestürzung des Publicums noch größer, und die
Pfandschaften, worauf die Londoner Wechsler accep-
tiret haben, gar sehr vermindert werden würden.
Dieses müßte auch fernerweit noch unmittelbare

D

Wirkung zu äußerster Verlegenheit der Manufactur-
Innhaber, und vieler tausend Privat-Personen
und Familien thun, deren Vermögen sich in den
Händen der Wechsler befindet. Wir gedenken also
dieses Gerüchtes bloß in der Absicht, zu zeigen, daß
es keinen Grund haben könne. Denn was für
Verfügungen über die Privat-Banken im Lande
auch das Interesse des Publicums erfodern mag, so
kann doch schon der gesunde Menschen-Verstand
die Entscheidung geben, daß sie nur stufenweis anzuwenden sind. Aus gewaltsamen Maaß-
Regeln müssen nothwendig eben so ge-
waltsame Rück-Wirkungen entstehn;
und diese Rück-Wirkungen werden dann wiederum
zu Ursachen, wodurch andre unendlich nachtheilige
Wirkungen erzeuget werden.

Ohne allen Zweifel sind die hier angepriesenen
Mittel zur Sicherheit, oder vielmehr zu Verhütung
unnöthiger, noch zu verhüten möglicher Calamitäten
schon vielen ehrlichen Leuten von selbst eingefallen; und
sie werden auch dem Publicum hier gar nicht als ein
Geheimniß vorgelegt, in dessen Besitze der Verfasser allein stünde. Jeder kluge Mann, jeder denkende
Kopf kann und wird schon von selbst dazu gegriffen haben. Allein es giebt doch vermuthlich hier und da
einen und den andern, der in einem Zeit-Puncte,
wie der itzige, vor Bestürzung und Kleinmüthigkeit
bey der traurigen Lage der Handels- und Gewerbs-
Geschäffte auf dem Wege ist, alles verlohren zu ge-

ben; und da kann ihm die Unruhe seines Gemüths nicht abhalten, wahrzunehmen, was ihm zu einer andern Zeit, und unter andern Umständen, von selbst würde in die Augen gefallen seyn. Solchen ehrlichen Leuten können denn die hier hingeworfenen Ideen hoffentlich einigermaaßen nützlich werden.

Das Interesse des Gläubigers erfordert es eben so sehr, als das Interesse des Schuldners, sich vor Wechseln und Handschriften zu hüten, deren pünctliche Zahlung nicht zuverläßig gewiß ist; und es gereicht dem Gläubiger bey weitem mehr zum Vortheile, daß er auf seine Bezahlung wartet und sie empfängt, so wie sie sein Schuldner zu leisten vermag, oder daß er sie in Waaren zu billigem Preis annimmt, als wenn er seinen Schuldner in Noth stürzt, und dadurch seine eigne Forderung auf eine kleine Dividende bey einem Bankerott herunterbringt.

Es ist auch weislich gehandelt, wenn überhaupt ein jeder die Erwartung von Gewinne gänzlich vor der Hand schwinden läßt, und seine Geschäffte durchaus so genau, als möglich, aufs Zuverläßige eingeschränkt. Die Menschen können sich kaum deutlich genug vorstellen, was für großen Nutzen sie von einer solchen Maaß-Regel haben. Viel besser ist es, gar nichts zu verkaufen, als es mit dem Risico zu thun, welches dermalen unvermeidlich mit einer Credit-Bedingung verknüpfet ist. Und was die zuletzt gepriesene Methode betrifft, so kann daraus unmöglich Nachtheil entstehen, wenn einmal jedermann

weiß, daß das Profit=machen wenigstens für itzt
ausgesetzt bleibt, und den Einbußen schwerlich aus=
zuweichen steht.

Daß sich ein jeder in seinem Aufwand einschränkt,
wird einem jeden zur Ehre gereichen. Nach Zeiten
und Umständen muß sich jedermann bequemen: und
wer sich mit den gewöhnlichen Lebens=Bedürfnissen
begnügen, und des Ueberflüßigen entbehren kann,
der wird dadurch bey sich selbst den Beyfall seines
Gewissens, und obendrein bey Andern noch mehr
Achtung, Ansehen und Credit erwerben. Verstatten
ihm seine Umstände noch, freygebig zu seyn; so wer=
den ihm dafür auch nicht die Seegens=Wünsche und
der Dank entgehn, welche die Armen und Verlaß=
nen einem gütigen, mit ihrer Noth sympathisiren=
den Wohlthäter schuldig sind.

Nachschrift.

Ideen zu Entwerfung eines Plans, den zahlreichen
brodlosen Armen in der Geschwindigkeit Arbeit
und Verdienst zu verschaffen.

Kaum hatte der Verfasser seine Gedanken über
Erhaltung des noch möglichen Credits der Presse
übergeben, als ihm die traurige Nachricht von der
Menge und Größe der Faillimente zukam, die sich
so schnell nach einander in Groß=Britannien ereig=
net haben, und die den Zustand der brittischen Na=
tion noch in hohem Grade bedenklicher und beunru=

ſigender machen. Die vielen Tauſende von armen
Arbeitern in den Manufacturen und Fabriken, die
bisher ſchon außer Arbeit geſetzt worden ſind und
noch ferner werden geſetzt werden, machen die ſchleu-
nige Erfindung und Ausführung eines Plans zu ihrer Rettung nöthig; und jedweder Freund ſeines
Vaterlandes wünſcht ſehnlich, daß außer der Zuflucht der armen Leute zur Armee und zur Flotte, noch
einer oder der andere Weg, den Armen zu helfen,
ausfindig gemacht würde: denn ob es gleich noch ſo
ſehr die Abſicht ſeyn mag, Flotte und Armee mit
mehrerer Mannſchaft zu verſtärken; ſo können doch
beide nur für einen gar kleinen Theil vom Ganzen
zur Verſorgung dienen.

Dem Verhungern dürfen die armen Arbeitsleute nicht preis gegeben werden; es iſt in der That
nicht zu erwarten, daß ſie ſich werden gefallen laſſen,
zu verhungern: aber ſie müſſen auch nicht im Müßig-
gang umſonſt ernähret werden. Ihnen alſo Arbeit
und Verdienſt zu verſchaffen, iſt nunmehr zum Ge-
genſtand einer großen und wichtigen National-Sorge
geworden: und wenn dieſes nicht ungeſäumt zu
Stande gebracht wird; ſo ſind die wahrſcheinlichſten
Folgen davon viel zu traurig, als daß ſie ſich hier
beſchreiben ließen *).

---

*) Einer ſo ſchrecklichen Zerrüttung, wie die Menſchheit in
Groß-Britannien im Jahr 1793 erfuhr, kann nur ein
Commerz-Staat, aber in keinem Fall ein gut eingerichte-
ter Agricultur-Staat, unterworfen ſeyn.

Obgleich der itzige Zustand der brittischen Manufacturen, so wie des Handels und aller Gewerbe
des Landes höchst betrübt ist; so läßt sich doch hoffen,
daß sie mit der Zeit durch allerley zusammentreffende
Umstände wiederum werden belebet werden können.
Also ist daran gelegen, daß in Zeiten für deren künftige leichtere Betreibung gesorgt werde; zumal in
einem Zeit-Puncte, wo sich die Mittel und Wege
zu Versorgung der itzt müßigen Manufactur-Arbeiter, so wie zu Erhaltung der innern Ruh und
Sicherheit der Nation diensam machen lassen.

Unter allen Projecten, die der Witz und Scharfsinn neuerer Zeiten zum Besten des Handels und
Verkehrs ausgedacht haben, ist die Anlegung
schiffbarer Canäle eines der größten und wichtigsten; und das Publicum sieht auch dieses so gut
ein, daß ich gar nicht nöthig habe, mich über den
Nutzen davon umständlich auszubreiten. Es sind
bereits viele Actien-Gesellschaften zu Ausführung
mehrerer Entwürfe dieser Art zusammengetreten:
und wären die Umstände nur ferner so geblieben,
wie sie damals waren, da diese Plane gemacht wurden; so hätte vielleicht nicht einmal die Frage entstehn können, ob es thunlich und schicklich wäre,
daß die gedachten Gesellschaften die einzigen Unter-
nehmer der Sache würden. Inzwischen ist der Fall
zum Unglücke nun schon anders: die durchgängige
Vernichtung des Zutrauens, der verletzte Zustand
des öffentlichen Credits, und die hieraus entstande-

ne unerhörte Seltenheit des baaren Geldes werden
zum wenigsten den Fortgang derselben hemmen.
Folglich machen diese Canäle nunmehr einen Gegenstand aus, der die unverzügliche und genaueste Aufmerksamkeit der gesetzgebenden Macht verdient, weil
sie das einzige wahrscheinliche Mittel zur durchgängigen Versorgung der abgedankten Manufactur-
Arbeiter mit einem nützlichen Geschäffte sind: und
obschon die itzigen Zeiten zur Belastung der Nation
mit neuen Steuern gerade am wenigsten taugen;
so wird sich doch ohne allen Zweifel der nachdenkende
Theil der brittischen Nation, wegen der dringenden
Nothwendigkeit des vorliegenden Falles, mit der
Anlegung eines Fonds, ausdrücklich zu diesem Zweck,
aussöhnen.

Es ist nicht möglich, zu überrechnen, wie hoch
sich die jährlich hierzu erfoderliche Summe belaufen
werde: denn sie läßt sich einzig und allein durch die
Anzahl der Menschen bestimmen, zu deren Versorgung sie geeignet ist: jedoch muß die Steuer, die zu
dieser Absicht verwandt werden soll, dergestalt angelegt werden, daß sie nicht auf die niedern, ja nicht
einmal auf die mittlern Classen des Volkes falle,
bey welchen ohnehin die Mittel zu Bezahlung der
schon eingeführten Steuern gar sehr abgenommen
haben.

Die Ausführung des Plans, wenn er gemacht,
berichtiget und angenommen ist, müßte Männern
von eben so unbezweifelter Geschicklichkeit als Recht-

schaffenheit übertragen werden, die jedoch in gar keiner Verbindung mit der Regierung stünden. Es würde dieses ein großes, seinem Zweck angemeßnes Staats = Mündel = Capital, und die Vormünder müßten immer der Inspection des Publicums unterworfen seyn. Die Kosten würden, aller Wahrscheinlichkeit nach, binnen einer Reihe von Jahren durch den Ertrag völlig vergütet werden; und alsdann könnte der Ertrag einen neuen Fond zur geschwindern Tilgung der National = Schuld abgeben, die dazu gewidmete Steuer müßte aber natürlicher Weise wegfallen, so bald sie nicht mehr nöthig wäre.

Dieses sind bloße Ideen, hingeworfen zur Ueberlegung und Verbesserung. Wenn sie Aufmerksamkeit verdienen, so könnte der Plan gar bald vollends ausgebreitet und zur Ausführung gebracht werden. Indessen nehme man nun diese Ideen an, oder man verwerfe sie, so muß doch irgend ein Plan zur Beschäftigung und Unterstützung der nothleidenden und verlassenen Armen, deren Menge mit jedem Tage zunimmt, entworfen werden.

Ob die Nation im Ganzen für itzt noch die Nothwendigkeit eines unverzüglichen Friedens = Schlusses einsehe, läßt sich dermalen vermuthlich so leicht nicht bestimmen. Wenn nun gleich mit der Beendigung des Krieges eben nicht augenblicklich der verlohrne Credit der Britten wiederhergestellt seyn würde; so würde solche doch die Aussichten derselben erheitern und ihren Hoffnungen neue Nah

rung geben: sie würde dienen, der allgemeinen
Muthlosigkeit abzuhelfen; und die National=Be=
dürfnisse würden sicherlich dadurch geringer werden.
Schon hat die Manufactur=Stadt Nottingham das
Beyspiel einer Bittschrift ans Parliament aufgestellt,
in der sie die ruinösen Wirkungen des Krieges, und
ihr sehnliches Begehren vorstellt, daß dem fernern
Fortgange derselben ein Ziel gesetzt werden möchte:
sollte ihr nun die allgemeine Meynung beytreten,
und diese Meynung durch ähnliche ordnungsmäßige
und ehrerbietige Vorstellungen dargelegt werden; so
kann, der Vernunft nach, kein Zweifel Statt fin=
den, daß die Regierung dem Verlangen des Publi=
cums nachgeben, und die nöthigen Maaß=Regeln
ergreifen werde, einem so unglücksvollen und unbe=
greiflich ruinösen Kampf ungesäumt ein Ende zu
machen *).

*) Wie sehr den Verf. diese vernünftige Hoffnung getäuscht
   habe, da er es mit der nicht = weisen Regierung des
   bisherigen Minister, und namentlich Wilhelm Pitt
   des jüngern, zu thun hatte, sehen wir, indem ich
   dieses schreibe, am Ende des J. 1795. doch es ist noch
   nicht aller Tage Abend.

Ende des dritten Theils.

Caspar Wilson's

politische Betrachtungen

über das wahre

Interesse Groß-Britanniens

bey itzigen bedenklichen Zeitläuften;

nebst einigen

Bemerkungen

über den

gegenwärtigen Zustand des ganzen Europa.

Wer hätte gemeynt, daß es Tyrus, der Krone, so ergehn sollte? so doch ihre Kaufleute Fürsten sind, und ihre Krämer
die herrlichsten im Lande.

Jesaias 23, 8.

Vierter Theil

von

Wilhelm Pitt's des jüngern

verkehrten Minister-Streichen.

An den

Schatzkammer-Canzler von Groß-Britannien,
Herrn Wilhelm Pitt den jüngern.

Mein Herr,

Mit einer Untersuchung der Ursachen, woraus
die durchgängigen Calamitäten, welche dermalen das
Interesse der Manufacturen und des Handels von
Groß-Britannien drücken, entstanden sind, und
des Zusammenhanges, worinnen diese Calamitäten
mit den Schritten der brittischen Regierung zu stehn
scheinen, kann sich, allem Ansehen nach, derjenige,
der sie anstellt, an Niemanden mit besserm Fug wenden, als an Sie, den Minister der Krone und den
Führer des Hauses der Gemeinen.

Sie haben Sich durch ein zufälliges Zusammen-
treffen glücklicher Umstände und einiger Natur-Ga-
ben, in den Augen des Publicums, zu einer Stufe
des Ansehens empor geschwungen, die in Groß-
Britannien kein anderer Mensch unsrer Zeiten er-
stiegen hat: und da Ihre Freunde bisher nicht wenig von dem vorherigen unerhörten Wohlstande des
Königreichs auf Ihre Rechnung zu schreiben gewohnt
gewesen sind; so kann es nicht fehlen, es wird
nunmehr auch von Ihren Feinden der itzige kläglie

che Nothstand des Königreiches, der vielleicht noch
nie seines Gleichen gehabt hat, auf Ihre Rechnung
geschrieben werden. Die Anhänglichkeit an dieser oder
jener Partey kann vielleicht den einen so gut, wie
den andern blind machen: aber der Gegenstand der
vorliegenden Erörterung kann wohl nicht anders, als,
von allen Seiten betrachtet, mit einer ganz eignen
Gewalt auf Ihre Gemüths-Kräfte wirken.

Derjenige, mein Herr, der diese Erörterung anstellt, ist ehedem einer der wärmsten von Ihren Bewun-
derern gewesen. Nun hat zwar der Gang der Zeit
und der Begebenheiten seinen Enthusiasmus in Absicht auf Sie um ein Ziemliches abgekühlt, aber doch
denselben nicht, wie zum öftern der Fall ist, in Feindseligkeit verwandelt. Er ist mithin eben so wenig
geneigt, Sie zu beleidigen, als Ihnen zu schmeicheln, sondern möchte seine Gedanken am liebsten
mit der Achtung, die Ihren ungewöhnlichen Talenten gebührt, aber zugleich auch mit dem Ernst und
Eifer vortragen, den die gegenwärtige bedenkliche
Lage menschlicher Angelegenheiten erfodert.

Es wäre nichts überflüßiger, als wenn ich erst
mühsam beweisen wollte, daß die Calamitäten, die
den Handel und die Manufacturen Groß-Britanniens itzt drücken, größer seyn, als es jemals erhöret worden ist. Selbst die Maaß-Regeln, zu denen
man im Parlamente dermalen seine Zuflucht nimmt,
um dem allgemeinen Schiffbruche des Credits vorzubeugen. — Maaß-Regeln, von der beunruhigend-

sten Art, wovon wir in Groß-Britannien noch kein
Beyspiel gehabt haben, — setzen dieses außer Zweifel. —

Indessen scheint es doch bey uns nicht durchgängig bemerkt zu werden, daß die Calamitäten keinesweges die Britten allein treffen. Vielmehr sind bisher allenthalben auf dem festen Land in Europa, in
Frankreich, in Holland, in Deutschland, in Pohlen, in Rußland, in Italien und in Spanien Bankerotte in Menge ausgebrochen, und es brechen deren immer noch mehrere aus, so daß eben so wohl
der Privat- als der Staats-Credit allenthalben gefallen, oder wohl gar vernichtet ist. Empfinden wir
den Schaden, den hierbey die Manufacturen und
der Handel erleiden, in Groß-Britannien stärker,
als der Fall anderwärts ist; so rührt es bloß davon
her, weil wir der Manufacturen und des Handels,
welche darunter leiden konnten, mehr hatten, als
andere Länder. Und dieser Grund, der ganz deutlich verräth, warum Groß-Britannien, allem Ansehen nach, mehr leidet, als andre europäische Reiche
und Länder, kann auch wohl zur Erläuterung dienen,
wie es komme, daß die verschiedentlichen Städte und
Landschaften Groß-Britanniens gegenwärtig gerade
um so mehr leiden, je größer der vorige Wohlstand
der Manufacturen und des Handels jeder Stadt
oder Landschaft gewesen ist. —

In Einer Betrachtung zeichnet sich bey dieser
Conjunctur doch England vor den mehresten europä-

schen Länder» vorzüglich aus; — noch ist bey uns
der öffentliche oder Staats-Credit leidlich gesund;—*)
da indessen die Regierungen von Rußland, Oestreich,
Pohlen, Frankreich und Spanien entweder schon
wirklich bankerott sind, oder doch höchstens am
Rande des Bankerottes stehen, und zum Theile
schon mehrfältig ihre Zuflucht zu Praktiken genommen haben, die nicht viel besser sind, als offenbarer
Raub.

Ich

*) Wie dieses zugehe, hätte vielleicht eine kleine, nicht un-
interessante Neben-Erörterung von Seiten unsers Autors
verdienet, die wir aber auch bey dem so hochgepriesenen
Chalmers, ja so gar bey dem mit Rechte berühmten D.
Adam Smith in seiner Erörterung des Wesens
und der Quellen des Wohlstandes der Völ-
ker (Inquiry into the Nature and Causes of the Wealth
of Nations;) vergebens gesucht haben. — Der wahre
Grund von dieser Erscheinung ist, unsrer Ueberzeugung
nach, der große, immer mehr zunehmende Reichthum einer beträchtlichen Anzahl von Familien; der ohne allen
Vergleich geringere Luxus großer brittischer Familien in
Vergleichung gegen den Luxus der Titular-Großen in andern Ländern; das Resdiren des Englischen Hofes an einem kleinen, von der Hauptstadt abgelegenen Orte; die frey-
willige Entfernung der Großen und Reichen von der Nähe
des Hofes; der Mangel an andrer guter Gelegenheit, Capitalien zinsbar zu belegen, als bey den öffentlichen Fonds;
und endlich die Nothwendigkeit, den hin und wieder sin-
kenden Credit der Regierung um der Sicherheit der ältern,
dem Staate vorher creditirten Capitalien willen lieber durch
neue Vorschüsse zu stützen, als die ältere vielleicht bey
einem möglichen Staats-Bankerotte verlohren zu geben.
Etwas dazu kann auch theils National-Stolz, theils Mangel an Kenntniß fremder Länder beytragen.

Ich nehme diese Fakta auf öffentlich bekannte
Zeugnisse an, deren ich weiter unten näher gedenken werde; indessen dünkt mich, Sie, Herr Pitt,
werden dieselben ohnehin als unstreitig zugeben.

Dem Ursprunge solcher durchgängig herrschenden Calamitäten innerhalb des Bezirkes eines einzelnen Reiches nachzuspüren, wäre eine Arbeit ohne
allen Nutzen. Der größten Wahrscheinlichkeit nach
schreiben sich dieselben von der Uebermacht und Ver-
breitung des Kriegs- Systems im ganzen Europa
her, in wie fern dasselbe bisher durch die allgemeine
Einführung des Staatsschulden- Fundirungs- Systems unterhalten und befördert worden ist. Da
dieser Gedanke, meines Wissens, dem Publicum
noch nicht vor Augen gestellt worden ist, da er sich
vielleicht so gar Ihrem Geiste, mein Herr, noch nie
in seiner ganzen Ausdehnung dargestellt haben mag;
und da er doch gleichwohl von der äußersten Wichtigkeit zu seyn scheint: so muß ich mir die Erlaubniß
ausbitten, denselben mit einiger Umständlichkeit zu
entwickeln, und dessen Anwendbarkeit auf den Nothstand Groß- Britanniens darzuthun.

Schon oft, mein Herr, haben sich speculativi-
sche Köpfe, in der Einsamkeit ihrer Cabinetter, das
Vergnügen gemacht, dem Fortgange menschlicher Einsichten und Kenntnisse nachzudenken, und die glücklichen Folgen darzustellen, welche sie für den Zustand
des menschlichen Geschlechtes, nach sich gezogen ha-

E

ben.*) Nach meinen Gedanken ist es völlig wahr, was schon der Lord Bacon von Verulam behauptet hat: „Einsicht ist Macht"; oder um es gemein-faßlicher auszudrücken: je mehr die Einsicht zunimmt, desto mehr wächst die Macht. Was für Folgen aber Macht auf menschliche Glückseligkeit haben soll, beruht bloß auf der Weisheit und Menschenliebe derer, welche die Macht in Händen haben: und wo diese Eigenschaften nicht in einem, dem Zweck angemeßnen Grad anzutreffen sind, da kann es nicht fehlen, daß Anwachs an Macht zum öftern nichts beßres wirkt, als Vergrößerung der Trübsalen des menschlichen Geschlechtes.

Ohne indessen die glücklichen Wirkungen, die der Fortgang menschlicher Kenntnisse und Einsichten auf das Ganze gethan hat, streitig zu machen, läßt sich gleichwohl zweifeln, ob sich diese glücklichen Wirkungen auch in einem nur etwas beträchtlichen Grad über das allgemeine System der Politik erstrecket haben; ja, es läßt sich klärlich zeigen, daß die Folgen davon für das Verkehr der Völker mit einander bisher in vielerley Rücksichten sehr nachtheilig gewesen seyen.

*) Eine vortreffliche Speculation dieser Art hat uns der unglückliche Condorcet in seiner Esquisse d'un Tableau historique des progrès de l'Esprit humain hinterlassen. Jammer-Schade, daß der Verfasser ums Leben kommen mußte, ehe sein Werk vollendet werden konnte! Man hat davon eine Verdeutschung von Posselt, über deren Werth andre urtheilen mögen.

Zwiſchen Wilden ſind die Mittel des Verkehrs mit einander auf Stämme eingeſchränkt, die mit einander benachbart ſind; und auf eben dieſe Art haben auch Feindſeeligkeiten zwiſchen ihnen ihre Gränzen. Je mehr aber Kenntniſſe und Einſichten bey den Menſchen zunehmen, deſto mehr werden die Mittel des Verkehrs vervielfältiget und erweitert; und nun lernen ſchon Völker, die nicht unmittelbar mit einander gränzen, ſich eines in die Angelegenheiten des andern miſchen. Dieſes iſt zur Genüge erwieſen durch die Geſchichte der europäiſchen Völker, unter denen die beiden letzt verfloſſenen Jahrhunderte hindurch die Offenſiv- und Defenſiv-Tractaten von Zeit zu Zeit, und beſtändig immer mehr, zugenommen haben, je mehr die Communicationen zwiſchen einem und dem andern Volke gewachſen ſind: und dadurch ſind die Kriege nicht nur keinesweges minder häufig, ſondern auch noch obendrein allgemeiner, weit-verbreiteter, blutiger und koſtſpieliger geworden.

Das Gleichgewichte der Macht, eine Grille, die gegen Ausgang des funfzehnten Jahrhunderts unter den Staatsmännern auffam, iſt eine Haupturſache ſo wohl zu den häufig erneuerten, als zu den weit-verbreiteten Kriegen der neueſten Zeiten geworden. Die Religions-Verſchiedenheiten, in die ſich Europa nach der Epoche der Reformation getheilt hat; haben ebenfalls, wo nicht zur Urſache, wenigſtens doch zum Vorwand häufiger Feindſelig-

keiten gedient; und die angebliche Würde der Kro-
nen, (eine Redens-Art, die um so gefährlicher ist,
je weniger der Menschen-Verstand etwas deutliches
dabey zu denken finden kann,) ist bisher unabläßig
unter die Gründe gerechnet worden, die den Bewohnern der verschiednen Länder haben zur Rechtfertigung dienen müssen, warum sie einander anfie-
len und immer eines das andre aufzureiben suchte.

Kriege die aus Ursachen entstanden waren,
welche nur einem halb-barbarischen Zustande der
menschlichen Gesellschaft eigen seyn konnten, sind
so nach, in andern Rücksichten, gerade durch das
Wachsthum der Kenntnisse und Einsichten, und
durch den Einfluß, welchen sie auf die Künste gehabt haben, bis weit in die Ferne geführt
worden. Eben diesem Umstande müssen wir nicht
wenige von den Verbesserungen in der Zerstörungs-
Kunst so wohl, als in der Finanz-Künsteley beymessen. Auf Rechnung eben desselben müssen wir
insonderheit das Staatsschulden- und das Fundirungs-System schreiben, durch welches die Mittel zum Krieg-führen auf einmal zwanzigfältig vermehret worden sind. Dieses sinnreiche System hat
bisher fast bey allen Völkern in Europa unvergleichlich gedient, ihr Staats-Einkommen lange vorher,
ehe es gefällig wird, zu verzehren und zu erschöpfen;
und es scheint sich dasselbe in unsern Tagen endlich
dem so deutlich vorhergesagten Puncte zu nähern,
wo es ein System von allgemeinem Frieden oder
von allgemeiner Verwüstung mit sich bringen muß.

Die ehemaligen kleinen Frey=Staaten in Ita=
lien haben, nach Dr. Adam Smith's Berichte *),
zuerst das Fundiren der Regierungs=Schulden er=
dacht. — Von ihnen kam es nach Spanien; und
von den Spaniern hat es sich auf die übrigen euro=
päischen Völker verbreitet.   In England hat der
Gebrauch des Fundirens seinen Anfang mit der
National=Schuld genommen, welche die Regierung
während des Krieges machte, der im Jahr 1697
durch den Ryßwicker Frieden beendiget ward; und
seit dem hat das Schulden=Fundiren zu dem Mittel
gedient, durch welches diese Schuld bis zu ihrem
itzigen ungeheuren Belaufe gehäuft worden ist.

Für das gemeine Wesen ist das System selbst
eben so viel nütze, als die Verpfändung des Ein=
kommens von einem Rittergute gegen Erhebung
einer itzt fallenden Summe Geldes für den Privat=
Mann seyn kann.   Das vom Privat=Manne ver=
pfändete Einkommen ist vielleicht Ertrag von Lände=
reyen, das Staats=Einkommen dagegen Ertrag
von einer oder mehrern Steuern **); und dieses
Pfand muß in dem einen Falle so gut, wie in dem
andern, zu Bezahlung der Zinsen von der erborgten

---

*) Im 3ten Kap. des 5ten Buchs seiner oben schon ge=
nannten Erörterung des Wesens und der
Quellen des Völker=Wohlstandes, Vol. III,
der 5ten Original=Ausgabe pag. 431, oder in Gar=
ve's Uebersetzung S. 449 des 4ten Bandes.

**) Welche die ebenfalls im Grunde zuletzt aus dem Län=
dereyen=Ertrage quellen.

Summe dienen. Der Privat = Mann macht sich insgemein anheischig, das Capital, wann es aufge= kündigt wird, zurückzuzahlen; dieses thut der Staat nie. *) So lange aber die Zinsen ordentlich abge= tragen werden, und das Land bey leidlichem Wohl= stande bleibt, findet die vom Staat ausgestellte Schuld = Verschreibung, weil sie von einem Innha= ber an einen andern überlaffen werden kann, immer offnen Markt; und auf diese Art wird der Verzeh= rung des Capitals, so fern es den Staats = Gläubi= ger angeht, in großer Maaße vorgebeugt.

*) Da sagt der Verfasser mehr, als was in der Allge= meinheit, mit der er sich ausdrückt, wahr ist. Daß Staatsschulden nicht immer unbezahlt bleiben, haben neuerlich Mecklemburg=Schwerin, Dänemark, Braunschweig und Chur=Sachsen bewiesen, oder wenigstens zu beweisen einen löblichen Anfang gemacht. Selbst in England wurde der Anfang zu dem National= Schulden = Wesen, (welches endlich doch das Königreich zu Grunde richten muß und wird,) nicht mit dem Vor= saße gemacht, daß die Schulden unbezahlt bleiben, und der Nation die ewigen Zinsen davon zur Last fallen soll= ten. Unter Wilhelm des Dritten Regierung waren zwar bis zum J. 1702 nicht weniger als 54 Millionen Pfunde Sterlings aufgenommen, aber auch binnen dieser Zeit drey Vierthel von dieser Summe wieder bezahlet worden. Nach dieser Zeit freylich hat das Schulden = Fundirungs= System in England immer mehr um sich gegriffen; und so unbesonnen ist es nie in der Welt, so hoch auch nirgend in der Welt getrieben worden, als unter George des Dritten Regierung gerade in England. Auch scheint es nicht, daß außer England noch irgend eine einzige andre Regierung sich das System gemacht habe, ihre Schulden gar nicht zu bezahlen, sondern sie ewig vom Schweiß und Blut ihres Volkes zu verzinsen.

Wie bequem das Fundirungs-System für diejenigen sey, welche die europäischen Regierungen zu
verwalten haben, fällt in die Augen. — Sie werden dadurch in Stand gesetzt, gleich zu Anfange der
Kriege, die sie führen wollen, ihre Hebungs-Quellen auf der Stelle, vielleicht zwanzigfältig, zu ver-
mehren. Ehe dieser sinnreiche Gebrauch erfunden
war, hätte eine Steuer, die jährlich etwan fünf mal
hundert tausend Pfunde Sterlings abwirft, die
Hände der Regierung bloß so weit stärken können,
als diese Summe reicht: bey dem Fundirungs-System hingegen bringt die Steuer, die auf ewig für
so viel Geld verpfändet wird, als gegen die Zahlung
einer solchen jährlichen Zinsen-Summe zu haben ist,
die Capital-Summe von zehn oder vielleicht zwölf
Millionen Pfunden *) mit einmal in den Schatz.

Wahr ist es freylich, ein solcher Durchbringer-
Aufwand muß wohl mit der Zeit einen Abrechnungs-
Termin mit sich bringen; — allein was schadet's?
Die Leute, die das Staats-Einkommen zu verwalten haben, sind nicht Eigenthümer vom Guthe,
sondern gemeiniglich Miethleute, die nach Belieben
wieder fortgeschickt werden, oder aufs höchste bloß,
so lange sie selbst leben, bey dem Guth intereßiret

*) Das schrieb der wackere Verfasser in der ersten Hälfte
des Jahres 1793; und ehe das Jahr 1795 zu Ende
lief, haben wir schon erlebet, daß der brittische Schatzkammer-Canzler Pitt so gar 24 Millionen Pfunde
Sterlings auf einmal zu erborgen sich erkühnte, die doch
immer eine Million an Zinse erfodern werden.

sind. Ueberdieß macht der Gebrauch, in Kriegs-
Zeiten das Staats-Einkommen zu verpfänden, baß
das Volk den Druck des ungeheuren Aufwandes
nicht so gleich selbst fühlt, indem die Last davon
großen Theils der Nachkommenschaft aufgehalst
wird. Minister sehen bloß auf den gegenwärtigen
Augenblick, und sind von Herzen vergnügt, wenn
sie nur Mittel finden können, den Tag der Rechenschaft weit genug hinaus zu verschieben. — Und
wenn dieser Unglücks-Tag ja einmal anbricht; so
trifft er doch, aller Wahrscheinlichkeit nach, am wenigsten diejenigen, von denen sich der Unfug ursprünglich herschreibt: sie stehen nicht mehr in ihrem Macht-
Posten, liegen vielleicht schon in ihren Gräbern,
und sind also zu weit entfernt von den Klagen und
Beschwerden ihres beleidigten und zu Grunde gerichteten Vaterlandes, als daß sie etwas davon zu
hören bekämen.

Indessen erfodert doch schon bloße Ehrlichkeit,
zu bekennen, daß wir Sie, Herr Pitt, haben nach
einem erhabnern und vortheilhaftern System zu
Werke gehn sehen. Sie schlugen nämlich lieber den
verhaßten Weg ein, auf neue Steuern zu Tilgung
der Zinse von Schulden anzutragen, die zur Ausführung solcher Maaß-Regeln gemacht worden waren, denen Sie selbst Sich unveränderlich wider-
setzet hatten, und nöthigten lieber ein beynahe schon
erschöpftes Volk, mehr drückende Lasten zu übernehmen, als daß Sie das künftige Beste der Nation

hätten aufopfern, oder die ewigen Verbindlichkeiten
der Gerechtigkeit übertreten wollen. — Das war
damals Ihr Triumph-Tag.

Es haben wohl hin und wieder Halb-Wisser
und Nicht-Denker die Meynung behauptet und dafür gestritten, daß die National-Schuld ein wichtiger National-Vortheil wäre. Mich hier weitläuf-
tig auf die Gründe, die sie vorgebracht haben, einzulassen, liegt um so mehr außer meinem Zwecke,
da dieser Satz bloß auf Sophistereyen beruht, deren Trugschlüsse schon zum öftern aufgedeckt und aus
einander gesetzt worden sind. Es kann allerdings
zugegeben werden, daß aus der übertrag- und kauf-
oder verkaufbaren Natur der Credit-Scheine, die
den Staats-Gläubigern eingehändigt werden, dann
und wann einer oder der andre zufällige Nutzen
entstanden sey; daß, zum Exempel, in Zeiten des
Commercial-Wohlstandes dergleichen Scheine die
Circulation befördert, und in gewissem Maaße wie
eine Quantität bündig-verbürgten Papier-Geldes
gewirkt haben: allein zu geschweigen, daß diese Wirkung zufällig und ungewiß ist, so werden dadurch
auf keine Weise die vielen und schweren Uebel vergütet, die aus der drückenden Last der Steuern, aus
dem immer höher steigenden Arbeits-Lohn, aus
dem immer mehr zunehmenden Preise vieler unentbehrlichen Dinge, und besonders auch daraus
entstehen, daß der producirenden oder frucht-tragenden Arbeit ein unermeßliches Capital entzogen,

und dafür der unfruchtbaren Arbeit *) zugewandt
wird. **).

Ohne uns viel mit verwickelten Ideen zu bemengen, können wir einmal für allemal geradehin
behaupten, daß eine Nation, die es mit Aufborgen
anfängt, und mit Verpfänden ihres Einkommens
fortfährt, ohne ihre Fonds wieder frey zu machen,
mit der Zeit eben so gut, wie ein Privat-Mann,
bankerott werden müsse, und daß der Ruin, den
dieses mit sich bringt, gerade so groß ausfallen werde, als es der Bankerott ist.

Es ist auch dieses schon längst von denen, welche die Materie untersuchet haben, vorhergesehen und
deutlich vorhergesagt worden: weil aber die Vorhersagungen einiger einsichtsvollen Männer in Ansehung
der Schulden-Summe, bey welcher die brittische
Nation bankerott werden müßte, noch nicht eingetroffen sind; so haben unwissende Menschen geglaubt
und geradezu behauptet, der Grundsatz, aus dem
diese Vorhersagungen gefolgert wurden, wäre selbst

---

*) Was noch mehr ist, dem nichts-arbeitenden, müssigen,
bloß von den Zinsen seiner, dem Staat anvertrauten
Gelder, von Zinsen, die aus dem Schweiß und Blute der
arbeitenden Menschen-Classen erhoben werden — schwel-
genden Capitalisten.

**) Man sehe Dr. Ad. Smith's oben schon angeführtes
Werk Vol. III. p. 429. des Originals, oder in Gar-
vens (von ihm so betitelter) Untersuchung über
die Natur und Ursachen des Nationalreich-
thums S. 446. des 4ten Bandes.

falſch. Aber angenommen, Hume*) hätte vorher-
gefagt, daß eine Staats-Schuld von hundert Millionen Pfunden Sterlings einen National-Bankerott
nach ſich ziehen würde, ſo irrte er in ſeiner Rechnung bloß darum, weil er nicht vorherwiſſen konnte, was für Wirkungen die Fortſchritte der Kenntniſſe und Einſichten auf nützliche Künſte thun, und
was für immer mehr zunehmende Quellen des Staats-
Einkommens dadurch eröffnet werden würden. Die
erſtaunenswürdigen Fortſchritte der Chemie, und die
wichtigen Folgen, welche die Anwendung der Chemie auf ſo vielerley Manufacturen und Fabriken
gehabt hat und noch hat; die wundervollen Com-
binationen der Chemie und der Mechanik zu Verminderung der Arbeit — bey den Manufakturen und
Fabriken — das ſind die beglückten Mittel, wodurch
bisher der Bankerott noch abgewandt worden iſt.
Sicherheit des Eigenthums, und der Freyheits-Geiſt,
der überall unter der brittiſchen Nation verbreitet
iſt, haben die Talente des Volkes in Thätigkeit geſetzt. Groß-Britannien iſt, trotz der jämmerlichen
Politik ſeiner Regierer, zu Wohlſtande gelanget.

---

*) Es läßt ſich nicht erweiſen, daß dieſe Vorherſagung von
Hume'n wirklich herrühre, ob ſie ihm gleich durchgän-
gig beygemeſſen worden iſt. — Jedoch erhellt aus ſeiner
Abhandlung vom Staats-Credit (Essay on
Public Credit), daß er keinesweges vorhergeſehen habe,
zu was für einem hohen Belaufe die National-Schuld ge-
trieben werden könnte; — ein Umſtand, der ſich ohne
Schwierigkeit erklären läßt.

Anm. d. Verf.

Der Genius eines Watt, eines Wedgewood und eines Arkwright hat den Folgen der Verschwendung des verrückten Krieges wider Nord-Amerika entgegen gewirkt.

Sollen und müssen wir denn nun auf dieser äusserordentlichen Renn-Bahn immer und ewig so fortgehn? *) Das ist keine Möglichkeit! — Die Quellen, durch die wir bisher noch in Stand gesetzt wurden, unsre ungeheuren Lasten zu tragen, sind in großer Maaße vertrocknet: unsre Lasten nehmen immer mehr zu, und das ganze Gebäude unsers Wohlstandes wankt bis in seinem Grunde!

Groß-Britanniens Wohlstand beruht auf dem Handel und den Gewerben: diese aber erfordern Ruh und Frieden; und alle Welt ist im Kriege begriffen. — Dies ist die kurze und traurige Geschichte unsers Zustandes. In England wird der Schlag heftiger empfunden, als anderwärts, weil England

*) Ich hätte diese Frage vielleicht mit Hrn. Chalmers Worten (in seiner Schätzung der verhältnißmäßigen Stärke von Groß-Britannien ꝛc. verdeutscht von W. A. Heinse, Berlin 1786,) beantworten können, wo er das richtige Urtheil fält, daß Groß-Britannien nur so lange fortfahren könne, Schulden zu machen und neue Steuern anzulegen, als der Handel und die Manufacturen des Landes nach Proportion immer mehr wachsen und zunehmen. Dieses meisterhafte Werk kann viel Licht über den gegenwärtigen Zustand Groß-Britanniens geben; und Lord Hawkesbury wird nicht übel thun, wenn er es gelegentlich noch einmal durchblättert.

Anm. d. Verf.

wie schon gedacht worden, mehr Handel treibt, als
irgend ein ander Volk: aber eben dieser Schlag
trifft auch hier mehr, und dort weniger, das ganze
feste Land in Europa, von St. Petersburg bis nach
Livorno. Die ganze Geschichte der Handelschaft
hat keine Calamität aufzuweisen, die so niederschla-
gend und so weit herrschend gewesen wäre, wie die
itzige. So gar von den Häusern, die noch solvent
bleiben, ist es bekannt genug, daß sie größten Theils
mit bedenklichen Schwierigkeiten zu kämpfen haben,
daß diese Schwierigkeiten stündlich zunehmen, und
daß Mißtrauen und Kleinmüthigkeit durchgängig
herrschend werden.

Unsre Mercantil = Verlegenheiten in Groß-
Britannien werden, wie ich weiter unten zu zeigen
Gelegenheit haben werde, ganz ungemein vergrößert durch das unüberlegte Zutrauen, das aus einem außerordentlichen Wohlstand entstanden war,
und das eine ganz allgemeine Erweiterung der Geschäffte über den wahren Belauf des werbenden Capitals, und an manchen Orten einen Speculations-
Geist erzeuget hatte, dessen Uebertreibung sich durchaus nicht rechtfertigen läßt. Auf dem festen Lande
hingegen, wo die Noth und das Bankerott-machen
zuerst anfiengen, scheint die Unvorsichtigkeit des
Mercantil-Systems keinen großen Antheil an den Faillimenten gehabt zu haben, sondern es lassen sich diese
Faillimenten fast sammt und sonders aus der Kriegs-
Politik der regierenden Mächte, und aus den ent-

sezlichen Praktiken herleiten, mittelst deren sie diese Kriegs-Politik getrieben haben und noch treiben.

Wer die Geschichte der Kriegs-Anstalten und des Soldaten-Wesens bey den verschiedentlichen europäischen Völkern studiren will, der wird finden, daß diese Anstalten seit länger als zweyhundert Jahren her fast allenthalben, nach Proportion und über Proportion, immer größer gemacht worden sind; und die Mittel zu Unterhaltung dieser so sehr vergrößerten Anstalten mögen sich auch wohl in der allmähligen Vermehrung des Vermögens und der Volks-Menge gefunden haben, welche allem Ansehen nach trotz der Last, die den Ländern durch diese Anstalten auferleget worden ist, Statt gefunden hat. — Aber die ungemein starke und plötzliche Vermehrung der Armeen, die gegen Ausgang des siebzehnten und zu Anfange des achtzehnten Jahrhunderts auf die Beine gebracht wurden, ist offenbar dem Staatsschulden-Fundirungs-System beyzumessen, welches um selbige Zeit beynahe ganz allgemein wurde. Seit dieser Zeit-Periode sind die stehenden Armeen in Europa während des Friedens allmählich und regelmäßig, wie vorher, immer mehr verstärket worden, und jeder neue Krieg hat zahlreichere und besser ausgerüstete Armeen aufgebracht, als der vorhergehende gehabt hatte. —

Die Kräfte, die man in dem siebenjährigen, durch den Friedens-Schluß von 1763 beendigten Kriege angewandt, der Aufwand, den man zu demselben gemacht, und die Verheerungen, die man dadurch angerichtet hatte, überstiegen bey weitem alles, was vorher aus den Jahrbüchern der Geschichte bekannt gewesen war. Satt des Blut-vergießens und erschöpft an Kräften, sanken die Völker, die sich Christen nennen, in eine Ruhe von kurzer Dauer hin — welche gar bald von der rußischen Kaiserinn gestört wurde, die während ihrer ganzen bisherigen Regierung ihre Unterthanen in unaufhörliche Drangsalen, so wie ihre Nachbaren in beständige Angst und Sorgen gestürzt, und die östlichen Länder von Europa mit immerwiederholten Blut-Bädern angefüllt hat *). In den westlichen Ländern wurde die

*) Diese sonderbare Frau giebt sich die Miene, als ob sie eine Gönnerinn der Gelehrsamkeit wäre; und es fehlt ihr eben nicht an dem, was man sonst fürstliche Tugenden zu nennen pflegt. Sie hat eine Art von Laune an sich, welche darinnen besteht, daß sie gelehrten Männern in verschiednen europäischen Ländern ihr Porträt in goldnen Schnupf-Tabacks-Dosen zuschickt. Zimmermann (in Hannover) hat ihr sein Lob öffentlich gezollt; und selbst Robertson hat sie auf eine feinere Art gerühmt. Unterdessen wird die unpartepische Geschichte gewiß die Schritte bemerken, auf welchen Peter des Dritten Ehefrau seinen Thron bestiegen hat; sie wird der 30,000 Türken gedenken, die zu Ismail mit kaltem Blute niedergemetzelt worden sind; sie wird die erste und die zweyte Theilung von Pohlen, so wie das ganze Verfahren gegen diese zerrissene Republik beschreiben; und der Annalist beßrer Zeiten mag diese „erhabne Beschützerinn der Wissenschaften" als die Geißel der Menschheit charakterisiren.

Anm. des Verf.

Kriegs-Fackel wiederum von England angezündet;
und ein Wett-Kampf mit seinen eignen, von Frankreich anfangs heimlich, und in der Folge gar öffentlich unterstützten Colonien, ein Kampf, der noch
vergeblicher, wüthender und blutiger war, als der
siebenjährige Krieg, diente am Ende zu weiter nichts,
als daß das brittische Reich zertheilet, die Staats-
Schulden desselben um hundert Millionen Pfunde
Sterlings vermehret, ⬤ die schon vorher bestan-
denen Steuern um jährliche sechs Millionen vermehret wurden *).

Während dieser Operationen im Osten und Westen wurde die Mitte von Europa durch die unruhige
und regulirsüchtige Gemüths-Stimmung des Kai-
sers Joseph des Zweyten in Odem gesetzt.
Dieser unweise und unglückliche, obwohl gar nicht
übel-gesinnte Fürst wurde, zu gutem Glücke, noch

durch

*) Durch den ersten von diesen beiden Kriegen eroberten
die Britten America; durch den andern verlohren sie es
wieder: und so mit war ihnen Gleiches mit Gleichem
vergolten; aber indessen waren der National-Schulden
zweyhundert Milionen Pfunde Sterlings mehr gemacht,
und zugleich das Leben von fünfmal hundert tausend
Menschen aufgeopfert worden! — „Was hilft uns nun
„der Pracht? was bringt uns nun der Reichthum sammt
„dem Hochmuth? Es ist alles dahin gefahren, wie ein
„Schatten, und wie ein Geschrey, das vorüber fährt.‟—
Man sehe die Weisheit Salomons an die Ty-
rannen, 5, 8. 9.

Anm. des Verf.

durch die Talente des großen Friedrich im Zaum gehalten, welcher, die letzten zwanzig Jahre seines Lebens über, die Künste des Friedens trieb, und bey verschiedenen Gelegenheiten die Flammen eines allgemeinen Krieges erstickte. Indessen wurden durch das Beyspiel des Königs von Preußen, und durch das wechselseitige Mißtrauen der Mächte des festen Landes gegen einander die Armeen dieser Mächte so erstaunlich verstärket, daß sich während seiner Regierung, in Friedenszeiten der effective Militär-Stand des deutschen Reichs, eines Landes, welches kaum achtzehn Millionen Menschen *) enthält, auf fünf bis sechsmal hundert tausend Mann belief. Nun

*) Was die Bevölkerung des deutschen Reichs betrifft, hat sich Hr. Wilson entweder durch falsche, oder durch mißverstandene Nachrichten zu einem Irrthume verleiten lassen, der jedoch im Grunde ganz unschädlich ist. Ich vermuthe, er habe 18 gelesen, wo 28 stand. Der Unterschied ist weiter für Niemanden von Belang, als für Personen-Steuer-Einnehmer, die dann freilich bey einer größern Personen-Zahl mehr zu thun finden, als bey einer kleinern. Varianten wird es aber über die Bevölkerung der Staaten immer geben. Ueber solche Varianten aber zu streiten, ist in den Augen des Denkers ein Streit de lana caprina; und einen Schriftsteller darum verächtlich zu behandeln, weil er hierinnen von unsrer, vielleicht sehr willkührlich angenommenen Meynung abgeht, verräth einen Streiter, dem die größten Kindereyen das wichtigste Object seiner Beschäftigung sind. Um solcher elenden Steckenreiterey willen allein verwarf neulich ein Recensent in den Göttingischen Anzeigen Herrn Wilson's ganzes Schreiben, dessen reellen Werth zu erkennen, sein Kopf zu sehr mit Stroh angefüllt war.

F

fand zwar wohl der König von Preußen, mittelst
seiner höhern politischen Einsichten, noch Mittel, seine Armee vergleichungsweise seinen Unterthanen nicht
so gar lästig zu machen; und er starb, troß der Größe
se dieser Armee, bey einer reichlich angefüllten Schatz-
kammer. *) Oestreich hingegen, und alle die min-
dern Mächte des deutschen Reichs, sind schon längst
herzlich arm gewesen. **) Joseph litt großen Man-

*) Sein Nachfolger hat diese Schäße, wie man! durchgän-
gig glaubt, schon so ziemlich, wo nicht völlig, vergeubet.
Anm. des Verf.

(Wenn man dieses durchgängig, wie der Verfasser sagt,
glaubt; so glaubt man auch hierinnen ohne hinlänglichen Grund: denn wer kann sich rühmen, zu wissen,
wie viel an wirklicher Baarschaft der Vorgänger seinem
Nachfolger hinterlassen habe? und wer darf noch sagen, er
habe eine Rechnung über die Ausgaben des Nachfolgers
gesehen? Daß Friedrich Wilhelm der Zweyte
Subsidien von England nahm, und zur Fortsetzung des
Krieges wider Frankreich eine Unterstützung für seine Truppen mit Lebensmitteln von den vorliegenden Reichs-Krai-
sen, auch wohl baares Geld aus der Reichskriegs-Opera-
tions-Casse foderte, beweist im Grunde nichts für jenen
durchgängigen Glauben.)

**) Durchgängig wahr ist doch wohl nicht, was der Verf.
hier annimmt. Er scheint aus der Willfährigkeit mehrerer deutscher Fürsten, ihre Truppen, oder einen Theil ihrer Truppen, in den Sold ausländischer Mächte zu geben,
und Subsidien-Gelder von diesen Mächten anzunehmen,
eine Folgerung gezogen zu haben, die nicht richtig gezogen
ist, ob sie gleich Schein für sich hat. Man kennt mehr
als einen deutschen Fürsten, der in seinen Finanzen sehr
gut rangirt ist, ob er gleich seine Regimenter in fremden

gel, Leopold noch größern, und der itzige Kaiser leidet den äußersten. — Rußland ist ganz und gar bankerott, und der gesammte Bauern = Stand dieses Reichs befindet sich in die kläglichste Armuth versenket. Spanien schmachtet unter einer unermeßlichen Schulden = Last; und ein Gleiches läßt sich auch von Holland, von Portugal, und, wie ich mir habe sagen lassen, von den nordischen Mächten behaupten. — Der Zustand Frankreichs braucht gar nicht beschrieben zu werden.

Ein nachdenkender Geist wird auf allen Seiten der Geschichte die unglückliche Unwissenheit derer, von denen die Völker bisher beherrschet worden sind, erkennen und bedauren, und sich doch genöthigt finden, sie zu entschuldigen. Allgemeine Straf = Predigten wider dergleichen Personen sind jedoch unbillig; vielmehr sollten wir uns den Regierern der Welt mit einer Achtung, die mit Bedauren gemischt wäre, nähern. Landesfürstliche Gewalt erfodert, wenn sie zweckmäßig ausgeübt werden soll, vollkommene Weisheit; und Monarchen so wohl, als Minister, sind schwach, sind dem Irrthum und der Unwissenheit so gut, wie wir andern, unterworfen. Daher kömmt es denn, daß wir sie zu allen Zeiten die kleinen Häuschen von gesammeltem Vorrathe, den die Privat = Industrie da und dort

F 2

Sold gab und Subsidien bezog. Wer nimmt nicht gern Geld, das ihm angeboten wird, wenn er es auch nicht nöthig hat?

vor sich gebracht hat, in Projecten einer thörichten
Eitelkeit, oder einer noch thörichtern Ehr = und
Herrsch = Sucht verschleudern sehen. Eben daher
kömmt es auch, daß wir sie während dieses letzten
Jahrhundertes so gar die neuen Acquisitionen der
Wissenschaften und Künste, die in der menschlichen
Gesellschaft ohne Unterstützung gemacht worden sind,
zu eben dergleichen fatalen Anschlägen haben miß=
brauchen sehen, indem sie mittelst derselben die
Kriegs = Wuth bis in die entlegensten Meere und
Länder getrieben, und in ihren übereilten und ruinö=
sen Projecten nicht bloß das Erbtheil einer einzel=
nen, sondern so gar neuer, künftiger Generationen
von Menschen, auf eine lange Reihe von Jahren
hinaus, erschöpfet haben.

Nach der Anordnung der göttlichen Vorsicht
bringen große Uebel ihre Heil = Mittel selbst mit sich;
und das Staatsschulden = Fundirungs = System muß
wohl dadurch, daß es die Mittel zum Krieg = führen
nach und nach immer mehr erschöpft, endlich die
Wirkung thun, einen durchgängigen Frieden zu er=
zeugen. Es ist indessen traurig, den National =
Bankerotten nachzudenken, die dieser endlich durch=
gängige Friede wahrscheinlicher Weise in der ersten
Instanz zu einem allgemeinen Loose machen muß.
Die Folgen dieser Bankerotte werden verschiedent=
lich ausfallen, je nachdem die Völker mehr oder we=
niger Ausfuhr = Handel treiben, und mehr oder min=
der aufgeklärt sind. Es können dadurch auf eine Zeit

lang die Ketten des Despotismus lockerer werden, wie in Rußland; oder es kann daraus eine blutige Anarchie über den Trümmern einer Monarchie entstehn, wie ist in Frankreich. Durch ein allgemeines Friedens-System könnte, wenn es nur eilig angenommen würde, noch ein großer Theil von den Calamitäten, die über Europa, wie in finstern Wolken, schweben, abgewandt werden: aber so lange Leidenschaft und Vorurtheil die Oberhand so durchgängig haben, wie dermalen, ist dieses, leider! mehr Gegenstand unsrer Wünsche, als unsrer Hoffnungen.

Gleichwohl sollte der Gedanke, daß die unmittelbare und nächste Ursache zu allen bisherigen schrecklichen Unruhen in Frankreich keine andre war, als der verschwenderische Aufwand der vorigen französischen Regierung, der bloß durch das Staatsschulden-Fundirungs-System genährt würde, billig einen tiefen Eindruck auf diejenigen machen, denen die Sorge für das Beste der Völker anvertrauet ist. Der siebenjährige Krieg, und der Umstand, daß Frankreich Theil an dem Kriege Groß-Britanniens wider seine Colonien in Nord-America, zu Gunsten dieser abfälligen Colonien nahm, brachten dieses System zu seiner Krisis. Die Einkünfte der französischen Regierung waren durch die Zinse von den Schulden, und durch den immer fortgesetzten Aufwand der Regierung schon mehr als bloß anticipiret. Neue Steuern konnten dem Volke nicht mehr auferleget werden. Die Nation forderte mit lauter Stimme, daß ihren Klagen und Beschwerden endlich einmal abgeholfen werden möchte: und der Hof fieng endlich an, nachzugeben.

Es wurden Provincial-Stände-Versammlungen *) und in der Folge so gar Reichs-Ausschuß-Tage **) angestellt, die in schneller Succession auf einander folgten, bis es endlich zu einer Zusammenkunft der französischen General-Staaten auf einem allgemeinen Reichs-Tage kam. Der Strom der öffentlichen Meynung stemmte sich von Tage zu Tage mächtiger gegen alle bisherigen Anstalten und Einrichtungen. Das gemeine Volk begonnte, seine Stärke zu fühlen. Statt der Weisheit fieng nun an die Menge zu herrschen. Es kam die Mode auf, Aenderungen vorzunehmen; die Mode, zu ändern, erzeugte gar bald eine Gewohnheit, zu ändern; und so mit wurden Schicklichkeit, Anstand und Grundsätze vom Strome fortgeschwemmt ***).

*) Assemblées provinciales.

**) Assemblées de Notables.

***) Es ist das Loos despotischer Regierungen, daß sie gemeiniglich Narren in die Hände gerathen: und wo Narrheit befiehlt, da kann nur Unwissenheit gehorchen. Nichts in der Welt war jemals handgreiflich widersinniger, als die Grundsätze, zu folge deren sich die französische Regierung in den Krieg der Nord-Americaner wider Groß-Britannien mischte. Sie suchte Gelegenheit, England zu schwächen, und warf zu dem Ende ihre Kräfte in die Waagschaale der abgefallenen Colonien, mit denen wir Britten in einen Kampf gerathen waren, der an und für sich eben so langwierig,

England entgieng im Jahr 1783 noch glückli=
cher Weise, durch große und tugendhafte Anstren=
gung seiner Kräfte, dem Bankerott, in den sich

als kostspielig hätte werden, und am Ende doch einen
schlimmen Ausgang nehmen müssen, wenn auch schon
eine unbedingte Bezwingung der Colonien die ersten
Kriegs=Jahre für uns gekrönt hätte. Denn bey unserm
Stolz, und bey unsern vorgefaßten Meynungen, wür=
den wir, aller Wahrscheinlichkeit nach, den Streit bis
aufs äußerste fortgesetzt haben, so daß uns bloß der
National=Bankerott hätte Einhalt auf dieser Laufbahn
thun können.

Hierbey könnte denn die Krone Frankreich in aller
Sicherheit dem Spiele zugesehen, und die bequeme
Zeit der Ruh und Stille, die sie hatte, genutzt haben,
ihre Finanzen wieder in Ordnung zu bringen, ihre
Mißbräuche abzustellen, und durch die Künste des Frie=
dens ihre Kräfte zu stärken. Sie hätte über unsern
Trümmern sich erheben, die Kaiserinn aller Meere,
und die Schieds=Richterinn von ganz Europa werden
können. — Aber so trat sie öffentlich in die Mitte:
und nun wurde die Krankheit, die vorher eine langsam
tödtende Abzehrung zu seyn geschienen hatte, plötzlich
und auf einmal zum hitzigen Fieber. Es kam zu einer
Krisis: Groß=Britannien entschlug sich der Colonien,
erkannte deren Unabhängigkeit an, befleißigte sich wie=
derum der Künste des Friedens, und gelangte binnen
wenigen Jahren zu noch größerm Wohlstand, als
vorher.

Mittlerweile hatte aber Frankreich eine tödtliche
Wunde bekommen. Um zu verhüten, daß unter
den schon vorwaltenden Lasten der Krieg
dem Volke nicht noch lästiger würde, hatte
die Regierung denselben ohne neue Steuern mit bloß
aufgeborgtem Gelde geführt. Da nun wieder Friede ge=
worden war, sollte für diese neuen Schulden gesorgt

Frankreich stürzte. Die guten Wirkungen, die ein lange anhaltender Friede auf den Wohlstand einer so thätigen Nation hat, wie die brittische ist, lassen

werden. — Das Volk war arm und mißvergnügt; und was das schlimmste von allem war, so war es in gewisser Maaße aufgeklärt. — Das Uebrige weiß ein jeder.

Die Politik der Mächte, die sich wider Frankreich verbunden haben, ist von der gleichen schwachsinnigen und thörichten Art. Frankreichs Thorheit und Missethaten machten zwischen Franzosen und Franzosen einen bürgerlichen Krieg unvermeidlich, welchem das ganze übrige Europa hätte in guter Ruh und Sicherheit zusehn können. Dieses mächtige Volk würde durch innerliche Uneinigkeiten entkräftet worden, und alsdann nicht weiter furchtbar gewesen seyn: und der Gang seiner Regierungs-Experimente hätte sehr fruchtbar an heilsamen Lehren von der wichtigsten Art werden können, wenn die Franzosen sich selbst ungestört überlassen worden wären. Allein so kamen die benachbarten Monarchen in Pilnitz zusammen, und nahmen die Abrede, Frankreich bey der ersten schicklichen Gelegenheit anzugreifen. Diese Verabredung kam an den Tag, und gab den Republikanern den Sieg in die Hände, ohne daß sie erst viel darum zu kämpfen brauchten: dadurch war dem bürgerlichen Kriege vorgebeugt, und die Fahne des Jacobinismus wehete nun triumphirend. Die verbündeten Mächte haben auch, der Abrede gemäß, ihr Vorhaben ins Werk gerichtet; da sie aber bereits mit Schulden belastet sind, und der Zustand der Gesinnungen des Publicums dermalen so beschaffen ist, daß darauf ganz vorzügliche Rücksicht genommen werden muß; so führen sie, wie die französische Regierung noch ganz zuletzt vor der Revolution that, den Krieg mit erborgtem Geld, ohne Steuern auszuschreiben, welches sie sich auf die Zeiten nach dem

sich nicht überrechnen. So bald das National-Vertrauen und der Credit wiederhergestellt waren; verbreiteten sich die brittischen Manüfactur-Waaren über das feste Land so wohl in der neuen, als in der alten Welt; und das Staats-Einkommen Groß-Britanniens stieg, auf die Basis der Circulation gebaut, bis zu seiner neulichen unerhörten Höhe. Eine unausbleibliche Folge davon war der nachmalige Papier-Gelder-Curs in Versprechungs-Zetteln *) und Wechsel-Briefen, indem diese Papiere, die bloß baares Geld oder Waaren hätten vorstellen sollen, in einer Zeit des ausnehmendsten Wohlstandes die Stelle von fast jedweder Art von beweglichem und unbeweglichem Vermögen vertraten.

Mittlerweile bekamen die Angelegenheiten auf dem festen Lande eine feindselige Gestalt. Die verbündeten Mächte fiengen an, sich zu rüsten; und Frankreich rüstete sich ebenfalls. Kriegs-Rüstungen

Friedens-Schlusse vorbehalten. Der Kaiser giebt, wie ich mir habe sagen lassen, neun Pro-Cent Zinsen, um des Ausschreibens einer Kriegs-Steuer überhoben zu seyn; und dennoch heißt es, das unbillige Volk in Wien sey auch damit noch nicht zufrieden.

In so fern sind also die Politik der itzt wider Frankreich verbündeten Mächte, und die Politik von Frankreich selbst im nord-americanischen Kriege, von völlig gleichem Schlage. — Wie weit die Wirkungen einander gleichen werden, ist in der Zukunft verborgen. Anm. des Verf.

*) Promissory notes.

erfoderten in Ländern, die vergleichungsweise wenig auswärtigen Handel treiben, baares Geld.
Dieses floß, allem Ansehen nach, reichlich von England aus, wo die Circulation der Papiere die Stelle der klingenden Münze vertrat. *) Die Ausrüstungen selbst machten so wohl das Volk, als die
Regierungen arm, in wie fern dadurch die frucht-
tragende Arbeit vermindert und ersticket, das Vermögen, das zur Privat-Industrie hätte angewandt
werden sollen, anderwärts verbrauchet, und das
Handels-Verkehr gehemmt wurden. Daher konnten den Britten ihre bisherigen Kunden auf dem festen Lande nichts mehr abkaufen; oder sie konnten
ihnen doch die Manufactur-Waaren nicht bezahlen,
die sie von ihnen beziehen wollten, und die also den
Innhabern der Manufacturen auf dem Halse liegen
blieben.

Eine Zeitlang jedoch thaten gewisse Umstände
die Wirkung, daß die Britten nur einen Theil von
den Folgen der Kriegs-Politik des festen Landes
empfanden. Zuförderst lebte Groß-Britannien im
Frieden, und die Regierung hatte sich ausdrücklich,
und zu wiederholten malen, für ein Friedens-Sy-

*) In den ersten Jahren der französischen Revolution sol-
len, wie Chalmers (in der neuen Ausgabe seiner
Estimate of the comparative Strength of Great Britain
during the present and four preceding reigns — London 1794) meldet, nur etwan 600,000 Unzen Silbers
aus England nach Frankreich gegangen, im Jahr 1792
aber allein, nicht weniger als 2,909,486 Unzen dahin ge-
sandt worden seyn.

stem erkläret, da indessen das ganze übrige Europa
in Bewegung war, und unter dem Gewehre stand.
Daher wurden die brittischen Fonds ein Favorit-
Gegenstand des Ankaufes für geld-reiche Menschen
auf dem festen Lande, die gern ihr Vermögen in Sicherheit bringen wollten. Unermeßliche Summen
flossen, wie man damals sagte, aus Frankreich und
den Niederlanden nach England, und die Preise der
Actien (oder Stocks) stiegen eine Weile während der
Abnahme der Ausfuhr brittischer Manufactur-Waaren, und, wie man zu glauben alle Ursach hat, während des Ausflusses der edlern Metalle.

Noch ein andrer Umstand wirkte zum Vortheile
Groß-Britanniens. Durch den Krieg auf dem
festen Lande nahm die Nachfrage und Bestellung
gewisser Manufactur-Waaren aus Deutschland,
und zumal aus Frankreich beträchtlich zu. — Das
genoß Birmingham; und York-Shire genoß es auch.
Dürstend nach dem Streite, stürzten sich die Sans-
Culottes ins Feld — und Gewehr! Gewehr und
Montirungs-Stücke! hallte es von Picardie bis
nach Provence wieder. Diese Nachfragen und Bestellungen konnten bloß von England aus befriediget
werden. Frankreich hatte durch seine zweyte Revolution *) seinen Credit zu Grunde gerichtet: es
mußte folglich mit klingender Münze zu Markte
kommen; und so nach hätte sein Geld bey den Engländern bleiben können. — Was also Groß-

*) Vom 10ten August 1792.

Britanniens wahre Politik in diesem Fall erfodert
hätte, leuchtet in die Augen *).

Um selbige Zeit wurden jedoch durch die Lage
der Dinge auf dem festen Lande die sympathetischen
Gefühle der verschiedentlichen Parteyen in England
in einem so ungeheuren Grade rege gemacht, daß
die Vorschriften der gesunden Vernunft gar nicht
weiter Gehör finden konnten: und da die Ruchlosigkeit der herrschenden Partey in Frankreich besonders
Einen vorsätzlichen und schrecklichen Mord begangen
hatte, der nichts besseres wirken konnte, als daß das
Entsetzen der Menschen dadurch in außerordentlich
hohem Grade rege werden mußte; so wurden die
anfänglichen Freunde der Revolution mit einmal
stumm; der vorher so heilig gewesene Name der
Freyheit selbst ward anstößig; die Zeter-Schreyer**)

*) Als Kaufmann hätte der Verfasser hier völlig Recht;
denn in diesem Falle würde seine Lehre wenigstens der
Handwerks-Regel gemäß seyn. Er soll aber, wie sein
Katist. sch vielwissender Kunstrichter in den Göttingischen Anzeigen gewiß wissen will, kein Kaufmann, sondern wirklich Doctor der Medicin seyn. (s. Gött.
Anz. S. 1646. von 1795.) Und wäre er das wirklich, da
er sich doch nicht mit M. D. sondern schlechtweg mit Esq.
unterschreibt; so ließe sich mit ihm noch wohl über die
Re.t der Politik streiten, die er im vorliegenden Puncte seinem Vaterlande zur Richtschnur machen will.

**) Alarmists nennt sie mein Original. Und der Verfasser
eines neuen Politischen Wörterbuchs, welches
unlängst zu London erschienen ist, charakterisirt diese Al-
larmirer als „jämmerliche politische Kannengießer, die

standen mit einmal in Menge und mit gesammter
Macht auf; in allen Gegenden erhoben sich Unwille
und Verwünschungen; und so mit wurde die brittische
Nation, mitten unter einem wilden Getümmel
von blinden Schrecknissen und tugendhaftem Bedauern, über Hals und Kopf in den ißigen schrecklichen
Krieg gestürzt.

Es ließ sich zwar über dem Sturme noch Eine
mächtige Stimme hören: allein die Töne der Vernunft und der Wahrheit klangen in den Ohren eines aufgebrachten Volkes, wie Verrath; und die Regierer Groß-Britanniens stimmten in das allgemeine Geschrey. Die Freunde des Friedens und der Ruhe
zogen sich die schimpflichsten Verläumdungen zu, die
eben mode geworden waren; aber sie durften sich
doch der reinsten Bewunderung künftig, wann Leidenschaft und vorgefaßte Meynung nicht mehr seyn
werden, sicher getrösten.

Nun kam also Krieg; und dicht auf den Fersen
hinter ihm eine schreckliche Reihe von Calamitäten. —
Ein Bankerott folgte nach dem andern in schneller
Succession. Die Hülfs-Quellen Groß-Britans

„sich durch Wort-Schall betäuben ließen, und über den
„Sturz der Aristokratie in Frankreich erschraken. Bestürzt
„und verstört durch Angst und Sorgen für ihr eignes Leben, vergaßen sie alles Gefühl ihrer Pflichten gegen das
„Volk, und traten dem Bunde der Höfe wider das Beste
„der Menschheit bey; z. E. der Herzog von Portland,
„die Grafen Fißwilliam und Spencer, die Herren
„Windham, Powis, und eine ganze Reihe von
„et caetera, ad infinitum.“

niens schienen mit einmal zu verschwinden. Mißtrauen und Schrecken ergriffen den handelnden Theil
der Welt; und selbst die Englische Bank, wie man
erzählt, nahm Theil an der allgemeinen Beängsti-
gung.

Unterdessen haben Sie, Herr Pitt, Ihrer
Seits, wie man sagen will, behauptet, „diese
„Calamitäten stünden in keiner Verbindung mit
„dem Krieg"; und Herr Dundas hat uns geradezu versichert, „sie wären bloß eine Folge von Groß-
„Britanniens außerordentlichem Wohlstande." Gleiche Sprache wird, wie ich höre, von den Anhängern
des itzigen brittischen Ministeriums überall geführt.
Mithin ist es rathsam, daß dieser fürchterlich-ge-
fährliche Irrthum öffentlich aufgedeckt, und dessen
Ungrund erwiesen werde. —

Während einer Zeit durchgängigen Friedens
und großen Wohlstandes war so wohl der Privat-
als der öffentliche und Staats-Credit zu einer außerordentlichen Höhe gestiegen; und aus Ursachen, die
einem jeden gar leicht in die Augen fallen, die aber
hierher zu erzählen langweilig seyn würde, war
Papier-Geld in großer Maaße zum Vermittelungs-
Unterpfande der Circulation geworden.

Diese Papiere waren von zweyerley Art: sie
bestanden nämlich theils aus Wechsel-Briefen, die
zu verschiednen Datis zahlbar wurden und insgemein
discontiret werden konnten, theils aus schriftlichen
Zahlungs-Versprechungen *), die von der Compagnie

_____
*) Promissory notes, Versprechungs-Zettel.

der Englischen Bank oder von Privat-Wechsel-
Häusern ausgestellt, und auf Sicht zahlbar wären.

Der Credit, den ein jedes von diesen Papieren
hatte, beruhte darauf, daß es ein reelles und sicheres
Eigenthum vorstellte. Von den schriftlichen Zahlungs-
Zusagen nahm man zwar im gemeinen Leben an,
daß sie klingende Münze, zu allen Zeiten auf Sicht
fällig, vorstellten; sie beruhten aber in der That,
was ihren Credit anlangte, auf der Basis eines
oder des andern unbeweglichen Eigenthumes im
Königreich, und nicht selten auf liegenden Gründen
und Ländereyen. Die Wechsel-Briefe hingegen beruhten, in Ansehung ihrer Circulation, auf dem
vereinigten Credit des Ausstellers und des Acceptan-
ten, und stellten zu großem Theil Eigenthum außerhalb des Königreiches vor, welches sich vielleicht so
eben auf der See, in West-Indien, an der africa-
nischen Küste, in America, oder auch auf dem festen
Land in Europa befand *). Durch dieses Mittel
ward eine ungeheure Masse von unbeweglichem Vermögen gleichsam in einen Zustand von thätiger Be-
weglichkeit gesetzt; wie sich denn die in Umlauf ge-
brachten Papier-Gelder, alle Arten derselben mit-
eingerechnet, (zu folge der Nachrichten, die mir

---

*) Diese Materie ist nicht nur vollständig, sondern auch mit
  vielem Geschmack in einer Englischen Schrift aus einander gesetzt worden, die den Titel führt: „Gedanken über
  „die Ursachen der gegenwärtigen Faillimente." (Thoughts
  on the Causes of the present Failures).
                                   Anm. des Verf.

zugekommen find,) auf eine Summe belaufen haben,
die faſt unglaublich ſcheint *).

Was für Folgen ein Krieg auf bloß dergleichen
papierne Unterpfänder haben mußte, wie die ſo eben
erwähnten waren, kann man ſich leicht vorſtellen. —
Durch einen Krieg mußte die Sicherheit alles Eigenthums und Vermögens auf der See, in den brittiſchen Inſeln (außer Europa) an der africaniſchen
Küſte u. ſ. w. verringert, und mithin der Credit aller der Wechſel-Briefe, welche ſich auf die Valuta
ſolches Eigenthums oder Vermögens gründeten, her-
untergeſetzt, wo nicht gar zu nichte werden. Denn
wenn ſich zu ſolchem Eigenthume ſelbſt, während
eines Krieges, nicht leicht ein Käufer finden ließ;
ſo war noch weniger der Käufer eines Wechſels, der
auf ſolchem Eigenthume ruhte, zu finden.

Das Eigenthum ſelbſt ließe ſich allenfalls noch
verkaufen, obwohl zu einem heruntergeſetzten Geld-
Werthe; dieſes würde aber nicht der Fall bey einem
Wechſel-Briefe ſeyn, der, ſo bald er nicht die
Summe gilt, auf die er wörtlich lautet, gar nichts
gelten kann und völlig aus der Circulation geworfen wird. In was für Noth und Verlegenheit hierdurch die Weſt-Indiſchen Häuſer in England geriethen, iſt bekannt genug. Die Größe der Gefahr
für die brittiſchen Inſeln in Weſt-Indien wurde
viel-

*) Zwey hundert Millionen Pfunde Sterlings.
Anm. d. Verf.

vielleicht zu hoch angeschlagen; ein Umstand, der aus der ganz eignen Beschaffenheit des Krieges, und aus den Besorgnissen herrühren mochte, welche die verzweifelten Mittel, deren sich die Franzosen ohne grosses Bedenken bedienen, bey uns gleich anfänglich erwecket hatten, und noch immer zu erwecken fortfahren.

Schon zuvor, ehe noch in England der Krieg zum Ausbruche gekommen war, hatte auf dem festen Lande das Bankerott = machen seinen Anfang dermaaßen genommen, daß die Sicherheit der Wechsel = Briefe von ausländischen Handels = Plätzen von Tage zu Tage unzuverläßiger wurde. Dümouriers Invasion in die vereinigten Niederlande, (eine der ersten Folgen von diesem Kriege Groß Britanniens wider Frankreich,) war ein Stoß, der den Handels = Credit in ganz Europa treffen mußte. Die brittischen Häuser, welche bey holländischen und andern auswärtigen Wechseln interessiret waren, fanden so gleich die Sicherheit derselben vorzüglich erschüttert; unterschiedliche solche Häuser brachen, und von vielen andern gieng und geht noch die Rede, daß es damals ziemlich mißlich um sie gestanden habe. Eine gleiche Wirkung davon fand auch in mehrern Gegenden des festen Landes Statt; und so nach verbreiteten sich Stoß und Gegenstoß von Verderben weit und breit.

Die Invasion in Pohlen, und die Theilung dieses Landes trug nicht wenig zu dieser gemeinsten

Calamität bey. Die Watschauer Bank, *) welche das Depositum von allem Ueberschuſſe des Einkommens vom Ertrage der Landwirthſchaft in Pohlen enthielt, wurde von den königlichen Räubern erdrücket und zu nichte gemacht; ſie ſchoß, wie man mir geſagt hat, um zehn Millionen Pfunde Sterlings zu kurz, und riß mit ſich mehrere anſehnliche Häuſer in ganz Europa, beſonders in St. Petersburg, in Hamburg und in Amſterdam, nieder **).

Der Krieg brachte die brittiſchen Manufacturen mit einmal um den ganzen franzöſiſchen Markt, der unter allen ihren Märkten der größte und ausgebreitetſte, und, ſo wie der Handel auf demſelben gerade das ganze letzte Jahr vor dem Kriege getrieben wurde, der ſicherſte und einträglichſte war. Der durchgängige Schiffbruch des Credits bey den Bundesgenoſſen Groß-Britanniens auf dem feſten Lande brachte die brittiſchen Waaren auch um einen groſſen Theil des vorherigen Abſatzes auf dieſen Märkten. Es giengen von daher keine neuen Beſtellungen mehr ein: oder wenn auch ſchon dergleichen eingiengen; ſo konnte doch nicht darauf gewillfahrt

*) Der Verfaſſer meint hier vermuthlich die Banquiers Teper und andre, die damals zu Grunde gerichtet wurden.
**) In St. Petersburg allein mußten mit einmal funfzehn Häuſer brechen, die nach China handelten.
Anm. d. Verf.
(Es litten dabey auch eine beträchtliche Anzahl guter Handels-Häuſer in Leipzig empfindlichen Schaden.)

werden, weil man theils Ursache fand, an der Sicherheit des Correspondenten zu zweifeln, theils auch
der Zahlungs-Canal gesperrt war. Also kam man
in Groß-Britannien gar bald hinter die Entdek-
kung, daß die brittischen Manufacturen, so fern sie
für ausländische Märkte arbeiteten, nicht bloß einen
einstweiligen Stoß, (wie sich dergleichen alle sechs bis
sieben Jahr einmal in Friedens-Zeiten durch Uebertreibung der Geschäfte ereignen,) sondern eine durchgängige Stockung erlitten hatten. Folglich wurden die
Wechsel und andre Arten von Papieren, welche auf
die Sicherheit des in den Maschinen steckenden Capitals liefen, (die ein ungeheures, und nur noch
vor kurzem höchst einträgliches Vermögen ausmach-
ten,) natürlicher Weise in ihrem Credit erschüttert.
Wenn das nun weiter so fortgeht, und sich nicht
binnen weniger Zeit eine Aussicht zu baldiger Wiederherstellung des Friedens hervorgiebt; so wird wohl
nichts in der Welt unsicherer seyn, als solche Papiere. Wäre es bey solcher Gelegenheit nöthig und
schicklich, Namen zu nennen; so könnte jede von
diesen Behauptungen mit hinlänglichen Belegen er-
härtet und erläutert werden.

Das General-Resultat von diesen Partikula-
ritäten ist folgendes: — Da vor dem Kriege Groß-
Britanniens wider Frankreich die Wechsel discontiret
werden konnten, und mithin dergleichen Papiere von
jedem Land in der Welt her, vielleicht auf achtzehn
Monate a Dato, und zuweilen wohl gar auf eine

noch längere Sicht, in die Circulation traten; so
sind nunmehr durch die vielen Banquerotte drey Vierthel vom Ganzen zu unnützem Papiere geworden;
und nunmehr lassen sich so gar Wechsel, die vorher
auf allen Märkten den größten Credit gehabt hatten,
meistens nur auf zween Monate a Dato verhandeln.
Was für eine unermeßliche Lücke aber hieraus in der
Circulation entstehen müsse, kann man sich leicht vorstellen.

Aus diesem allgemeinen Nothstand in dem Interesse des Manufactur- und Handels-Wesens muß
natürlicher Weise ein großes Gedränge bey denen erwachsen, deren Vermögen in baarem Gelde besteht.
Wie ist aber der Zustand dieser Leute selbst besc.af-
fen? Ihr Vermögen ist gemeiniglich in Staats-
Assecuranzen *) beleget. Dergleichen Schuld-Schei-
ne müssen nun mit einem Verluste von 20 bis 25
Procenten verkaufet werden, um die dringendsten
Foderungen abzuthun. Die Staats-Assecuranzen
sind bereits, zufolge des Krieges, in ihrem Werthe
gefallen, und dies zu einem Belaufe von beynahe
funfzig Millionen Pfunden Sterlings; — eine Summe, die der ganzen Summe brittischer National-
Schulden zu Anfange des siebenjährigen Krieges fast
gleich kömmt!

Auch das Eigenthum an liegenden Gründen hat
der Verringerung seines Werthes nicht entgehn können: jedoch hat es aus Gründen, die von selbst in die
Augen fallen, nicht so viel, wie jedes andre Eigen-

*) Public securities.

thum, verloren, ausgenommen in der unmittelba=
ren Nachbarschaft von Städten; und daher hat auch
die Sicherheit derjenigen Versprechungs = Zettel, die
von Wechsel = Häusern im Lande ausgegeben worden
sind, so weit sie auf liegenden Gründen an Lände=
reyen beruhten, nicht so viel gelitten, und hat auch
nicht so viel leiden können, als jede andere Vermö=
gens=Art. In dem allgemeinen panischen Schrek=
ken freylich sind fast alle dergleichen Wechsel = Häu=
ser von den Leuten, welche Capitalien bey ihnen
stehn hatten, überlaufen worden; daher haben auch
einige von ihnen, die nicht fest genug standen, un=
vermeidlich brechen, und viele, denen bloß das
baare Geld abgieng, wenigstens mit der Zahlung
inne halten müssen. Ueberhaupt aber sind diejeni=
gen von ihnen, die einen hinlänglichen Fond von
Real = Vermögen aufzuweisen hatten, durch das Ver=
trauen des Publicums unterstützet und aufrecht er=
halten worden; und es sind auch die Zettel dieser
Häuser, bey der absoluten Seltenheit des Goldes
und Silbers, wieder in die Circulation getreten.

In den Gegenden, wo dieß der Fall war, ist
auch die Noth und Verlegenheit bey weitem nicht
so groß, *) als in denen, wo keine Circulation von

*) Herr Chalmers hat zwar, wie die brittischen Minister,
behaupten wollen, die schreckliche Menge der Failimente in
Groß=Britannien, wo bald nach dem Ausbruche des Krieges
binnen weniger Zeit 1304 Häuser brechen mußten, habe bloß
von der großen Vermehrung solcher Land=Banken hergerührt,
und sey keinesweges eine Folge vom Kriege gewesen: aber
den Beweis sind Er und die Minister schuldig geblieben.

dergleichen Versprechungs = Zetteln Statt gefunden
hat. Diese Thatsachen hier anzuführen, scheint um
so nöthiger, weil in beiden Parlaments = Häusern
einige ansehnliche Glieder derselben geneigt scheinen,
den gegenwärtigen Nothstand des brittischen Manu=
factur = und Handels = Wesens in hohen Grade dem
Anwachse der Wechsel = Häuser beyzumessen, die der=
gleichen Versprechungs = Zettel ausgegeben haben *).

Es ist hierbey anzumerken, daß circulirende
Zettel von dieser Art, deren jeder eine Guinee vor=
stellt, schon lange das allgemeine Zahlungs = Mittel
in ganz Schotland ausgemacht haben, wo auch der=
malen die Verlegenheit der Handelsleute zwar nicht
geringe, aber doch bey weitem geringer ist, als in
England; wie denn bis itzt, wo ich dieses schreibe,
noch nicht mehr als Ein Wechsel = Haus gebrochen
hat. Aehnliche Zettel von fünf Pfunden sind in
verschiednen Grafschaften des Norder = Theiles von
England in täglicher Circulation; und es ward auch
in der Stunde des durchgängigen panischen Schre=
ckens zwar viel und heftig dawider geschrien: aber
die Sorge legt sich wieder, und das Vertrauen kehrt
schon zurück. **) In weniger Zeit wird es hoffentlich
allen Menschen als Wahrheit einleuchten, daß ein
gut = gesichertes und wohl = eingerichtetes Zahlungs=

---

*) Unter die Parlaments = Glieder, die in diesen Irr=
thum gefallen sind, gehört besonders der Herzog von Nor=
folk.   Anm. d. Verf.

**) Ich berufe mich dieses Umstandes wegen dreist auf die
Proceduren zu Newcastle, Whitehaven, u. s. w.
         Anm. d. Verf.

Mittel dieser Art zu gegenwärtiger Zeit wichtige
Dienste da thue, wo es circulirt; und es ist sehr
wahrscheinlich, daß die Leute in den Gegenden, wo
es bisher noch nicht eingeführt gewesen ist, ebenfalls
dazu ihre Zuflucht nehmen werden. In der Pfalz-
Grafschaft Lancaster, wo die Noth und Verlegenheit
so wohl bey den Handelsleuten, als bey den Manufactur-Innhabern vielleicht größer ist, als in irgend
einem andern Theile des Königreiches, sind nie Versprechungs-Zettel von einem Wechsel-Hause ausgegeben worden; und ich habe das Herz, zu behaupten,
daß die dortige durchgängige Stockung aller Geschäffte gewisser Maaßen diesem Umstande zuzuschrei-
ben sey. — Die Nothwendigkeit, alle Geschäffte
lediglich mit einer Art von Papier-Gelde zu treiben,
welches sich nicht zur Stunde in klingende Münze
verwandeln läßt, würde freylich ein Beweis von
außerordentlicher Noth seyn; aber sie kann uns über
kurz oder lang wirklich treffen. Es giebt eine Lage
der Dinge, über die ein redlicher Staats-Bürger
bey sich selbst in der Stille brüten muß, die ihm aber
der schnelle Gang der Widerwärtigkeiten, die uns
treffen, nicht lange aus seinen Gedanken zu ver-
treiben gestattet; und in diesen Widerwärtigkeiten
kann es vielleicht noch das einzige National-Ret-
tungs-Mittel gegen allgemeinen Ruin und durchgängige Verwirrung seyn.

Ob nun also gleich die Wechsel-Häuser, welche
dergleichen Versprechungs-Zettel in die Circulation
bringen, keinesweges etwas Beträchtliches zu dem

gegenwärtigen Nothstande des Handels und der
Manufacturen in Groß = Britannien beygetragen
haben; so können wir doch nicht in Abrede seyn,
daß dieser Nothstand durch die Unvorsichtigkeit mehr
rerer einzelnen Männer, die ihre Geschäffte viel höher
trieben, als es ihr eignes Vermögen litt, und die
daher in unterschiedlichen Fällen ihre Zuflucht zu dem
System nahmen, zu Behauptung ihres Credits, Wech=
selreiterey zu treiben, wirklich vergrößert worden sey. *)
Indessen ist dieß eine Krankheit, die in Zeiten eines gro=
ßen Wohlstandes immer zu entstehn pflegt, und die zwar
auf einzelnen Handels = Plätzen hin und wieder fatale
Folgen nach sich zieht, die denn aber doch durchaus
nicht dafür angesehen werden kann, daß sie großen
Antheil an dem itzigen National = Nothstande Groß=
Britanniens hätte. — Daß sie nicht ganz ohne
Folgen geblieben ist, mag, meines Erachtens, der
Behauptung des Herrn Dundas einigen Anstrich
von Wahrheit gegeben haben: aber kann wohl Herr
Dundas selbst sagen, daß durch die Unvorsichtig=
keit einiger einzelnen Menschen der ganze Absatz
unsrer Manufactur = Waaren vernichtet, oder die
Fonds um funfzig Millionen Pfunde Sterlings her=
untergekommen wären?

*) Wem daran gelegen ist, dieses deutlich und vollständig
   erläutert zu sehn, der schlage darüber Dr. Adam Smith's
   schon mehrmals genannte Erörterung ꝛc. im 2. Kap.
   des 2ten Buchs nach.   Anm. d. Verf.
   (Die Entwickelung, von welcher der Verf. hier redet, fin=
   det sich Vol. I. pag. 464. sq. des Originals, und in Gar=
   ve's Uebersetzung S. 65. ff. des zweyten Bandes.)

Man wird gegen diese allgemeine Vorstellung
vielleicht einwenden, „sie erkläre die Dinge gar zu
„begreiflich; was in der Welt vorfiele, davon ließe
„sich der Grund selten auf einem so regelmäßigen
„Wege ausfindig machen; und überhaupt enthielte
„die ganze Politik wenig oder nichts, was einer
„Demonstration so nahe käme."

Hierauf zu antworten, ist etwas ganz Leichtes. —
Politik hat gemeiniglich das Verhalten der Cabinetter zu ihrem Gegenstand; und die Unzuverläßigkeit,
der die Cabinetter unterworfen sind, ist hauptsächlich
der Unwissenheit und dem Eigensinne beyzumessen,
welche in den Cabinettern zu herrschen pflegen. Mithin entsteht die Schwierigkeit, vorherzusagen, wie
sie vermuthlich zu Werke gehn werden, aus der
Unmöglichkeit, mit dem mindesten Grade von Zuverläßigkeit die Gründe ihres Thuns oder Lassens
vorher zu wissen. Dagegen nähert sich der Theil der
Staats-Wirthschaft, in welchem die Theorie des
Handels und der Manufacturen entwickelt werden,
gar sehr der Natur einer Wissenschaft, weil er das
wechselseitige Verkehr handelnder Männer zum Gegenstand hat, die sich immer von einem Gefühle des
Interesse, dem einförmigsten Antriebe des Verhaltens der Menschen, leiten und lenken lassen. Wir
machen keinen richtigen Unterschied, wenn wir meynen, was Handel und Gewerbe betrifft, wäre eben
so ungewiß, als was Politik betrifft. Die Launen
der hämischen Meerkatze sind freylich wild und regel-

los; aber das Thun des emsigen Biebers ist einför-
mig und abgemessen.

Man kann auch wohl wider diese Erläuterung
der Ursachen des itzigen Nothstandes von Groß-
Britannien einwenden, daß sich dieselbe auf Grundsätze steife, welche eben so wohl von vormaligen
Kriegen gelten können, als von dem, in den Groß-
Britannien itzt verwickelt ist, da doch gleichwohl die
itzigen Calamitäten des Landes durchaus einzig in
ihrer Art sind und nie vorher ihres Gleichen gehabt
haben. — Daß unsre Verlegenheiten dießmal dem
Grade nach einzig seyn, muß man zugeben; aber
der Art nach sind sie nicht einzig. Industrie und
Credit haben immer bey dem Anfang aller der Kriege,
die Groß-Britannien geführt hat, einen ähnlichen
Stoß bekommen; und es bleibt nur das zurücke,
daß deutlich zu zeigen ist, warum der itzige Stoß so
ausnehmend heftig und schrecklich sey.

Daß der Handels-Wohlstand Groß-Britanniens jedes mal, so oft wir uns in einen Krieg einließen, merklichen Schaden gelitten habe, läßt sich
aus den authentischen Urkunden darthun, die sich in
Chalmers Schätzung der verhältnißmä-
ßigen Stärke von Groß-Britannien x.
eingerückt befinden; und wer noch an den Anfang
des letzt-vorherigen Krieges zurücke denkt, der muß
sich auch der Verlegenheiten erinnern können, zu
denen jener Krieg den Anlaß gab. Der außerordentliche Ruin des gegenwärtigen Zeit-Punctes, aber

verglichen mit dem Schaden, den wir 1755 oder
1775 erlitten hatten, schreibt sich zu großem Theile
von der Veränderung, die so wohl mit der brittischen Nation, als mit allen übrigen europäischen
Völkern allmählich vorgegangen ist, und von der
ganz besondern Beschaffenheit und dem Sitze des
dermaligen Krieges her. Bey dem Ausbruche des
siebenjährigen Krieges im J. 1755 beliefen sich Groß-
Britanniens National-Schulden auf zwey und sieb-
zig Millionen; und itzt reichen die fundirten und
unfundirten Schulden beynah an zwey hundert und
funfzig Millionen. Bey der dißmaligen Gelegenheit
haben wir also den Krieg, gegen das erste mal, unter einer hinzugekommenen Last von beynahe zwey
hundert Millionen Pfunden Sterlings mehr angefangen.

Aber lassen Sie uns, mein Herr Pitt, den
Anfang des letzt-vorhergegangenen Krieges nehmen;
einen Zeit-Punkt, der in unserm Andenken noch
nicht veraltet ist, und in dem die Unähnlichkeit der
Situation Groß-Britanniens noch nicht so groß
war. Sie machten uns, und vielleicht auch sich
selbst, zu Anfange des Februars nicht wenig Hoffnung, daß das bisherige Staats-Einkommen durch
die gegenwärtigen Feindseligkeiten wahrscheinlicher
Weise nicht verringert werden würde, weil es in
dem ersten Jahre des vorhergehenden Krieges
wirklich nicht viel gelitten hatte. Sie schienen zwar
zuzugeben, daß es mit dem Fortschreiten die

Manufacturen und des Handels der Britten wirklich zu einem Stillstande kommen könnte; aber Sie
stellten sich keinesweges vor, daß von dem, was
wir schon im Besitz hatten, viel, oder nur etwas,
abgehn und wegfallen sollte: und daß dieses ein unglücklicher Irrthum war, dem wir vermuthlich in
gewisser Maaße den Krieg selbst zu danken haben,
liegt nunmehr aus den traurigen Ereignissen des
bisherigen Vierthel-Jahres sonnenklar am Tage.
So kränkend aber auch die Mühe seyn mag, diesem
Irrthume bis auf seine Quelle nachzuspüren, so
kann es doch hoffentlich einigen Nutzen für künftige
Zeiten haben.

Der Krieg mit Nord-America nahm seinen
Anfang nicht plötzlich, wie der itzige mit den Franzosen, sondern stufenweise. — Die Zänkereyen der
brittischen Regierung mit den Colonisten hatte schon
mehrere Jahre nach einander gewährt, und ehe es
noch damit zum Ausbruche öffentlicher Feindseligkeiten kam, hatten die brittischen Kaufleute schon lange
vorhergesehen, daß es dazu kommen würde, und
hatten schon hiernach ihre Maaß-Regeln zu nehmen
angefangen. Freylich aber waren sie damit bey weitem noch nicht so weit vorgerückt, daß sie schon fertig
und vor allem Schaden gesichert gewesen wären:
denn obgleich in dem unmittelbar vorhergehenden
Jahre ganz außerordentlich starke Rimessen von
America in Groß-Britannien eingegangen waren;
so blieb doch hernach, bey dem wirklichen Ausbruche

der Feindseligkeiten, ein großes Capital in America verschlossen zurücke, wodurch der Handel von London, Bristol und Liverpool beträchtliche Einbußen erlitt, und woraus zu Glasgow und Whitehaven ein sehr weit greifender Bankerott entstand. Bey alle dem zeichnete sich jedoch der damalige Zeit=Punct vor dem gegenwärtigen durch einen Umstand aus, der von der größten Wichtigkeit ist. —

Es waren nämlich vor dem nord=americanischen Kriege von 1775 die brittischen Manufactur=Innhaber noch nicht sonderlich gewohnt gewesen, ihre Waaren auf ihre eigne Rechnung auszuführen. Vielmehr hatten sie ihre Bestellungen bis dahin immer hauptsächlich von Kaufleuten im Lande bekommen, auf deren Risico dann die Manufactur=Waaren auf den Schiffen verladen wurden. Zu folge dessen mußten also zwar die Handels=Häuser bey dem Bruche mit den Americanern einen höchst empfindlichen Stoß aushalten; aber die Capitalien der Manufactur=Innhaber litten doch bey alle dem, verglichen gegen itzt, keinen bedeutenden Schaden.

Was damals nicht wenig beytrug, den Schaden für die brittischen Manufacturen zu verringern, und überhaupt den ganzen damaligen Verlust des brittischen Handels noch erträglich zu machen, war das Einfuhr=Verbot, welches der Congreß von Nord=America schon das Jahr vorher, ehe der Krieg ausbrach, also zu einer Zeit, wo die Rimessen nach Groß=Britannien noch erlaubt und ungemein be-

trächtlich waren, auf die brittiſchen Waaren gelegt
hatte. Dieſes that die Wirkung, daß die brittiſchen
Manufactur = Innhaber, deren Kunſt = Fleiß eben
ſo wenig, als ihre Capitalien, Schaden gelitten
hatten, gar bald anfiengen, ſich nicht nur nach neuen
Markt = Plätzen umzuthun, ſondern auch die alten,
mit denen ſie ſchon einiger Maaßen bekannt geworden
waren, beſſer als vorher, zu benutzen. Und von dieſem
Datum ſchreibt ſich der Anfang zu jenem ſchnellen
Anwachſe der Ausfuhr nach dem feſten Lande von
Europa her, wodurch Groß = Britannien nicht nur
damals vom National = Bankerotte gerettet, ſondern
auch wieder zu ſeinem vorigen Range unter den Völ=
kern erhoben ward.

Es fand ſich bey näherer Anſicht der Sache gar
bald die Erfahrung, daß der Markt von Nord = Ame=
rica, vergleichungsweiſe zu reden, keinen ſonderlichen
Werth hatte. Die brittiſchen Manufactur = Innha=
ber wurden ſo gar in weniger Zeit inne, daß die
Waaren von ihrer Arbeit, wegen ihrer vorzüglichen
Güte, trotz der Sperre, die ihnen durch den Krieg
entgegengeſetzt war, mit Gewalt nach America dran=
gen: ſie nahmen freylich einen Umweg durch Hol=
land; aber in der That lieferte die brittiſche Graf=
ſchaft York zum größten Theile die Kleidungsſtücke für
Sans-Culottes in America. Allein, ſo dreiſt auch die
Americaner eine republikaniſche Regierung unter ſich
errichtet hatten, und ſo offenbare Rebellen ſie — nicht
gegen Ludwig den Sechzehnten, ſondern gegen

fern gnädigsten König waren — so wenig ließ sich
doch damals der königliche Ober-Anwald *) einfallen, auf eine Bill wider Hochverräther-
Correspondenz anzutragen. **)

Seit dem vorigen Friedens-Schluß indessen
haben die brittischen Manufactur-Innhaber fast
durchgängig, wie Kaufleute, selbst gehandelt, und
ihre Waaren geradezu auf ihre eigne Rechnung zu
Schiffe versandt. Sie haben sich in den Besitz aus-

*) Attorney General.

**) Es war, wo mich nicht mein Gedächtniß trägt, gerade
während dieser Zeit-Periode, daß dem Herzoge von
Richmond, der vor kurzem mit so treufleißigem Dienst-
Eifer bemüht gewesen ist, den Tower zu befestigen, in
den Englischen Ministerial-Zeitungen schuld gegeben ward,
er habe verschiedene Gegenden der brittischen Küsten in
Augenschein genommen, bloß in der Absicht, den Franzosen einige Winke zu geben, wo sie Groß-Britannien am
leichtesten ohne Gefahr angreifen könnten. Es war um
eben diese Zeit, daß sich Herr Burke im Hause der Gemeinen öffentlich seiner Correspondenz mit dem rebellischen
Republikaner Franklin rühmte, der gerade damals in
Paris allerley Ränke spielte, um uns ganz Europa auf
den Hals zu hetzen. Es war während eben dieser calami-
täts-vollen Periode, daß ein junger Staatsmann, der hernach in ganz Europa so sehr bekannt geworden ist, seine
politische Laufbahn damit antrat, daß er den Republikanern in Nord-Amerika bey ihrer Widersetzlichkeit gegen
Groß-Britannien geradezu Recht gab, und das Vorhaben der brittischen Regierung, sie mit Gewalt zu unter-
jochen, als die äußerste Ruchlosigkeit und Unvernunft ta-
delte. Anm. d. Verf.

(——— Pudet, haec opprobria nobis
Et dici potuisse, et non potuisse refelli.)

ländiſcher Handels - Plätze geſetzt; und dieß theils
durch ihre vorzügliche Kunſt - Erfahrenheit, theils
auch noch mehr durch das Uebergewicht ihrer Capitalien, wodurch ſie in den Stand geſetzt wurden,
faſt allenthalben Credit auf ein Jahr, oder auch
wohl auf anderthalb Jahr zu geben. Daher ſteckt
denn nun freylich im gegenwärtigen Zeit - Puncte
das Cápital der Manufactur - Innhaber zu einem
ſehr großen Theil in auswärtigen Schuld - Forderungen — welches gerade das Widerſpiel von dem iſt,
was ſich zu Anfange des vorigen Krieges ereignet
hatte. Die Kaufleute in den Häfen des Königreichs
empfanden die Calamitäten des itzigen Krieges zwar
am erſten; aber auf den Stand der Manufactur-
Innhaber können und werden ſie mit unabläßlichem
Verderben fallen.

Was zu der traurigen Lage des itzigen Zeit-
Punctes am meiſten beyträgt, iſt der unglückliche
Umſtand, daß der Krieg, den wir nun führen, nicht
lange vorhergeſehen worden iſt, wie der Fall bey dem
Zanke mit den Nord - Amerikanern war. Unſre Regierung hatte ſich, wie gedacht, ausdrücklich und
zu wiederholten malen, für ein Friedens - Syſtem erkläret; unſer Intereſſe erfoderte auch ſicht-
barlich, uns an dieſes Syſtem zu halten und nicht
davon zu weichen. Von Seiten Frankreichs ſah es
beynah einem Selbſt - Morde gleich, wenn es hätte
Zänkereyen mit uns anfangen wollen. In beiderſei-
tigen Landen widerriethen Leute, die ſich auf Handels - Geſchäffte verſtehen, jeden Bruch: und da ſie
nach

nach Gründen des wechselseitigen Interesse, (des gewöhnlichen Fundamental-Principiums verständiger und natürlich-denkender Menschen,) urtheilten; so konnten sie — noch lange, nach dem der Horizont schon angefangen hatte, sich mit Wolken zu überziehen — nicht glauben, daß es zu einem Ungewitter wirklich kommen würde. — Da nun dennoch der Wolken-Bruch erfolgte; so traf er sie folglich nackt und unvorbereitet.

Bey der Vergleichung dieser beiderley Zeit-Perioden ist auch der wichtige Unterschied der Staats-Lasten, den die Britten damals zu tragen hatten, und den sie itzt tragen müssen, in Betrachtung zu ziehen. Der Krieg wider die Nord-Americaner ward unter einer Schulden-Masse von 130 Millionen Pfunde Sterlings angefangen; und diesmal stürzte sich Groß-Britannien mit einer National-Schuld von 250 Millionen in einen neuen Krieg. — Zu Anfange des Nord-Americaner-Krieges betrugen die Staats-Bedürfnisse in Friedens-Zeiten, mit Einschlusse der Zinse von den National-Schulden, jährlich zehn Millionen; und nun ist es damit schon bis zu siebzehn Millionen heraufgekommen.

Man kann indessen vielleicht annehmen, „das „Vermögen der Britten, diese vergrößerten Staats-„Lasten zu tragen, sey ebenfalls nach Proportion „gewachsen.“ —

Ich möchte die Hebungs-Quellen meines Vaterlandes nicht gern zu niedrig angeschlagen sehn,

H

und will also glauben, daß obige Behauptung richtig sey: allein gewiß ist sie nur richtig, so lange
wir Ruh und Frieden haben, und Ruh und Frieden, so viel möglich, in der ganzen Welt aufrecht
zu halten wissen. Sollte unsre Fähigkeit, Steuern
zu entrichten, wirklich nach dem Register unsrer Aus-
fuhr-Güter abgemessen werden; so ließe sich mit gutem Rechte zweifeln, ob sie in dem Grade, den man
annimmt, zugenommen habe *). In der That hängt
aber diese Fähigkeit von dem Ueberschuß unserer
frucht-tragenden Arbeit über unsre Bedürfnisse ab;
so wie die mehrere oder mindere Leichtigkeit, Steuern
zu erheben, (welches ein höchst wichtiger Punct ist)
in großer Maaße von dem Grade der Consumtion
und Circulation abhängt. —

*) Die Ausfuhr der Britten in den letzten zehn Jahren be-
trägt im Durchschnitte, wie man sagt, nicht über siebzehn
Millionen; welches nur etwan drey Millionen mehr ist,
als der Belauf der brittischen Ausfuhr im Durchschnitt einer gleichen Anzahl von Jahren vor dem nord-americanischen Kriege war. Indessen sind die Urkunden, welche
wir über diesen Punct haben, keinesweges hinlänglich, um
etwas Zuverläßiges davon zu behaupten. — Man kann indessen **Chalmers** Schätzung der verhältnißmäßigen Stärke von Groß-Britannien nach-
sehen.   Anm. d. Verf.
(Man wird überhaupt nicht übel thun, wenn man über
diesen immer höchst zweifelhaft bleibenden Punct das 2te
Capitel des 2ten Theils der Schrift: Ueber Freyheit
und Einschränkung der Handels-Geschäffte,
oder neuere und ältere Regierungs-Maximen der Handels-Policey im Contraste —
Leipzig 1793 — nachsieht.)

Aus den brittischen Exporten erhellt der Ueber=
schuß der frucht=tragenden Arbeit der Britten bey
weitem nicht vollständig, so sehr auch manche Leute
geneigt seyn mögen, dieses zu glauben: denn es ist
ein beträchtlicher Theil von dieser Arbeit zu Erschaf=
fung neuen Capitals — zu Vermehrung nöthiger Ge=
bäude und nußbarer Maschinen — zur Meliorirung
des tragbaren Bodens — und zu Anlegung neuer
Fahr=Straßen und Canäle, zu allerley Mitteln,
das National=Capital nußbar und einträglich zu
machen — Mitteln, die ohne allen Vergleich die
nüßlichsten sind — angewandt worden *).

H 2

*) Bloß in der Pfalz=Grafschaft Lancaster allein steht ißt,
indem ich dieses schreibe, eine Million Pfunde Sterlings
von dem Gewinne der Manufacturen und des Handels im
Begriffe, zu Anlegung neuer Canäle darinnen verwendet
zu werden, wofern nicht etwan durch die traurige Lage
der Zeiten die richtige Auszahlung der zu diesem großen
Unternehmen geleisteten Subscriptionen gehemmt, oder gar
unmöglich gemacht wird; und es werden dermalen zu Er=
bauung dieser Canäle vornehmlich die fleißigen Manufa=
ctur=Arbeiter gebrauchet, die noch zum Arbeiten gebrau=
chet werden können. Kein Mensch ist im Stande, die
heilsamen Wirkungen von solcher Anwendung einer Sum=
me Geldes in einer einzelnen Landschaft, und besonders in
einer solchen, wie Lanca=Shire ist, völlig zu überrechnen:
allein diese heilsamen Wirkungen beruhen doch fast lediglich
auf Ruh und Frieden. Durch den Krieg ist bereits die
Valutg der Actien an diesem Eigenthume gar sehr gefallen,
so wie überhaupt auch der Transport auf den schon vorher
angelegt gewesenen Canälen um mehr, als die Hälfte, ab=
genommen hat. Ueber diesen Punct kann man authenti=

Diese Verbesserungen wurden mit den glücklich=
sten und immer mehr beschleunigten Schritten fort=
gesetzt. Die Staats=Lasten, so schwer sie auch sind,
fiengen schon an, um so leicht=erträglicher zu wer=
den, je mehr die Kräfte der Britten, sie zu tragen,
zunahmen; und England that schon starke Vorschritte
zu Erreichung jedes endlichen Gränz=Punctes seines
Wohlstandes, dessen Möglichkeit ehedem Dr. Adam
Smith schon mit mathematischer Bündigkeit erwie=
sen hat, und dessen Herannahung Sie, Herr Pitt,
selbst in einem Strome von Beredtsamkeit vorher=
sagten, welcher der Wahrheit alle Reizungen der
Dichtung gab, und einer bewundernden Nation die
Aussicht auf eine reelle Glückseeligkeit eröffnete, die,
wie man sonst glaubte, bloß in den Träumen des
Dichters existirte *). Indessen wissen Sie wohl,
und Sie gestanden es auch selbst, daß nothwendig
Ruh und Friede beybehalten werden müßte, wenn
die Segens=Wohlthaten, die Sie uns prophezeyten,
wirklich erfolgen sollten. — Und es würde noch
Glücks genug für die brittische Nation gewesen seyn,
wenn Sie nur eingesehen hätten, daß Ruh und

sche Belege bey dem Herzoge von Bridgewater finden; und
ich sage hier bloß nach, was ich aus dem Zeugniß eines
Correspondenten weiß, der wohl wissen muß, was er schreibt.

Anm. d. Verf.

*) Man sehe Hrn. Pitt's Rede im Parliament vom 17ten
Februar 1792, da er den Antrag zu Aufhebung eines
Theils der brittischen Steuern that.

A. d. V.

Friede so gar zur Fortbauet des Guten, welches
wir bereits genossen, unumgänglich nöthig waren.

Viele Leute haben sich eingebildet, der itzige
Krieg müsse in Vergleichung gegen den vorhergehenden datum doch erträglich für Groß-Britannien
seyn, weil die Britten damals allein fechten mußten,
und dagegen dieß mal alle Welt mit ihnen im Bunde
steht. Auch hat Hr. Dundas hiervon viel Rühmens im Hause der Gemeinen zu machen gewußt,
und dabey ausdrücklich die Erklärung gethan, „daß
„das Ministerium willens wäre, den Franzosen,
„wo möglich, alle europäischen Völker auf den Hals
„zu hetzen.“ Ich glaube so gar, daß gerade zu folge
der Operationen dieser Politik, ehe man sich noch
von Seiten des brittischen Ministeriums öffentlich
dazu bekannt hat, Spanien und Preußen dermalen
schon unter den Waffen sind, und daß Portugal,
die Türkey, und die Nordischen Mächte öffentlich
und ernstlich angegangen werden, der allgemeinen
Conföderation wider Frankreich beyzutreten. — Eine
elende und nichtswürdige Politik! Viel besser würde
es für Groß-Britannien und sein Interesse gewesen
seyn, wenn es allein wider Frankreich gefochten
hätte, wäre auch Frankreichs Macht noch zwey mal
so groß gewesen, so fern nur das ganze übrige Europa ruhig dem Kampfe zugesehen hätte, als daß
sich die brittische Regierung in diesen allgemeinen
Kreuz-Zug der Thorheit und des Verderbens mengt,
und alles dazu aufzuwiegeln sucht.

Ich rede hier nicht etwan die Sprache des Mo-
ralisten, sondern spreche bloß als Politiker, und
fodre dreist einen jeden zur strengsten Prüfung dessen
auf, was ich hier behaupte. — Was diente den
Britten im nord-americanischen Kriege zur Stütze?
Die Ausfuhr ihrer Manufactur-Waaren nach Ländern, wo sie von den Einwohnern gekauft werden
konnten, weil diese Einwohner die Wohlthaten des
Friedens genossen. Aber wer ist denn nun da, der
unsre Manufactur-Waaren kaufte? denn wo ist
nun wohl Ruh und Friede zu finden? Vom weißen
Meer an bis zu den Säulen des Herkules stehen die
europäischen Völker unter den Waffen, und im nächsten Sommer werden über zwo Millionen Menschen
im Felde stehn. Die Geschichte kennt weder in ältern, noch in neuern Zeiten ein Unternehmen, das
den Kosten oder dem Umfange dieser Bewaffnung
gleich käme, und das gleichwohl zu einer Zeit betrieben wird, da die Fonds aller kriegführenden Mächte im voraus weggenommen und erschöpfet sind, und
da der National-Credit allenthalben, (England
hoffentlich ausgenommen,) gänzlich verworfen zu
werden im Begriffe steht.

Wenn die gesammte Bevölkerung von Europa
aus hundert und zwanzig Millionen besteht; so kann
sie fünf und zwanzig bis dreyßig Millionen Menschen enthalten, die zum Arbeiten, oder, wie man
es nennt, zum Waffen-tragen taugen. Nun wird
ein Zwölftel, oder auch allenfalls nur ein Funf-

zehnthél, von dieſer Anzahl, einer frucht-tragenden
Arbeit entzogen, und zu einer Beſchäfftigung ange-
ſtellt, die keine Frucht bringt; oder, was zu noch
deutlicherer Erläuterung dieſes Punctes dient, es
wird im Verhältniſſe gegen das Publikum gerade
in einen ſolchen Zuſtand verſetzet, als wenn das
Ganze auf einen und eben denſelben Tag an allen
Gliedern gelähmt wäre, und dennoch nicht nur eben
ſo viel Unterhalt, als da es noch zum Arbeiten fähig
war, ſondern ſo gar einen noch viel koſtbarern Unterhalt erfoderte. Da nun aber die Mannſchaft die
ins Feld geſtellt wird, in der Blüthe ihres Lebens
ſteht; ſo wird die Verminderung der frucht-bringen-
den Arbeit noch merklich mehr betragen, als bloß
nach Proportion ihrer Anzahl zu erwarten wäre;
und da ſie fern von ihrer Heimath fechten ſoll; ſo
werden die Koſten für ihren Unterhalt, ſo lange ſie
Soldaten-Dienſte thut, zwey bis dreymal ſo ſtark
ſeyn, als ſie geweſen ſeyn würden, wenn die Mannſchaft bloß aufgehört hätte, zu arbeiten, und müßig
gegangen wäre.

Unterdeſſen muß das Capital der frucht-tragenden Arbeit nicht nur allen vorherigen Laſten unterworfen bleiben, ſondern es muß auch noch obendrein
mit dem Unterhalte der Arbeiter, die ihm entzogen
und zu Soldaten gemacht ſind, gedrückt werden;
und dadurch wird die Einbuße ſchon mehr als ver-
doppelt.

Es iſt möglich, daß in manchen Gegenden von
Europa dadurch eine Hungers-Noth entſtehn kann;

jedoch ist nicht wahrscheinlich, daß dieses eine allgemeine, oder auch nur eine unmittelbare Folge seyn werde. Lebensunterhalt ist ein so augenscheinliches Bedürfniß; und dieses Bedürfniß fodert die Menschen so unwiderstehlich zur Thätigkeit auf, daß in der ersten Instanz wohl überall Grund und Boden werden gebauet werden. Die Stelle der Arbeiter, die bey uns vom Ackerbau weggenommen und ins Kriegs-Feld gestellt sind, wird mit andern besetzet, die von ihrer bisher gewöhnlichen Arbeit bey den Manufacturen abgedankt sind, welche der Krieg unthätig gemacht, oder gar zu Grunde gerichtet hat. Dürftigkeit wird die Menschen lehren und nöthigen, sich an Sparsamkeit, sowohl in der Kost, als in der Kleidung, zu gewöhnen; und hierdurch kann und wird die Stunde des absoluten Mangels noch verzögert werden. Bloß da, wo der Krieg seinen eigentlichen Sitz aufschlägt, kann Hungers-Noth als unvermeidlich betrachtet werden. Eben da sind auch am ersten gefährliche Krankheiten zu erwarten, deren Gift sich durch Ansteckung weiter ausbreiten, und noch mehr Menschen auffressen kann, als selbst das Schwerdt fressen mag *).

*) Wie vieles von diesen Besorgnissen, die unser Autor in der ersten Hälfte des Jahres 1793 äußerte, seitdem zur leidigen Realität geworden sey, wissen alle unsre Leser. In Frankreich herrscht, trotz des milden Klimats, des fruchtbaren Bodens und der natürlichen Thätigkeit der Einwohner — zwar kein eigentlicher Mangel, aber doch für den Arbeiter und Armen eine schreckliche Theurung. An den Gränzen von Frankreich und Deutschland hat sich da und

Die Elastizität menschlicher Kraft-Aeußerungen
läßt sich nicht genau berechnen; und es würde eine
Uebereilung seyn, wenn man sich erkühnte, vorhersagen zu wollen, wie die Kräfte der Menschen, und
in welcher Ausdehnung sie unter so schweren und
durchgehends herrschenden Lasten wirken werden.
Unterdessen scheint doch nichts unvermeidlicher, als
daß diese Lasten, so lange der Krieg fortdauert, immer überall zunehmen müssen. Wird nun den Menschen selbst der Lebens-Unterhalt schwer; so kann es
alsdann nicht anders kommen, als daß die Einhe-
bung der Staats-Einkünfte zur Unmöglichkeit wird.
Die Eroberer des unglücklichen Pohlens und die
Bestürmer Frankreichs werden nicht im Stande
seyn, von den eingeschrumpften Muskeln und ver-
dorrten Gebeinen ihrer hungernden Bauern die gewöhnlichen Lieferungen zum Unterhalt ihrer fühllosen
Herrschsucht und tollen Verschwendung zu erpressen.

Es fällt in die Augen, daß diese allgemeine
Verarmung auch für Groß-Britannien besonders

dort schon mehrmals Hungers-Noth gezeigt. Und da durch
die Zerrüttungen, welche die Theilung von Pohlen mit
sich gebracht hat, auch in diesem, sonst so kornreichen
Lande sehr große Landes-Strecken, einige Jahre hindurch,
ungebaut geblieben sind; so empfindet auch Groß-Britannien itzt die traurigen Folgen davon, die, wie der Verf.
sagt, noch dadurch doppelt traurig werden, daß auf dieser
Insel so viele Leute dem Ackerbau entzogen worden sind,
die bey dem Dienst im Kriegs-Felde noch mehrere Nahrung nöthig haben, als bey ihrer Arbeit im Frieden und
zu Hause.

von Folgen seyn, und daß diese Folgen von Tage
zu Tage immer drückender werden müssen. Groß-
Britannien war nach dem letzt-vorhergehenden Kriege zum allgemeinen Vorraths-Hause der europäischen
Völker geworden; und es hat zeither beynahe den
ganzen Vorrath von entbehrlichen Dingen geliefert,
den die Völker zu erkaufen vermochten: Nunmehr
sehen wir offenbar, daß die Consumtion solcher entbehrlichen Dinge das erste ist, was durch den Krieg
zu nichte werden muß: diese Wahrheit ist nun
schon durch die Erfahrung unwidersprechlich gemacht.
Folglich müssen die Menschen, die von der Fabrici-
rung dieser entbehrlichen Dinge bisher gelebt hatten,
in allen europäischen Ländern am ersten und empfind-
lichsten leiden; und zum Unglücke leben die mehresten
Menschen von dieser Classe hier zu Lande. Mithin
kann es auch nicht fehlen, daß hier zu Lande der
Ruin im höchsten Grad empfunden werden muß;
und die Leiden der Britten werden um so größer,
und um so schwerer zu tragen seyn, weil sie gerade
mit dem vorigen W o h l s t a n d e Groß-Britanniens
in genauer Proportion stehn müssen. Also wird es
auch hieraus sonnenklar, daß wir die Folgen von
dem Fortgang allgemeiner Armuth schon schwer genug empfunden haben würden, wenn wir so gar
selbst in Ruh und Frieden geblieben wären, da sich
indessen die andern kriegführenden in den Krieg verwickelt gehabt hätten. —

Inzwischen giebt es Vortheile, die aus einer
solchen Lage der Dinge entspringen, und die uns,

unter klugen Anstalten, hätten durch diese Schwie=
rigkeiten durchführen können. Wir würden die ver=
schiednen, im Felde stehenden Armeen mit der Klei=
dung versehen, würden ein Monopolium mit dem
Verkaufe von Gewehre, schwerem Geschütz und
andern Zerstörungs=Werkzeugen getrieben, würden
die allgemeinen Fracht=Fuhren mit Proviant und
Kriegs=Bedürfnissen für alle kriegführende Völker
gethan haben; würden im Stande gewesen seyn,
unsre eignen Manufactur=Producte in Sicherheit
überall hin zu bringen, wo noch einiger Absatz für
sie übrig geblieben wäre; und zugleich würden uns
die ungeheuren und ruinösen Kosten, uns zu bewaff=
nen und unsern ausgebreiteten Handel in den ver=
schiednen Theilen der Erdkugel zu beschützen, erspa=
ret worden seyn. Unsre Besitzungen im Osten und
im Westen wären gesichert, und der Credit unsrer
Papier=Gelder wäre immerfort ungeschwächt in der
Circulation geblieben.

England hätte unterdeß, da der Sturm zu Lan=
de wüthete, das Welt=Meer für unverletzbar erklä=
ten, und wenn die kriegführenden Mächte das Meer
beunruhigen wollten, sein Haupt über die Wogen
erheben, seinen ewigen Dreyzack schwingen, und dem
Ungewitter zu schweigen gebieten können *). Da Eng=
land einen großen Theil von der Kleidung, den Waf=

*) Maturate fugam, regique haec dicite vestro:
　　Non illi imperium pelagi, saevumque tridentem,
　　Sed mihi sorte datum. —

　　　　　　　　　　　　Virgil. Aen. I.

fen und den Kriegs-Bedürfniſſen der im Kriege be-
fangenen Mächte in ſeinem Beſitz hatte, und zugleich
unſtreitiger Herrſcher auf der See, und Haupt-Ca-
nal des Verkehrs zwiſchen den Völkern war; — ſo
hätte es, wenn die Stärke und Wuth kämpfender
Leidenſchaften vom Blute geſättigt, oder durch Metzeleyen überwunden geweſen wäre, ſeine Rache dem
angreifenden Theil ankündigen, ſeinen Beyſtand dem
unterdrückten anbieten, und die Bedingungen eines
allgemeinen Friedens vorſchreiben können. —

Dieſes hätte Groß-Britanniens Lage ſeyn können — und unfehlbar ſeyn müſſen, wenn wir nicht
ſelbſt Partey in dem allgemeinen Kampfe genommen
hätten. Aber wie iſt unſre Lage nun?

Wir ſind ſelbſt in die Zänkerey verflochten. Und
nun giebt es kein Volk in Europa mehr, welches einen Frieden zwiſchen den kämpfenden Mächten vermitteln könnte *). Kann nun England nicht
wieder das Amt eines Schiedsrichters übernehmen;
ſo iſt, allem Anſehen nach, nichts vermögend, die
aufgebrachten Parteyen zu beſänftigen, oder den Frieden in der Welt wiederherzuſtellen, als Vertilgung
der Franzoſen von der Erde, oder Stürzung der Regierungen im deutſchen Reiche. —

---

*) Wenigſtens keines, welches mit gebietendem Nachdruck
die Vermittler-Rolle ſpielen könnte. — O! Friedrich der
Zweyte, warum mußteſt du ſechs — bis zehn Jahre zu
früh ſterben!

Aber man wird sagen: „es ist doch immer besser „für uns, daß wir itzt alle Welt auf unserer Seite „haben, die mit uns gegen Frankreich ficht, als wenn „wir allein gegen dieses Land fechten müßten.“

Es fragt sich indessen überhaupt, warum müssen wir denn gegen Frankreich fechten? — Nutzen haben wir nicht davon *).

Allein, man kann auch wohl glauben, „Frank„reich würde uns, wenn seine Regierung gegründet „seyn und festen Fuß gefaßt haben wird, aus Ehr„geiz und Herrschsucht zwingen, einen Krieg zur „Selbst=Vertheidigung zu führen.“

Dieses dünkt mich nicht wahrscheinlich, weil es sein Nutzen nicht seyn kann. — Doch gesetzt, es träfe sich gleichwohl so was; so ist meine Antwort diese: Wenn uns Frankreich angreift; so muß es zur See, in dem brittischen Lieblings=Elemente, geschehn: und da wird Frankreich, wie ich versichert bin, Groß=Britanniens Uebergewicht abermals empfinden **). — Es hat da unser Uebergewicht auch

*) Die Unterthanen haben freylich keinen Nutzen davon: aber die Regierung — die Minister. Und was fragen diese im Ernste — nach dem Nutzen der Unterthanen, wenn sie nur bleiben, und sie nur ihre Gewalt vergrößern können? Man sehe die Anmerkungen S. 66, 68, 144, 146, 220.

**) Vorausgesetzt, daß Groß=Britannien bey dem endlichen Friedens=Schlusse nach diesem ungeheuer=kostspieligen, unerhört geld= und menschenfresserischen Kriege noch groß

im nord = americanischen Kriege empfunden, ob es
gleich damals alle seine Kräfte auf seine See = Macht
wandte; ob es gleich von Spanien, von Holland
und von America unterstützet ward; und ob es uns
gleich zu einer Zeit angriff, da wir schon durch drey
kostspielige und blutige Feldzüge in gewisser Maaße
entkräftet waren.

Wenn Frankreich und England jemals allein ge=
gen einander kämpfen; so muß es zur See gesche=
hen: und so zerstörend auch der Kampf zur See an
und für sich seyn muß; so ist es doch nicht wahr=
scheinlich, daß er an und für sich selbst unsre Consti=
tution in Gefahr setzen, oder unsern Credit vernich=
ten könne, wie einige Leute, schwachsinnig genug,
geglaubt und behauptet haben. Unsre Constitution
thront in den Herzen der Engländer, und wird durch
Gewalt einer auswärtigen Macht nun und nimmer
vernichtet werden. Auswärtige Macht konnte
freylich eben so wenig den Britten ihre Constitution
nehmen, als sie den Franzosen eine Constitution,
wider den Willen der Nation, aufzudringen ver=
mocht hat: aber macchiavellistische Minister = Kniffe
können sie durch künstlich angelegte Minen in die

und mächtig genug bleibt, um den Herrscher zur See
ferner zu spielen. — Denn es ist wohl eben so wahrscheinlich,
als möglich, daß Groß = Britannien, durch die blinde Auf=
opferung seines ganzen Vermögens in diesem Kriege, sich
völlig bis zum Tode verbluten werde, ohne jemals wieder
zu Kräften zu kommen.

Luft sprengen — wenn die Nation nicht selbst über
die verdorbene Majorität ihres Parlamentes wacht,
und sich die Behauptäng ihrer Constitution allenfalls selbst vorbehält. Unser Credit beruht auf unserm Handel; aber mehr noch auf unsern Manufacturen, die auch einen Bruch mit Frankreich, wie
wir aus der Erfahrung wissen, aushalten, und so
gar mitten unter der Fortdauer eines solchen Bruchs
zunehmen können, so fern nun das übrige
Europa in Ruh und Frieden ist *). Unglücklicher Weise ist gegenwärtig ganz Europa nicht
bloß in einen Krieg, sondern in einen Krieg von unerhörter Desperation und Kostbarkeit verflochten,
und das zu einer Zeit, wo die Staats-Schulden
und die Steuern fast bey einer jeden von den kriegführenden Mächten bis zu einer ungeheuern Höhe

*) Man verstehe mich jedoch nicht so, als hielte ich einen
Krieg wider Frankreich, oder wider irgend ein ander
Land, unter unsern Umständen und überhaupt in unserer
Lage, jemals für etwas besseres, als für eine höchstwich-
tige Calamität. Ich möchte nur gern das Eigne und
Auszeichnende am gegenwärtigen Kriege, wodurch dersel-
be vorzüglich für uns nachtheilig wird, bemerkbar machen.
Was uns itzt hauptsächlich zum Schaden gereicht, ist die
Allgemeinheit des Krieges, und die hieraus entste-
hende Armuth. In Ansehung einiger von den Mächten, die
itzt unter den Waffen stehen, ist es für uns, wenn sie
Krieg führen sollen und müssen, von gar keiner großen
Bedeutung, ob sie bey der Macht, die sie wirklich aufzustellen vermögen, in Allianz mit uns, oder auch wider uns fechten.

Anm. d. Verf.

gehäuft, und wo die Regierungen, (die Regierung unsers Vaterlandes will ich hiervon allemal ausgenommen haben,) durchgehends bedrückend, und die Unterthanen arm und elend sind.

Vor funfzig Jahren machte Hume, in seiner Untersuchung der Wirkungen des Staats-Credits, die Erinnerung, daß entweder dieser Credit die Nation, oder die Nation ihn stürzen müsse. „Ich muß gestehn,“ sagte dieser gründliche Beobachter, „wenn ich Fürsten und Staaten sich mitten unter „Schulden, Zinsen und Verpfändungen ihrer Ein- „künfte mit einander zanken sehe; so fällt mir dabey „allemal eine Schlägerey mit Knütteln in einem „Porcellan-Laden ein“ *). Seit den Zeiten, da er dieses schrieb, haben die Staats-Schulden der europäischen Völker, alles zusammen in Eine Summe gerechnet, um mehr, als das Doppelte, zugenommen; und insonderheit sind die Staats-Schulden Frankreichs, Groß-Britanniens und Rußlands fast aufs Vierfache gestiegen. Itzt mag also Hume's Bild vielleicht ein wenig anders aussehn. Das itzige Knüttel-Gefechte wird zwar auch in einem Porcellan-Laden gehalten; aber die Mauern des Hauses sind neuerdings ebenfalls Porcellan geworden. Werden nun die Schläger recht hitzig in ihrem Geschäfte; so kann es sich bald treffen, daß ihnen nicht nur das Haus-Geräthe, sondern auch gar das Haus selbst um die Ohren fliegt.

Ich

*) S. Hume's Essay on public credit.

Ich habe im Hause der Gemeinen eines von
den Parliaments-Gliedern mit großer Beredtsamkeit zum Vortheile des Unternehmens, uns in den
Krieg mit Frankreich zu stürzen, reden, und dabey
ausrufen gehört: — „So sterbe denn unser Handel,
„wenn er sterben muß; nur lebe unsre Constitu-
„tion."—

Die Worte waren albern: — denn nun ist die
Trennung beyder nicht mehr möglich. — Das Lebens-
Principium unsrer Constitution — die Trennung und
Vertheilung der Gewalten in der Verfassung kann
freylich wohl den Untergang des Handels überleben:
und wofern nur das ganze Volk aufgeklärt ist; so
kann sie, selbst nach dem Schiffbruch unsrer Macht,
noch bleiben und fortdauern. Der Geist unsrer Religion kann auch nach dem Verfall unsers Reich-
thums aufrecht erhalten werden; und vielleicht können ihn Armuth und Kummer so gar mehr reinigen.
Das Gleichheits-Principium unsrer Gesetze, welches dermalen in fünfhundert Folianten enthalten
und mit Beyspielen erläutert ist, kann vielleicht noch
ein eben so schönes Ansehen haben, wenn die Vernichtung des Eigenthumes vierhundert neun und
neunzig Bände voll Statuten ungebräuchlich gemacht
hat, und ein einzelner Band alles in sich faßt, was
unsre Dürftigkeit erfodert. Aber die Wohlthaten
unsrer Constitution beruhen in den Augen derer,
welche die Kräfte des Landes verwalten, oder sie
mit der Zeit noch zu verwalten hoffen, so viel ich

J

einſehe, auf unſerer Wohlhabenheit, und müſſen folglich mit dem Handel, aus dem unſre Wohlhabenheit fließt, abſterben. Alſo mögen doch ja diejenigen, die ſo gern alles beym Alten gelaſſen wiſſen wollen, lieber alles Krieg=führen verhüten. — Wahre Patrioten, die einen ernſtlichen Abſcheu vor einheimiſchen Erſchütterungen und Bürger=Kriegen heegen, werden jederzeit die Künſte des Friedens lieb und werth halten.

„Es ſterbe unſer Handel‟! — Alberne Worte! wie geſagt. — Was reicht denn jährlich den Armen im Lande drey Millionen Pfunde Sterlings dar? Was bringt der Kirche anderthalbe Millionen Pfunde, was der Civil=Liſte eine Million ein? — Unſer Handel. — Was unterhält die Koſten unſrer unermeßlichen See= und Land=Macht an Flotten und Armeen? Was giebt unſre hoch=beſoldeten Staats=Aemter und jährlichen Gnaden=Gelder her? — Was ſonſt, als unſer Handel. — Dreyzehn Millionen Pfunde Sterlings von unſern Steuern beruhen auf Circulation und Conſumtion; — und dennoch ruft dieſes gedankenloſe Parliaments=Glied aus: — „es ſterbe unſer Handel, wenn nur unſre Conſtitution lebt‟? —

Wie ſoll denn nun aber der nöthige Glanz, das ausgebreitete Patrocinium, und der noch bey weitem mehr ausgedehnte Einfluß der Krone aufrecht erhalten werden? Und wenn dieſer Glanz, dieſes Patrocinium, und dieſer Einfluß hinweg ge=

schwemmt sind — wo bleibt denn hernach unsre Constitution? Was wird denn wohl vermögend seyn, die Krone gegen einen Bund unruhiger Edlen zu erhalten, die dem Volke mit dem leeren Schalle von Freyheit schmeicheln, um darhinter ihren selbstsüchtigen Ehrgeiz zu verbergen? oder was wird im Stande seyn, erbliche Würden und angestammtes Eigenthum jeder Art gegen die große Masse des Volkes zu schützen, die nun verarmet, und daher desperat geworden ist; raubgierig vielleicht aus dringendem Mangel, und fürchterlich vermöge eines Ueberrestes von dem Muth und Stolze, die noch aus besserm Zeiten herstammten?*)

Unsre Constitution und unser Handel sind mit einander aufgewachsen und groß geworden; ihre Verbindung mit einander war vielleicht anfänglich keine nothwendige Verbindung: aber zufällige Ereignisse haben diese Verbindung nöthig gemacht; und nun hängen die Ruh und die Sicherheit Englands davon ab, daß diese Verbindung aufrecht erhalten wird.

Selbst unsre Gebräuche und Sitten, so wie die Structur der Gesellschaft unter uns, gründen sich

J 2

*) Der Verfasser kann vor der Hand nur Winke geben; er hätte aber zum Vortheile der Prärogativen der Krone, so wie dermalen die Sachen stehen, noch vielerley beyzubringen.

A. d. U.

auf diese Einigkeit. — Ich kenne wohl die Gebre=
chen unsers Zustandes: aber die drückende Last uns=
rer Schulden und Steuern muß uns Unterwerfung
lehren. Geduld, Ruh und Friede, gute Wirth=
schaft, und allmähliche Reformation sind die Heil=
Mittel, auf die uns weise Männer gern verweisen
möchten. Wird uns hier und da das Wagestück
angepriesen, daß wir zu gefährlichern Mitteln grei=
fen sollen; so rührt dieses entweder von der Thor=
heit einer Menschen=Classe her, die diese Gebrechen
abläugnet, und sie durch solches Abläugnen nur
noch schwerer macht — oder von der eben so großen
Thorheit einer andern, die diese Gebrechen für uner=
träglich erklärt, und am liebsten den Rathschlägen
einiger Enthusiasten oder arglistiger Buben Gehör
geben möchte. Für itzt giebt es wohl keine Nation,
die den Gesetzen gehorsamer, oder ihrer Constituti=
on treulicher zugethan wäre, als die brittische: aber
ein kluger Minister wird auch die Geduld der
Bürger und Einwohner nicht muthwillig auf die
Probe stellen, oder sie gar zu empfindlich reizen. *) —

„Es sterbe unser Handel"! — diesen Gedan=
ken und Ausdruck mag das Parliaments=Glied für

---

*) Davor hütet sich gewiß jede kluge Regierung sorgfäl=
tig; und am sorgfältigsten bey einer solchen Stimmung
der Gemüther zu größern Veränderungen, wie dermalen
immer mehr herrschend zu werden scheint. Nur stupider
Starrsinn und stolze Herrschsucht geben der Klugheit kein
Gehör.

——— Tollantur in altum,
Ut lapsu graviore ruant. —

Norwich ja ändern. Wir können einem feurigen
und beredten Geiste wohl einmal einen Uebereilungs-
Fehler wider die Bestimmtheit seiner Gedanken übersehn; ja, wir können ihm sogar die Vorurtheile seiner Erziehung zu Gute halten. — In der Schule
z. E. wo Herr Edmund Burke erzogen worden ist, sind Handel, Gewerbe und Manufacturen
lauter unedle, niedrig klingende Worte; ja, die
Worte selbst sind bey den Jesuiten zu St. Omer, die
ihn erzogen und bildeten, vielleicht kaum erhöret
worden. Jugendliche Erziehung, natürlicher Geschmack, und eine eigenthümliche Sublimirung der
Einbildungs-Kraft haben, wie ich vermuthe, dem
Herrn Burke die Umständlichkeit im Einzelnen
und die ganze pünctliche Genauigkeit beym Handel
widerlich gemacht, und dagegen seinen Geist mit jenen großen und hell-dunkeln Ideen angefüllt, die
sich so gern mit den hohen Gebräuchen der alten
Ritterschaft und dem gothischen Dunkel eines fin-
sterern Jahrhunderts zusammen-gesellen. Hieraus
müssen wir uns, (da die Länge der Zeit allmählich den
Ehrgeiz gedämpft, und die ursprünglichen Angewöh-
nungen seines Geistes wieder zum Oben-auf-schwim-
men gebracht hat,) allem Ansehen nach den Umstand erklären, daß er den Ueberbleibseln der Lehens-Hude-
ley in unsrer Constitution einen so wichtigen Vorzug
beylegt, und eine so sonderbare Furcht vor den Fort-
schritten des Handels empfindet, weil der Handel,
seiner Meynung nach, die Wege zu Neuerungen
und Veränderungen bahnen soll.

Ich sehne mich eben nicht, eine Lanze mit dem Vorfechter der Aristokratie, oder mit irgend einem seiner Anhänger zu brechen; vielmehr mag ich ihnen zu ihrem Vortheile von Herzen gern so viel einräumen, als die Wahrheit verstatten will. Sollte unsre Staats = Gesellschaft umgegossen; sollte hierbey das wahre, bleibende Beste unsers Vaterlandes allein zu Rathe gezogen werden; und stünden die Mittel völlig in unsrer Gewalt: — so möcht' es, (wie schätzbar auch immer der Handel seyn mag,) freylich wohl klüger und besser gethan seyn, daß demselben nicht so großer Antheil an unserm Wohlstande gegeben, und auf alle Fälle unser Staats= Einkommen schlechterdings unabhängig vom aus= wärtigen Handel gemacht würde. Wie weit aber itzt zu wünschen seyn möchte, daß dem Einflusse desselben auf unsre Sitten, und überhaupt auf unsre Denkungs = Art abgewehrt würde, ist eine Frage, auf die ich mich dermalen nicht einlassen kann.

Dürften wir lediglich unsern Geschmack zu Rathe ziehen, und gewisse politische Rücksichten ganz bey Seite setzen; so würden wir vielleicht geneigter seyn, einen höhern Grad von Lauterkeit und Reinigkeit der Sitten, und dabey auch mehr von dem feinen und hoch = gesinnten Ehr=Gefühl aufrecht zu halten, als Handel und Handels=Geist insgemein zuläßt. Prüfen wir aber gewisse Charactere nach dem Probir=Steine der Nützlichkeit, und finden diesen Probir=Stein dem gegenwärtigen Zustande

der Nation angemessen; so erscheinen der Abgeordnete von der alten Ritterschaft und seine mannichfaltigen Abkömmlinge, verglichen mit dem neuern
Manufactur-Innhaber, oder großen Kaufmann,
in unsern Augen geradehin als alberne und unnütze
Dinge.

Selbst der Englische Land-Junker, gewiß der
ehrwürdigste Character unter allen den Lilien auf
dem Felde, die nicht arbeiten und auch
nicht spinnen, fällt bey dieser Vergleichung hinweg. Der Besitzer eines Eigenthums an Ländereyen,
der von dem Einkommen seiner Güter lebt, kann
insgemein bloß als die Röhre betrachtet werden,
mittelst deren der Reichthum von Einer Generation
zu der andern geflößt wird. Er ist freylich wohl ein
nothwendiges Glied in der Gesellschafts-Kette: aber
seine Stelle kann zu allen Zeiten, wenn sie leer
wird, ohne Mühe wieder besetzt werden; und in dieser Hinsicht ist der arme Bauer, der das Gut des
Junkers nutzbar macht, ein viel wichtigerer Mann,
als er. Wie hoch sollen und werden wir ihn denn
nun würdern, wenn er mit einem achtungswürdi-
gen Manufactur-Innhaber in Vergleichung gestellt
wird — mit einem Original-Geiste zum Beyspiele,
der die Mittel erfunden hat, unsern Ton in Porcellan zu verwandeln, und der nun durch sein Genie,
seinen Geschmack und seine Geschicklichkeit ganz Europa zur Contribution gegen England zieht? Oder
was für einen Rang kann er bekommen, wenn seine Beschäftigungen gegen die Macht und die Unter-

nehmungen des Kaufmanns gehalten werden, deſſen
Schiffe die entlegenſten Ufer und Völker beſuchen,
der mit den Küſten von Aſien und America vertraut
iſt, der ſeinen Reichthum aus den Wildniſſen von
Nootka oder Labrador bezieht, und der dem fernen
ſtillen Meere ſeine Vorräthe abfodert? So gar in
ſeiner erhabnern Situation, im Hauſe der Gemeinen, darf der Dorf-Junker, ſo beredt und tugend-
haft er auch ſeyn mag, (wär' es auch Herr Wyndham ſelbſt) mit einem ſolchen Manne nicht, als
ein Mann von nationeller Wichtigkeit, verglichen
werden.

Gegen die Bemerkungen, die ich bis hierher
über die Wichtigkeit des Handels und der Manufacturen, und über die Folgen, die der Krieg bereits
zum Nachtheile derſelben gehabt hat, gemacht habe,
könnten Sie, Herr Pitt, (wenn Sie nur ſonſt mehr,
als der Fall bey Ihnen iſt, gewohnt wären, Sich
über die Gründe Ihrer Miniſter-Schritte zu erklären,)
vielleicht erwiedern — „Der Krieg ſey dießmal noth-
„wendig und unvermeidlich — wahrſcheinlicher Weiſe
„werde er von kurzer Dauer ſeyn, und glücklich von
„Statten gehn; — und auf alle Fälle, möchten ſie auch
„kommen wie ſie wollten, erfordere die Würde der Nation,‟ (eine Redens-Art, deren ſich das Parliament
auch bey dem Nord-Amerikaner Kriege bediente),„oder
„auch wohl die Würde der Krone,‟ (denn dieß iſt
gegenwärtig Lord Grenvill's correcterer Ausdruck,) „den Krieg zu führen.‟ — Ich bin willens,

über einen jeden von diesen Puncten einige Erinnerungen zu machen, und werde mir zu dem Ende angelegen seyn lassen, zu zeigen, in was für einem
Zustande sich die Nation wahrscheinlicher Weise zu
der Zeit befinden könne, da das Parliament wieder
aus einander gehn wird. Nächstdem will ich Ihnen,
Herr Pitt, meine Gedanken über die schreckliche
Verantwortung mittheilen, welche die Minister überhaupt in solchen Fällen auf sich laden; und zuletzt
werde ich noch eine oder ein paar Bemerkungen bey-
fügen, die vorzüglich Ihnen, Herr Schatzkammer-
Canzler, gewidmet seyn sollen.

„Der Krieg war also nothwendig und unvermeidlich,“ wie die Verfechter desselben sagen; und sie
erklären — oder beweisen — diese Nothwendigkeit auf
unterschiedliche Art. — Einige wenige nämlich behaupten schlechthin, „die Franzosen hätten sich fest vorge-
„nommen gehabt, einen Zank mit uns anzufangen;
„und sie hätten uns auch hernach Krieg zu einer Zeit
„angekündigt, da es uns um so unerwarteter kom-
„men mußte, weil wir ihnen nichts zu Leide gethan
„hatten.“

Diese Sprache wird jedoch nur von sehr Wenigen
geführt; und sie stimmt auch so äußerst übel theils
mit den Thatsachen, die würklich geschehen und welt-
kündig sind, theils mit der Wahrscheinlichkeit überein,
daß kein Mensch im Ernste so was sagen kann, als
ein völlig Unwissender oder ein vorsätzlicher Verläum-
der. Die Franzosen kämpften bereits für ihre Na-

tional s Exiſtenz wider einen Bund von höchſt beuns
ruhigender Art, — oder glaubten doch wenigſtens
wider einen ſolchen Bund zu kämpfen. — Zu was
Ende hätten ſie nun wohl die Menge ihrer Feinde
noch mit England vergrößern ſollen? — mit Engs
land, ſage ich, deſſen Macht ſie aus trauriger Ers
fahrung ſchon kannten, — unter deſſen unwiders
ſtehlicher Stärke auf dem Ocean ſie ſchon zu wieders
holten malen hatten erliegen müſſen, — und deſſen
Neutralität, in ihren eignen Augen, beynahe wes
ſentlich s nothwendig für ſie war, wenn es ihnen
nicht äußerſt ſchwer werden ſollte, ſich die Mittel zur
Führung des Krieges zu verſchaffen? —

Will man einwenden, „ſie hätten ſich Hoffnung
„gemacht, Unruhen in Groß s Britannien zwiſchen
„uns ſelbſt zu erregen;“ ſo war ihnen auch zur Aus s
führung eines ſolchen Plans, wie es ſcheint, Erhals
tung des Friedens mit unſrer Regierung nothwens
dig: denn nur im Frieden konnten ſie das freye
Verkehr mit den Britten, welches ein ſolcher Plan
erfodert haben würde, ungehindert treiben. Nichts s
bedeutende Drohungen mit innerlichen Unruhen
wurden zwar von einigen einzelnen Menſchen in
Frankreich ausgeſtoßen: aber daß dergleichen Unru s
hen geradezu durch einen offenbaren Krieg befördert
werden würden, konnte im Ernſte bloß von Men s
ſchen, die vorher den Verſtand verlohren gehabt
haben müßten, erwartet werden.

Indeſſen könnte man ſagen, „dieſer Unſinn
„habe doch gleichwohl in den Rathſchlägen der

„Franzosen wirklich obgewaltet, oder zum wenigsten
„bey denen Statt gefunden, die den meisten Einfluß
„auf die Berathschlagungen ihrer Conseils hätten;"
und in der That scheint sich auch diese Voraussetzung
ziemlicher Maaßen auf Wahrheit zu gründen.

Allein die Antwort hierauf ist unwiderleglich:
der Unsinn solcher Rathgeber mochte so weit gehn,
als er immer wollte; so gieng er doch offenbar nicht
bis zu einem Kriege wider England: denn dieß war
auf jeden Fall für Frankreich eine Calamität, die
nicht nur von der Regierung des Landes, sondern
auch von der gesammten Masse des Volkes auf alle
Weise verbeten ward. Es giebt auch in der That
keinen einzigen Menschen, der seit dem Ausbruche
der Revolution in Frankreich gewesen ist, und der
nicht diese Wahrheit bekräftigte.*).

*) Die National-Versammlung in Frankreich war, aller
Wahrscheinlichkeit nach, in Absicht auf die Gesinnungen
des Volkes in Groß-Britannien mit falschen und übertriebe-
nen Nachrichten hintergangen worden; aber sie war auch,
ihres Irrthumes schon inne geworden, ehe der Krieg wider
England noch zum Ausbruche kam. Vermuthlich hatte das
Gerüchte von der Existenz einer republikanischen Stimmung
der Gemüther in Groß-Britannien einigen Einfluß auf
das berufne Decret vom 19ten November (1792) gehabt;
und in dieser Rücksicht haben die Addressen von verschiednen
Corporationen in England gewiß großen Unfug gestiftet.
Allein die Wirkungen, welche die Proclamation hernach
that, hatten die wahre und eigentliche Denkungs-Art der
Nation in ein so helles und auffallend-starkes Licht gesetzt,
daß aus der bald darauf erfolgenden Unterhandlung um
Beybehaltung des Friedens von Seiten der französischen

Die Art und Weise, wie sich diese sonst so
männlich-entschloßne und beherzte Nation bey der
Unterhandlung vor England demüthigte, war in
der That höchst merkwürdig: und obgleich in der
Stunde ihres schwer-beleidigten Stolzes die wirklich
gethane Kriegs-Erklärung von ihrer Seite gekommen war; so ließ sie sich doch ihre übereilte Hitze so
gleich wieder gereuen: — und sie erneuert itzt offenbar ihre Bemühungen, ja, man möchte wohl sagen,
ihr förmliches Ansuchen um Frieden *). Friede und
Krieg, Herr Pitt, stunden demnach in Ihrer
Wahl: — und noch itzt steht es bey Ihnen, welches
von beiden Sie wählen wollen. Sie selbst haben
nun den letztern zu wählen beliebet; — bey dieser
Wahl beharren Sie; — und wie man sagen will,
so haben Sie Sich nicht einmal herabgelassen, auf
Le-Brün's höchst anständige Zuschrift nur zu
antworten.

In der That sollte es nach Ihrem Betragen
gegen Frankreich seit Jahr und Tage beynahe das
Ansehen gewinnen, als ob den Engländern ganz
außerordentlich viel an der Fortsetzung des Krieges
gelegen wäre; oder, wenn man annehmen dürfte,
daß die Engländer viel zu aufgeblasen wären, um

Regierung so gleich am Tage lag, wie richtig diese Regierung die wahre Lage der Dinge eingesehen hatte.

Anm. des Verf.

*) Man lese nur des französischen Ministers Le-Brün
Sendschreiben an dem Lord Grenville.

A. d. Ue.

sich durch Einsicht in ihr eignes Bestes, und durch
Sorge dafür zur Vernunft bringen zu lassen, als
ob ihre Ehre erfoderte, die Feindseligkeiten zu unterhalten, oder als ob ihre Rachgier schlechterdings
durch immer weiter getriebene Zerstörung befriediget
werden müßte.

Es ist bekannt genug, daß der Pillnitzer Tractat die Quelle von allen nachmaligen, und bis itzt
fortgesetzten Feindseligkeiten war *); und es hätte
wohl von jedem unbefangenen Beobachter vorhergesehen werden können, daß der erste Versuch, diesen
Tractat zur Ausführung zu bringen, einen großen
Theil von den Calamitäten, die daraus wirklich er-
folget sind, mit sich bringen würde.

Zu der Zeit, da dieser Tractat zu Stande kam,
war die französische Constitution ausgemacht. Der

*) Wenigstens ist so viel gewiß, daß seit der Zeit, da die
  Zusammenkunft der Beherrscher der östreichischen und der
  preußischen Staaten zu Pillnitz in Frankreich bekannt wurde, das Mißtrauen der Nation gegen Ludwig den Sechs-
  zehnten und seine Gemahlinn von Stund an rege ward,
  und alles in Frankreich auf die geringsten Schritte der Höfe
  zu Wien und zu Berlin Achtung zu geben begonnte. Der
  nachmals bekannt gewordene Innhalt des dort geschlossenen
  Vertrages konnte freylich am wenigsten dienen, die Nation
  zu beruhigen; und die Anstalten zu starker Besetzung der
  östreichischen Niederlande mit Truppen, so wie die nachmaligen Antworten des Wiener Hofes auf die Anfragen
  der französischen Regierung, verstärkten das Mißtrauen,
  und veranlaßten bald darauf von Seiten Frankreichs die
  Kriegs-Ankündigung gegen Oestreich.

König und das Volk hatten geschworen, sich darnach
zu richten. Es war an derselben viel zu loben, und
nicht wenig zu tadeln: aber sie war doch (aus Gründen, welche hier umständlich aus einander zu setzen
ohne Nutzen seyn würde,) im Ganzen unaus-
führbar.

Unterdessen hatten doch Männer von Talenten,
die in Frankreich in Ansehen standen, schon eingesehen, was für ein schädlicher Mißgriff darinnen
begangen worden war, daß die Kräfte der Vollstre-
kungs-Gewalt durch die Constitution viel zu sehr
geschwächt wurden. Sie sammelten sich daher rings
um den Thron; und die neu-errichtete National-
Garde, die den untadlichsten, rechtschaffensten und
beliebtesten Helden der Nation *) an ihrer Spitze
hatte, gelangte von Tage zu Tage immer mehr zu
militärischen Fertigkeiten und Vorzügen. Die Constitution hatte, bey allen ihren Mängeln, die sicht-
barsten Vortheile für den arbeitenden Theil vom
Volke bewirket **). Sie enthielt in sich selbst Mittel
genug zur Verbesserung und Berichtigung, so wohl
ihrer Grundsätze, als der Ausführung derselben;
und es hätte sich vielleicht ein glücklicher Zufall
ereignen können, daß allen Ungelegenheiten ohne
einen bürgerlichen Krieg abgeholfen worden wäre.
Jedoch ist es bey weiten wahrscheinlicher, daß ein

*) La-Fayette.

**) Dieses bezeugt Hr. Arthur Young zu wiederholten
malen in seinen Reisen durch Frankreich.

A. d. B.

bürgerlicher Krieg hätte erfolgen müssen: wenn man aber die streitenden Parteyen sich selbst hätte überlassen wollen; so kann wohl kein vernünftiger Mensch in Abrede seyn, daß La-Fayette und seine Freunde, da sie damals in dem Besitze der gesammten constitutions-mäßigen Gewalten standen, nach aller menschlichen Wahrscheinlichkeit die Oberhand behauptet, und den unglücklichen Monarchen beym Leben und auf seinem Thron erhalten haben würden. Mittlerweile würde das ganze übrige Europa haben in Ruh und Frieden bleiben können; — die Constitution würde, vielleicht nach der Englischen gemodelt, eine thünlichere und besser in einander greifende Form angenommen haben; und dann würde die Freyheit auf gute Geseze gegründet worden seyn.

Die Gefahr, welcher der endliche Sieg der neuen französischen Constitution ausgesetzt war, entstand aus einem Kriege mit Ausländern. So bald die angränzenden Völker sich einfallen ließen, eine Invasion in Frankreich zu der ausdrücklich eingestandenen Absicht zu thun, daß sie die alte Regierungs-Art wiederherstellen wollten; so war von der Stunde an nichts augenscheinlicher, als daß die Constitution und der König selbst in äusserster Gefahr schwebten. Vermöge der Constitution mußten alle Mittel zur Vertheidigung der Nation gegen einen solchen Einbruch dem Könige selbst — um dessen willen doch die Invasion gethan wurde, damit er wieder in seine vorige unumschränkte Gewalt

eingeſetzt würde, — zu eignen Händen anvertrauet
werden. Bey einem Volke, welches von Freyheit
ſchon berauſchet, und im höchſten Grade mißtrauiſch
war, fand keine Möglichkeit Statt, daß ein ohnehin ſchon verdächtig gewordener Monarch unter ſolchen Umſtänden durch die Weisheit irgend eines Menſchen hätte vor der Beſchuldigung des Verraths geſichert werden können. Als hernach die Gefahr einer ſolchen Verrätherey größer wurde, regten ſich
die Affecten des Volkes im Sturme. Da nun der
Herzog von Braunſchweig wirklich in Frankreich einrückte; ſo brachen dieſe Affecten in öffentlichen Aufſtand
aus: und ſo mit wurde durch einen Auftritt von ſchreck-
licher Metzeley *) die Conſtitution umgeſtoßen, und
der Monarch von ſeinem Thron heruntergeriſſen.

Dieſe Kriſis hatten die Jacobiner nicht nur vorhergeſehen, ſondern ſie hatten dieſelbe ſo gar durch
alle erdenkliche Mittel ſelbſt zur Reife zu bringen
geſucht. Die Feuillanten (dieſe wahren Freunde der
Freiheit und einer eingeſchränkten Monarchie) hatten
ſie ebenfalls vorhergeſehen, und aufs angelegentlichſte abzuwenden geſucht. Der redliche, tugendhafte Ludwig der Sechzehnte ſelbſt ſah ein, in welch
einer Gefahr er ſchwebte, und wendete ſich in ſeiner
äußerſten Bedrängniß an England mit der Bitte,
ihn von dieſer Gefahr zu befreyen. Es fiel in die
Augen, daß der Kaiſer eine ſolche Invaſion gar nicht
wagen würde, wofern er nicht den Bundes-Genoſ-

ſen

*) Am 10. Auguſt 1792.

fern Groß-Britanniens; den König von Preußen,
zum Beystand hätte; — einen Fürsten, der eben so
wenig einen Vorwand hatte, Frankreich anzufallen,
als seine Invasion in Pohlen zu thun, bey welcher
sich so viele himmelschreyende Treulosigkeit, und eine
so verabscheuungswürdige Heucheley öffentlich zu Tage gelegt haben. Der unglückliche Ludwig flehte in
der dringendsten und rührendsten Sprache die Regierung von England an, daß sie sich ins Mittel
schlagen, und den König von Preußen bewegen möchte, von seinem Vorhaben abzustehen. — Eine so schöne Gelegenheit, bey einer überaus wichtigen und erhabnen Veranlassung große Macht, und zwar zu
der alleredelsten Absicht, zu beweisen, kömmt wahrscheinlicher Weise in einem Menschen-Alter nicht
zweymal vor, und ist von der Vorsehung bloß ihren auserwähltesten Lieblingen aufbehalten. Eine
so schöne Gelegenheit ward Ihnen, Herr Pitt, in
die Hände gegeben; und Sie — Sie warfen sie
schwachsinnig und blindlings weg.

Die Sprache, die Sie damals Ihrem Souverän
in den Mund legten, ist noch unvergessen, und wird
wohl schwerlich in Vergessenheit kommen. — Der König von England „bezeigte alle gute Wünsche für
„den König von Frankreich, mußte aber zugleich al-
„len Menschen die Erklärung thun, daß er sich in die
„Sache nicht anders mischen könnte, als wenn er von
„allen Parteyen, die darinnen befangen wären, dar-
„um angegangen würde.“ Dieß heißt, nicht bloß
von dem, der in der Gefahr wäre, sondern auch von

K

denen, deren Verhalten ihn in die Gefahr gestürzt
hätte. *)

Durch diese (unerhört widersinnige) Erklärung
erreichten sowohl die Pillnitzer Verbündeten, als die
Pariser Jacobiner, alles was sie gewünscht hatten. —
Frankreichs Constitution und neu-errungene Freyheiten waren die Gegenstände ihres gemeinsamen
Anfalles. Also wurden denn auch die Freunde des
Königs, der Geseße und der guten Ordnung in einer und eben derselben Stunde mit einem Kriege
von außen und einem Aufstande von innen, sammt
allen ihren Furien überfallen. Die Straßen und
die Gefängnisse von Paris flossen von ihrem Blut
über; und wer noch von ihnen den Dolchen der Jacobiner entkam, ward auf der Gränze von dem Bundes-Genossen Englands aus Preußen ergriffen, mit
Ketten belästet, und nach den Kerkern in Wesel und
Magdeburg geschleppt, um dort in der Stille umzu-
kommen, oder in einer hoffnungslosen Gefangenschaft, welche schlimmer ist, als was der Tod einem
Menschen anthun kann, zu leiden. Zufrieden mit
der Vernichtung ihres gemeinsamen Feindes, sind
hernach die Anbeter des Aberglaubens auf einer, und
des Enthusiasmus auf der andern Seite in schreck-
lichem Kampf an einander gerathen. Daraus ist
denn ein Krieg von unerhörter Wuth entstanden;
und nachdem das Leben von hundert tausend Menschen, der Blüthe der Jugend aus Frankreich und

*) Man sehe im ersten Bande S. 144. f.

Deutschland, aufgeopfert worden ist, so befinden sich
nunmehr die feindlichen Armeen gerade wieder in
dem Zustande, worinnen sie waren, da die Metzeleyen ihren Anfang nahmen.

Mittlerweile hatte sich für England eine neue
gute Gelegenheit dargeboten, in die Mitte zu treten, und den Frieden in Europa wieder herzustellen. — Der Winter (1792 = 93) brachte auf eine Weise einen Stillstand der Feindseligkeiten mit sich. Es
ist auch bekannt genug, daß Preußen, weil es sich
in seinen Erwartungen häßlich betrogen und fühlbar
genug aus dem Felde geschlagen sah, während dieses Waffen = Stillstandes einen Vergleich für seinen
Theil mit Frankreich zu schließen wünschte; so wie
Spanien ebenfalls recht gern seine Zwistigkeiten mit
den Franzosen wieder beygelegt gesehen hätte. Wären diese Verträge zu Stande gekommen; so würde
Oestreich, welches sodann allein auf dem Kampf-
Platze stehen blieb, dem Streite nicht gewachsen gewesen seyn: und nun hätte durch Englands Vermittelung der Friede gar leicht wieder hergestellt werden können. —

Freylich hatten sich auch Bedenklichkeiten hervorge-
than. Die Franzosen hatten nicht allein die Feinde,
von denen sie angegriffen worden waren, zurückgeschlagen, sondern sie hatten nun dieselben so gar
selbst angegriffen, und die östreichischen Niederlande
waren mit den Waffen der siegenden Republik überschwemmet worden. Wenn nun Frankreich in dem

Beſitze der Niederlande blieb; ſo konnte dadurch nicht nur Oeſtreich (um mich in der Sprache der Politiker auszudrücken) viel zu ſehr geſchwächt, ſondern es konnte auch wohl Holland angegriffen und überſchwemmt werden. — Alſo mußten wir es dahin zu bringen ſuchen, daß die Franzoſen die Niederlande wieder fahren ließen.

Indeſſen traten durch die Veränderung, die ſich mit der Regierung von Frankreich zugetragen hatte, wiederum neue Schwierigkeiten in den Weg, ſich mit Frankreich in Unterhandlungen einzulaſſen. Wie hätte wohl von denen, die kaum fähig geweſen waren, den Repräſentanten des verfaſſungsmäßigen Königs der Franzoſen mit Geduld anzuſehen, erwartet werden dürfen, daß ſie den Abgeordneten der neuen Republik mit freundlicher Miene aufnehmen ſollten? Wollten wir aber auf irgend eine Weiſe tractiren; ſo mußten wir es mit denen thun, die nunmehr in Frankreich die Zügel der Regierung in Händen hatten; — dieß heißt, wie man allerdings geſtehn muß, mit Menſchen, gegen die ſich die Empfindungen faſt aller Herzen in England empörten.

Unterdeſſen liegt einem Miniſter ob, nicht nach ſeinen Empfindungen, ſondern nach den Vorſchriften ſeiner Vernunft zu handeln, und lediglich das Beſte ſeines Vaterlandes vor Augen zu haben. Bedarf dieſes der Ruh und des Friedens; ſo iſt die Pflicht des Miniſters, ihm beides durch alle ehrliche, rechtliche und billige Mittel zu verſchaffen, und,

wenn er irgend tractirt, es mit Gelaſſenheit und
Mäßigung zu thun, wären auch ſchon ſeine Gegner
nichts beßres, als Räuber in ihrer Höhle.
Iſt hingegen, auf der andern Seite, ein Krieg nicht
zu vermeiden; nun ſo fällt wohl in die Augen, was
er zu thun habe: — dann muß er alle Unterhandlung von der Hand weiſen, und die geſammten
Kräfte des Staates in Thätigkeit ſetzen.

Statt deſſen ſchlugen Sie, Herr Pitt, einen
Mittel-Weg ein. Die Gefahren, die ein Krieg
mit ſich bringen mußte, konnten von Ihnen nicht
unbemerkt bleiben. Alſo wollten Sie denn tractiren; aber unter einer delicaten Diſtinction, die in
den Augen unſrer Bundes-Genoſſen das Anſehen
haben ſollte, als ob wir uns gar nicht aufs Tractiren einließen; und um Ihre Ehre, wie es wohl
ſcheinen möchte, ſicher zu ſetzen, fiengen Sie Ihr
Geſchäffte damit an, daß Sie Ihren Gegnern
das Recht abſprachen, einen Tractat
zu halten.

Deſſen ungeachtet gaben Le-Brün und ſeine
Collegen Ihrer Grillenfängerey nach. Es iſt auch
kein Geheimniß mehr, daß ſie willig und bereit waren, lieber die öſtreichiſchen Niederlande fahren zu
laſſen, als einen Krieg wider England zu führen:
und ſo nach ſtand es vielleicht abermals in Ihrer
Macht, einen allgemeinen Frieden zu ſtiften.

Allein um eben dieſe Zeit wurde die Nation
durch die Beſorgniß vor Verſchwörungen im Lande

mit einmal in hohem Grad entflammet; und Herrn
Burke's entsetzliche Bann=Flüche im Hause der
Gemeinen hatten alle Mäßigung und kalte Ueberleg-
gung zu nichte gemacht. Daß Herr Fox eines
Friedens mit Frankreich gedacht hatte, war beynahe
mit Verwünschungen wider ihn selbst aufgenommen
worden, Und so nach ward England auf einmal mit
dem Geiste der alten Kreuz=Züge befallen.

In dieser Lage der Dinge wurde jede Stunde
immer kritischer. — Sie, Herr Pitt, standen,
wie es wenigstens schien, bey Sich selbst an, was
zu thun wäre. — Das Unterhandeln wurde den einen Tag angefangen, und den gleich hernach folgenden wieder aufgegeben. — Sie standen an dem
Rand eines Abgrundes, spielten aber gleichwohl mit
der Gemüths = Stimmung zweyer aufgebrachten
Völker, und ließen Sich zu diesem blutigen Kriege
fortreißen.

Wenn Sie Sich bey dieser wichtigen Gelegenheit nicht als ein großer Staatsmann betrugen; so
läßt sich deshalb wohl einige Entschuldigung für Sie
ausfindig machen. — Vermuthlich war damals eben
Ihr Temperament in Hitze gebracht, Ihr Gefühl
für Ehre und Ihre Empfindungen für Sympathie
beschimpfet: und wenn daher auch der Minister keine Verzeihung verdiente; so mochte doch noch wohl
der Mensch zu entschuldigen seyn. So schmerzlich
ich demnach den Krieg und die Folgen desselben be-
klage, so muß ich doch aufrichtig bekennen, daß es

mir wegen der ausnehmenden Raserey jener schrecklichen Stunden einiger Maaßen zweifelhaft geworden ist, ob dieser Krieg während der letzten Unter-
handlungs-Tage durch irgend eine von den Maaß-
Regeln, die Sie damals noch in Ihrer Gewalt hatten, hätte vermieden werden können. Ganz gewiß
ist Unentschlossenheit in Zeiten der Schwierigkeit oder
Gefahr kein Fehler Ihrer Gemüths-Art: aber bey
der damaligen Gelegenheit scheint Ihnen doch dieser
Fehler mit Fug und Rechte beygemessen worden zu
seyn; und diesem Fehler hatten wir es zu danken,
daß Ihnen von den Zeter-Schreyern die Nation aus den Händen gerissen ward.

Ohne denen, welche bey dieser Gelegenheit unter uns auftraten, und die Gerüchte von innerlicher
Empörung und Verschwörung ausbreiteten und
fortpflanzten, geradezu schändliche Bewegungs-
Gründe und Absichten beymessen zu wollen, kann
man doch nunmehr, dünkt mich, mit völliger Zu-
versicht sagen, daß die etwanige wirkliche Gefahr
durch ihre (wahren oder erdichteten) Besorgnisse
gar sehr vergrößert wurde. Warum sie erschraken,
und warum ihre Schrecknisse zum allergrößten Theile
ganz nichtig waren, kann ein jeder, der mit der
menschlichen Natur ein wenig bekannt ist, und alle
Vorfälle, die sich damals hinter einander ereigneten,
mit unparteyischen Augen ansieht, ohne große Mühe
errathen.

Der Rückzug des Herzogs von Braunschweig,
die Schlacht bey Jemappe, und die Eroberung der

Oeſtreichiſchen Niederlande kamen uns ſo ſchnell und
ſo unerwartet auf den Hals, daß die Leute, welche
die augenblickliche Bezwingung der Franzoſen durch
die Waffen Preußens blindlings gewünſcht, und
alberner Weiſe prophezeyet hatten, mit einmal von
einem plötzlichen Schrecken befallen wurden, welches
völlig ſo ausſchweifend und übertrieben war, als
ihre verrückten Hoffnungen vorher geweſen waren.
Itzt rückten die Franzoſen mit Rieſen-Schritten
über ihre Gränzen vor, und ſchienen aller Welt das
Verderben zu drohen. Wer nun nicht gleich anfänglich die Kraft des Enthuſiaſmus, wenn derſelbe zur
Stunde einer Invaſion von außen her eine große
und mächtige Nation ergreift, mit in Rechnung gebracht hatte, von dem kann man billig vermuthen,
daß er durchaus nicht im Stande war, ſich einen
angemeßnen Begriff von der Natur und Größe dieſes Enthuſiaſmus zu machen, und daß er daher in
ſeiner erſchrockenen Einbildungs-Kraft nicht nur den
Fall aller deſpotiſchen Regierungen in Europa, ſondern auch bey uns den Sturz unſrer glücklichen Conſtitution, der Quelle ſo vieler Segens-Wohlthaten,
und den theuer erworbenen Preis von mehr als einer Revolution, und von vielen Jahren bürgerlicher
Kriege in der Nähe zu erblicken glaubte. Auf der
andern Seite wurden durch den erſtaunlich glücklichen
Fortgang, den die Franzoſen in ihrer Unternehmungen hatten, alle diejenigen, die ſich, es mochte nun
ſeyn aus was für Gründen es wollte, für den
Vortheil dieſer Nation intereſſirten, zu einer mäch-

tigen Erhebung der Lebensgeister empor gestimmt;
und die claßische Grazie, mit welcher der Freyheits-
Speer bey Jemappe geschwungen wurde, warf auf
eine Zeitlang einen Schleyer über frühere Proceduren, die viel zu häßlich waren, als daß sie das Licht
ertragen hätten. In dieser Lage der Dinge war es
nicht möglich, daß Parteyen, die so ganz verschieden
dachten und empfanden, nicht hätten einander wech-
selsweis anstößig seyn, und daß diejenigen, die itzt
triumphirten, nicht hätten für die, die schon so
fürchterlich erschreckt waren, zu Gegenständen der
Furcht werden sollen.

Während dieses Zustandes voll argwöhnischer
Furcht konnte es wohl an mächtigen Bestätigungs-
Gründen dieser Furcht nicht fehlen: denn
  „Kleinigkeiten, leicht, wie Luft,‟
würden zum Zweck hingereicht haben; und es ist
bekannt genug, daß sogar die bloßen Blicke der angeblichen Republikaner in dem Hause der Gemeinen
als Beweise von ihren aufrührerischen Anschlägen
beschrieben worden sind. Unterdessen kann man
wohl kaum in Abrede seyn, daß in dem Betragen
vieler von den neuern Whigs *) große Thorheit

---

*) Diese Menschen-Classe hat bis itzt noch keinen Namen
bekommen, mit dem sie selbst und ihre Gegner zufrieden
wären. — Patrioten und Jacobiner sind die
Benennungen, womit die Parteyen bezeichnet werden. —
Ich erwähle eine Benennung, die das Mittel zwischen
beiden hält, und berufe mich wegen derselben auf Herrn
Burke's Ansehen.
                                    A. d. B.

und Unbesonnenheit, wo nicht etwas noch ärgeres,
Statt gefunden habe; daß die Addreßen an die National-Versammlung von Englischen Gesellschaften,
was man auch immer dabey zur Abſicht gehabt haben
mag, ſchlechterdings unvermögend geweſen, irgend
einen Nutzen zu ſchaffen, und dagegen Urſache zu
höchſt ärgerlichen Auftritten geworden ſind *). Ob
das mindeſte, was einer Verſchwörung ähnlich ſieht,
wirklich exiſtiret habe, kann vielleicht bis itzt noch
nicht mit Zuverläßigkeit ehtſchieden werden. Schwan-
kende Begriffe und Meynungen von einer Veränderung mochten wohl durch die Einbildungs-Kraft einiger Enthuſiaſten gefahren, und den Lippen derſelben gelegentlich entfallen ſeyn: aber es hat gar nicht
das Anſehen von Wahrſcheinlichkeit, daß zu dieſer
Abſicht irgend ein Plan entworfen, oder nur irgend
wo daran gedacht geweſen wäre. Und die Meynung,
die ſo abſichtlich und angelegentlich ausgeſtreut wur-

---

*) Man ſehe S. 232 des 1ſten Bandes. Hätten die britti-
ſchen Miniſter ein gutes, reines Gewiſſen gehabt, hätten
ſie nicht einen verruchten Anſchlag wider die Freyheit der
Nation im Schilde geführt; wären ſie nicht ſchon lange
mit dem Vorſatze ſchwanger gegangen, deſſen Ausführung
ſie durch die ſogenannte Conventions-Bill im Herbſte
1795 um viele Schritte näher zu kommen gewußt haben:
ſo würde aus jenen Addreſſen an die franzöſiſche National-
Verſammlung, von Seiten einzelner kleinen Geſellſchaften
einer freyen Nation, (die ſich doch wohl ohne Miſſe-
that freuen durften, wann Menſchen auf dem feſten Land
eben ſo frey wurden, wie ſie ſelbſt auf ihrer Inſel waren,)
nicht das mindeſte Weſen gemacht worden ſeyn. Aber ſo
erſchraken ſie über alles Reden von Freyheit.

de, daß es hier zu Lande einen großen Haufen von
Leuten, und darunter einige Männer von den vor=
züglichsten Talenten gäbe, die mit der Jacobiner=
Partey in Frankreich einen Bund wider ihr Vater=
land gemacht hätten, ist eines von den tollen und
„verkehrten Dingen," deren sich nach Verlaufe von
ein Paar Monaten diejenigen, die daran geglaubt
haben, gewiß

  „In ihren kühlern Stunden schämen werden,"
und an die man hinterher bloß noch wegen des Un=
fuges, der damit gestiftet worden ist, zurücke denken
wird *).

  Diesem durchgängig ausgebreiteten Verdacht ist
in großer Maaße der Krieg selbst beyzumessen. Ein
Theil vom königlichen Cabinette war, wie die Rede
geht, gleich anfangs hitzig und entscheidend dafür;
und der Feuer = Eifer der Z e t e r = S c h r e y e r im
Hause der Gemeinen zur Durchsetzung dieser blutigen
Maaß = Regel ist bekannt genug.

  Gleichwohl würde ein Schritt, der dem allge=
meinen Interesse des Landes so höchst= nachtheilig
ist, nicht gethan worden seyn, wenn sich außer den
Schranken des Parliaments = Hauses auch nur ein

---

*) Diesen Unfug stifteten aber bloß diejenigen, die den Fran=
zosen eben so wenig ihre neu = errungene, als den Britten
ihre alte, schon lange besessene Freyheit gönnten. Es war
mehr ein genommenes, als ein gegebenes Aergerniß. Man
sehe S. 204 und S. 217 des 1sten Bandes.

mäßiger Widerstand dagegen geregt hätte *). Drey
öffentliche Versammlungen — zu Manchester, zu
Wakesield und zu Norwich — beugten dem Kriege
wider Rußland vor. Aber wo sollte dießmal
Widerstand herkommen. Ein jeder, der damals die
geringste Einwendung wider einen Minister-Schritt
machte, gerieth auf der Stelle in Verdacht, als
wäre er ein Feind der Constitution; und wer einem
Kriege gegen Frankreich nur widersprach, wurde geradehin als ein heimlicher Bundes-Genosse der Jacobiner, dem weiter nichts am Herzen läge, als die
Jacobiner von der Macht unsers unwiderstehlichen
Armes zu erretten, verschrien. Alle Betheurungen
von Anhänglichkeit an unser glücklichen Constitution
wurden als ungültig und nichts bedeutend angesehen,
wo fern sie nicht mit einem blinden und unbegränzten Zutrauen zu unsrer musterhaften Staats-Administration verbunden waren; und nur derjenige
wurde für einen wahren und aufrichtigen Freund
seines Vaterlandes geachtet, der alle Segens-
Wohlthaten desselben dadurch aufs Spiel zu setzen
bereit war, daß er sich, als ein Rasender, in diesen
verrückten Kreuz-Zug hinein stürzte.

Die ganze zahlreiche Gesellschaft, die sich mit
Hrn. Reeves verbunden hatte **), schien zu glau-

*) Eben um dergleichen Widerstand zu verhüten, waren
die Zeter-Schreyer von den Ministern zu ihrem Geschrey aufgeboten worden.

**) Die Rede ist hier von der eben so abgeschmackten, als
schädlichen, durch die bisherigen britischen Minister

ben, daß es zu Unterstützung der Constitution uns
umgänglich nöthig sey, Krieg zu führen und ihn aus
allen Kräften zu führen. Und in dem Hause der
Gemeinen erneuerte Hr. Burke mit der eigenthümlichen Phrenesie, durch die sich sein ganzes Verhalten auszeichnet, das Feld-Geschrey von Atheist

selbst (unter der Hand) gestifteten Gesellschaft oder so
genannten legalen Association zu Erhaltung
und Behauptung der Freyheit und des Eigenthums durch die hergebrachte Verfassung
gegen Republicaner und Gleichmacher, deren
Präsident Reeves ist, und die, nach Erskine's
Ausdrucke, mit den Ministern gleichsam einen Compagnie-
Handel treibt. Diese Gesellschaft ist im Grunde weiter
nichts, als eine Spionen- und Delatoren-Bande. Sie
kämpfte vor zwey Jahren wider eine Wind-Mühle, und
gab vor, es wäre eine Rebellen-Armee. Der eigentliche
Stifter derselben war der Minister Pitt. Er suchte
durch sie den Zweck zu erreichen, daß die Suspension
der Habeas-Corpus Acte im Parliamente glücklich durchgesetzt würde. So bald er diesen Zweck wirklich erreichet
hatte, bekümmerte er sich nicht weiter um die Gesellschaft,
die ihr Ansehen bey Hofe binnen fünf Monaten, während deren sie sich durch ihren unnöthigen und beleidigen-
den Eifer für eine von Niemandem angegriffene Constitution bey allen ächten Patrioten verhaßt gemacht hatte,
durch ihre Unnützlichkeit und ihr zudringliches Geschrey
völlig verlohr, und zugleich vor allen denkenden Menschen eben so verächtlich, als lächerlich wurde. Sie
schien indessen am Ende des J. 1795 aufs neue durch
ihren Stifter Pitt, und sein Werkzeug Reeves belebet werden zu sollen, nur die zwo verhaßten Bills zu
angeblicher Sicherung des Königs und zu Erstickung aller
Volks-Versammlungen mit ihrem Geschrey durchsetzen
zu helfen.

tey, und erklärte des Herrn Fox Vorschlag, daß
man die Feindseligkeiten lieber durch Unterhandlung
abzuwenden suchen möchte, für einen Schritt, der
durch seine unausbleiblichen Folgen unsern tugendhaften Monarchen dem Schicksale des unglücklichen
Ludwigs bloß stellen würde, ohne daß er große
Hoffnung haben könnte, demselben zu entgehn *).

*) Die Art und der Ton, womit dieser seltsame Mann sei-
 nen Beherrscher, zu verschiedenen Zeiten, in den Parliaments : Debatten zur Sprache gebracht hat, ist in
 Wahrheit anmerkenswerth. Sein Betragen in dieser
 Rücksicht während der Regentschaft (wegen einstweiliger
 Vernunft-Abwesenheit George des Dritten), da er den
 Ohnmächtigen als den vorstellte, der ihn von seinem
 Thron herabgerissen habe — und nun wiederum
 in dem Zeit-Puncte, von dem hier die Rede ist, da er,
 in der Uebertreibung seines getreuen Dienst-Eifers, seine Furcht, daß er geköpft werden würde, zu erkennen gab — steht zwar augenscheinlich in einem beträchtlichen Contrast; aber es floß in beyderley Zeit-Pun-
 cten aus einer und eben derselben Gemüths-Structur.
 Ein Mensch, der im Hause der Gemeinen öffentlich vom
 „Abhauen des Kopfes seines Königs“ plaudern konnte,
 dürfte indessen, so weit ich's verstehe, wohl schwerlich
 zum Kammerherrn, oder auch nur zum Hof-Cerimonien-
 Meister ernannt werden. Herr Burke soll, wie ich mir
 habe sagen lassen, ein Poet seyn; und das mag auch wohl
 seine gute Richtigkeit haben: aber es scheint denn doch bey
 ihm eine Phrenesie obzuwalten, die mehr als bloß poetisch
 ist; — ein habitueller Hang zum Uebertreiben, der alle
 Gränzen, nicht bloß der Wahrheit, sondern der Natur
 überschreitet, — ein Jachzorn, der mit nichts in der Welt,
 was man in dem Umgange vernünftiger Menschen
 antrifft, verglichen werden kann, und der mithin bey uns
 ältern Menschen den Gedanken an ein Gehirn in der

Vermuthlich schrieb es sich von dem Plan her, den Sie, Herr Pitt, Sich gemacht haben, daß Sie zwar zu selbiger Zeit, wie sich nachmals ausgewiesen hat, wirklich Unterhandlung pflogen, aber doch ein behutsames Stillschweigen beobachteten, und die Nation glauben ließen, Sie dächten eben so, wie Herr Burke. Denn damals war es wirklich das erste mal in Herr Burke's Leben, daß die Engländer mit der außerordentlichen Denk- und Gemüths-Art dieses Mannes sympathisirten; und es wurde damals die Raserey, zu der er den Ton angab, ansteckender, als die Pest.

Wär' es nur einiger Maaßen schicklich und thunlich, mit Menschen zu streiten, die in dem Wahne stehen, daß es kein zuverläßigeres Mittel gäbe, die Ehrfurcht der Nation gegen ihre Landes-Verfassung aufrecht zu erhalten, als wenn wir uns in alle Schrecknisse und Drangsalen eines auswärtigen Krieges stürzen; so wollte ich mich die Mühe nicht verdrießen lassen, die Folgen aus einander zu setzen, die wahrscheinlicher Weise aus dem Rückschlage der durchgängigen Gesinnung, aus dem Zusammentreten der hungernden Unwissenheit mit einer verzweifelten Herrschsucht, und aus dem Fortgange der Armuth, des Elendes und des Mißver-

Fieber-Hitze rege macht. Sehen wir das Subject von dieser Seite an; so wird Herr Burke vielleicht zum Gegenstande des Bedaur- So bald seine Paroxismen vorbey sind, ist er bekanntlich ein gefälliger und liebreicher Mann.   A. v. B.

gnügens entstehn werden, und nicht ausbleiben
können. Aber so halte ich es vor der Hand nicht
für nöthig, mich tief in diese Materie einzulassen:
denn ich glaube, so blindlings und verrückt auch dergleichen Menschen, nach den ihnen eignen Grundsätzen, zu Werke gegangen seyn mögen; so werde
doch die Zeit der Verblendung vorüber gehn, und
die Engländer werden in jedem vorkommenden Falle fähig seyn, die wesentliche Vortrefflichkeit ihrer
Constitution deutlich einzusehn, und werden die
Drangsalen, unter denen sie seufzen, auf Rechnung
ihrer eignen Verblendung und des Wahnsinnes derer zu schreiben wissen, welche die Stimmung des
Publicums irre geführt haben.

Aber man kann vielleicht sagen, „der Krieg wird
„wahrscheinlicher Weise nicht von langer Dauer seyn
„und mit Glücke geführt werden; und wir müssen
„also dabey beharren, wenn er auch schon sollte aus
„Unbesonnenheit angefangen worden seyn“?

Die Antwort hierauf hat keine Schwierigkeit. —
Der Krieg hat bereits alle den glücklichen Erfolg gehabt, auf den wir hoffen konnten. Er hatte die Invasion der Franzosen in Holland mit sich gebracht;
und diese Invasion ist zurück gewiesen. Er hat die
Franzosen sogar genöthigt, die östreichischen Niederlande wieder zu räumen — und gezwungen zu thun,
was sie vorher durch Unterhandlung zu thun geneigt
waren. Er hat die See mit brittischen Kriegs-Schif-
fen bedecket, und die Kauffahrtey-Schiffe so wohl

von

von Frankreich, als von England aus der See verschwinden gemacht. — Und zuletzt hat er, nach verschiednen hartnäckig gelieferten Schlachten, den König von Preußen in Stand gesetzt, Mainz zu belagern, so wie den Prinzen von Coburg, sein Lager
vor Valenciennes aufzuschlagen. — Was aber wirklich von Wichtigkeit ist, er hat auch von den Franzosen neue Friedens-Anträge mit sich gebracht.

Was kann denn nun wohl die Ursache seyn, aus
der wir diese Anträge so hochmüthig und störrisch,
(wie die Rede geht) verwerfen?

Man wird vielleicht sagen: „wir sind willens,
„so lange Krieg zu führen, bis wir eine Barriere ge-
„gen künftige Einbrüche der Franzosen in die östrei-
„chischen Niederlande und in die vereinigten Pro-
„vinzen erlanget haben: und wenn diese Absicht er-
„reichet seyn wird; so sind wir mit unsern Bundes-
„Genossen gesonnen, alsdann auf unsern Waffen
„auszuruhen, und der französischen Nation allein zu
„überlassen, wie sie mit ihrer künftigen Regierung
„fertig werden könne.“

Läuft unsre Politik auf weiter nichts hinaus,
sag' ich; so thäten wir bey weitem gescheider, daß
wir uns itzt zur Ruhe setzten.

Die Wahrscheinlichkeit, Frieden zu erlangen und
sich darinnen zu behaupten, beruht großen Theils auf
den Bedingungen, die in Uebereinstimmung mit den
natürlichen Grundsätzen der Billigkeit angeboten wer-

L

den. Daß sich jedes Volk in seinen Gränzen hal=
ten, und sich seine Regierungs= Art selbst wählen
müsse, ohne seinem Nachbarn beschwerlich zu werden,
ist ein Satz, der unsern gewöhnlichen Begriffen von
Recht und Gerechtigkeit völlig entspricht: und wür=
de die Anwendung von diesem Satz ehrlicher und
gleichmäßiger Weise auf die itzt im Kriege befange=
nen Mächte gemacht; so könnte gewiß in kurzem ein
baldiger und dauerhafter Friede zu Stande kommen.

Bestehen wir aber auf der Grundlage zu einer
Friedens= Unterhandlung, daß die Oestreicher jene
wichtigen Festungen, durch welche Frankreich an der
Norder= Seite seiner Gränzen gedeckt ist, bekommen,
und in deren Besitze bleiben sollen; so ist dieß ein
Antrag, der dem Stolze der Franzosen nicht anders als
ärgerlich zu hören, und für ihre Besorgnisse wegen der
Zukunft nicht anders als höchst beunruhigend seyn
kann, und der mithin, aller Wahrscheinlichkeit nach,
Anlaß zu langwierigen, und am Ende doch wohl ver=
geblicher Vergießung von Menschen= Blute geben
wird. Sollen wir uns gefallen lassen, „daß Frank=
reich zersplittert werde‟? werden sie ausrufen. „Sol=
„len wir unsre Landsleute zu Ryssel und Valen=
„ciennes den Despoten aus Deutschland preis ge=
„ben? Wenn wir itzt ein Stück von unserm Gebie=
„te fahren ließen; was würden wir für Sicherheit
„haben, daß sich die Fürsten, die sich neulich in Poh=
„len theilten, mit einem Stücke begnügen lassen; zu=
„mal wenn sie erst unsre Festungen inne haben, aus

„denen ſie uns in der Folge nach Belieben anfallen,
„und mit einmal in das Herz unſers alsdann wehr=
„loſen Vaterlandes dringen können‟? — So lauten
die Fragen, die man uns entgegenſetzen kann; und
man kann nicht in Abrede ſeyn, daß ſich dergleichen
Zweifel auf natürliche Empfindungen und vernünf=
tige Beſorgniſſe gründen, und ehe dieſe Empfindun=
gen und Beſorgniſſe überwunden werden, kann noch
mancher wackere Mann im Felde bleiben.

Wäre aber wirklich die Sicherung der öſtreichi=
ſchen Niederlande unſer einziger Zweck; warum be=
feſtigen wir denn nicht Namur, Bergen, Dor=
nyck, und ſ. w. die der Kaiſer Joſeph ehedem
wehrlos machte, weil er ſich einbildete, (zum deut=
lichen und überzeugenden Beweiſe, wie thöricht der
Einfall iſt, ſich von entfernter Zukunft eine ſichere
Hoffnung zu machen,) daß die Vermählung ſeiner
Schweſter mit dem unglücklichen Ludwig alle Schlag=
bäume und Feſtungs=Werke gegen Frankreich über=
flüßig machen würde.

Sind dieſe Feſtungen, die wider Ludwig den
Vierzehnten für hinlänglich geachtet wurden, nicht
hinlänglich gegen die ſtolzen Republikaner; ſo frage
ich, warum legt man ihrer nicht noch mehrere an?
Und wenn Oeſtreich ſo bankerott iſt, daß es dieſes
nicht vermag; ſo laſſet uns doch, (wie fern wir
uns durchaus mit den Angelegenheiten Oeſtreichs be=
mengen müſſen,) eine Steuer in Groß=Britannien
zu Anlegung ſolcher Werke ausſchreiben. Nur muß

dergleichen Steuer zu einer Ausgabe verwendet werden, die mit dem Frieden wieder aufhört.

Das wahre Interesse fremder Völker erfodert ganz und gar nicht, daß Frankreich eine Landes-Verfassung von dieser oder jener benemten Form bekomme; es erfodert bloß, daß dieses Land eine regelmäßige Regierung von einer oder der andern Form habe, durch welche die Treue der Tractaten, und die gehörige Subordination gegen Gesetz und Recht gesichert wird: und in der That erfodert das eigne Interesse des französischen Volkes dieses noch mehr, als es das Interesse irgend eines andern Volkes erfodern kann.

„Ey“! wird man fragen, „warum handeln sie „denn also nicht nach dem, was ihr Interesse erfo= dert?

Bloß darum, ist meine Antwort, weil sie es nicht einsehen; und daran, daß sie es noch nicht einsehen, werden sie bloß durch den Drang des Krieges gehindert, den sie wider das Ausland zu führen, nun einmal genöthigt sind.

Regierungs= Revolutionen rufen große Talente und Tugenden hervor; aber nur gar zu häufig rufen sie auch große Missethaten hervor. Wo einmal alle gewöhnlichen Satzungen des Rechts und der gesell= schaftlichen Verbindung durchlöchert sind, da können einzelne Menschen zwar in gewissem Grade nach dem Maß ihrer Thätigkeit und Kräfte, aber auch eben=

droin in der Proportion empörkommen; in der sie
ihre Kräfte ohne Bedenklichkeit und Einschränkung
brauchen. In dem enthusiastischen Gemüths-Zustande,
der immer mit Revolutionen verbunden ist, machen
große Missethaten wenig Eindruck auf die Million,
so fern sie nur im Geiste der Partey, und unter dem
Anscheine des Patriotismus begangen werden. Mitleiden, Barmherzigkeit, Aufrichtigkeit, und selbst
Gerechtigkeits-Gefühl werden viel zu durchgängig
in dem Wirbelwinde der Affecten und des Vorurtheiles fortgeschwemmt, und bleiben unter den Trümmern tugendhafter Gewohnheiten und Grundsäße
vergraben, um hernach in ruhigern Zeiten wieder
aufzuleben. In einer solchen Lage der Dinge geben
so wohl der natürliche Einfluß der Rechtschaffenheit
und des Eigenthums, als die künstlichen Unterschiede
des Ranges und der Geburt, der Herrscher-Macht
des Enthusiasmus nachs und so mit schwingen sich
oftmals Menschen von den niedrigsten Rang-Stufen
durch die Macht vorzüglicher Talente und eines
kühnen Temperaments, und durch den Hebebaum
einer erhißten Einbildungs-Kraft zum Dirigiren
und Commandiren empor.

In Zeiten großer Gefahr werden tugendhafte
Gemüther eben so wohl, als principienlose, vom
Enthusiasmus ergriffen; — und zwar die erstern
vielleicht noch mehr, als die leßtern: aber so sehr
auch der Enthusiasmus bey tugendhaften Gemüthern
alle edlen und großmüthigen Gefühle erhöht, so

zerstört er doch bey ihnen nicht die Schranken, die
ihm vernünftige Grundsätze und Ehrliebe gesetzt ha=
ben; nicht einmal gegen Widersacher oder Feinde,
geschweige gegen diejenigen, die mit ihm für einerley
Sache kämpfen.

Revolutionen machen indessen in ihrem Fort=
gange die bürgerliche Gesellschaft immer mehr und
mehr, so gar bis auf die Hefen rege, und treiben
immer mehr und mehr Unwissenheit und Ruchlosig=
keit, (Worte, die sich im politischen Leben so ziemlich
mit einander verwechseln lassen,) in die allgemeine
Masse des Empfindens und Thuns empor, worin=
nen der National=Wille und die National=Kraft
ihren Sitz haben. Wer nun in Zeiten einer Volks=
Bewegung diesen Willen leiten, und dieser Kraft
ihre Richtung geben will, der muß Theil an der
Gemüths = und Denk = Art des Volkes nehmen,
und muß sein Verhalten nach den schnellen Ver=
änderungen, die sich mit der allgemeinen Stim=
mung zutragen, ändern und wechseln. Es hat aber
bey jeder großen Revolution diese Stimmung einen
Hang, nach und nach schlimmer zu werden; und
nun muß natürlicher Weise die Gemüths = und Denk=
Art derer, die an der Spitze stehen, ebenfalls schlim=
mer werden. Daher werden in dem Strome dieses
traurigen Fortganges Männer von wahren Grund=
sätzen und reiner Ehrliebe, die sich nicht nach jeder
so eben aufkommenden Meynung biegen können,
wahrscheinlicher Weise ausgestoßen, oder wohl gar

zu Grunde gerichtet; und an ihre Stelle treten alsdann Menschen von andrer Art, von denen immer
die in der Reihe nach einander kommenden den ersten
immer mehr und mehr unähnlich sind, bis am Ende
vielleicht die Principien-losen und Desperaten zu
einer Macht gelangen, die ihnen Niemand mehr
streitig machen mag.

Daher endigte sich bey uns in England der
Widerstand gegen Carl den Ersten, zu welchem
ein Hampden und ein Faulkland den Anfang
gemacht hatten, mit einem Cromwell und Lambert; und eben daher ist die französische Revolution, die sich zuerst mit La-Fayette, Necker
und Mirabeau anfieng, endlich in die Hände
der Danton und Robespierre gerathen *).

*) Man könnte vielleicht die Revolution in Nord-America,
als Ausnahme von dieser allgemeinen Vorstellung, zum
Beyspiel anführen wollen; aber gewiß nicht mit dem größten Rechte. Zuförderst haben wir dabey zu bedenken, (wie
auch Herr Fox in seiner Rede über Herrn Gray's Antrag bemerkte,) daß in Nord-America zwar eine Veränderung mit der regierenden Macht, aber doch keine Revolution in Gebräuchen und Meynungen — keine plötzliche
Aenderung der Grundsätze vorgieng. Nächstdem ist zu erwägen, daß bey den Americanern nicht so viel Armuth
und Unwissenheit, (obgleich ganz gewiß auch nicht so viel
wissenschaftliche Kenntniß und Einsicht,) herrschten, als in
England und Frankreich anzutreffen sind. Und drittens
ist auch zu erinnern, daß etwas von gleicher Art in America so gut, wie in England und Frankreich, obwohl zuverläßig in geringerm Grade, wirklich ebenfalls vorgekommen ist. Freylich hat auf die nord-americanische Revolu-

Indessen schweben das Ansehen und der Einfluß derer, die so unverhohlen und geradehin nicht nur den wichtigsten Pflichten, sondern auch dem hands-

tion so wohl, als auf den Character der Nord-Amerika-ner, der glänzende Erfolg ihres Aufstandes einen falschen Schimmer geworfen. Der Congreß ließ nicht, wie die französische National-Versammlung gethan hat, seine Debatten und Streitigkeiten dem nord-americanischen Volk, noch weniger dem ganzen Europa, in mehrerley Zeitungs-Blättern gedruckt vorlegen: aber es ist doch gleichwohl bekannt genug, daß darinnen eine Partey in beträchtlichem Grade die Oberhand hatte, und daß selbst Washington, (sofern die Nachrichten, die wir davon haben, gegründet sind,) einstmals nur durch eine einzelne Stimme bey seinem Ober-Befehlshaber-Posten erhalten worden ist. Es sind auch in dem Verlaufe der Revolution manche blutige Auftritte vorgefallen, deren Andenken itzt nicht mehr erneuert zu werden braucht. Aber folgende Stelle in Dr. David Ramsay's Geschichte der americanischen Revolution, (der Verfasser war selbst ein Mitglied des Congresses,) kann beweisen, wie es damals mit der Moralität des Volkes ergangen sey, und legt an und für sich ein rühmliches Zeugniß von der Aufrichtigkeit und Wahrheits-Liebe des Verfassers ab. „Länge der Zeit „und unermüdeter Fleiß," sagt er, „haben vermален bereits in hohem Grade die Einbußen, welche die Bürger „während des Krieges an ihrem Vermögen erlitten hätten, „wieder gut-gemacht: aber auch durch beyde hat es bisher „noch nicht dahin gebracht werden können, daß der Schand-„fleck, den damals die Grundsätze unsrer Bürger bekom-„men haben, gänzlich verwischet wäre; und es ist auch „wohl das gänzliche Verwischen desselben nicht zu erwarten, „bis eine neue Generation aufsteht, die an den Sünden „ihrer Väter keinen Theil hat". Wenn auch Dr. Ramsay dieses nicht eingestanden hätte; so würde es doch durch das Verhalten der Versammlungen, die unmittelbar nach

greiflichsten Interesse der bürgerlichen Gesellschaft zu
nahe treten, in unaufhörlicher Gefahr; und dieß so
gar durch das nämliche Gerüste, auf dem sie empor
gekommen sind; und sie können auch jenen erhitzten
und enthusiastischen Gemüths-Zustand, durch welchen die Regungen des Mitleidens und das Gerechtigkeits-Gefühl auf eine Weile und bloß auf eine
Weile ersticket werden, nicht überleben.

Enthusiasmus kann, gerade wegen seiner Heftigkeit, von keiner langen Dauer seyn. Er richtet

dem Ausbruche der Revolution erwählet wurden, zur Genüge bewiesen seyn. Diese Versammlungen, deren Ent-
stehung bloß von der Wahl des Volkes abhieng, und unter denselben besonders die von Süd-Carolina, ließen
mehrere Verordnungen in Gesetzes-Form (acts) ergehn,
kraft deren die Pflichten der Gerechtigkeit auf eine eben so
willkührliche, und beynahe so unverschämte Art hinidnge-
setzt wurden, wie es nur immer in den Befehlen des größten Despoten unter den Monarchen jemals geschehen seyn
mag. Die Erfahrungen aber von dem vielfältigen Schaden, der aus dergleichen gewaltsamen Verfügungen entstanden ist, dienten gar sehr dazu, daß die Grundsätze und
die Praxis der americanischen Politiker eine neue und bes-
sere Gestalt bekamen; und nun haben Männer von Ehre
und redlicher Gesinnung, von denen nicht wenige durch
die Revolution zu Boden geworfen waren, in ruhigern
Zeiten ihren vormaligen Einfluß und ihr ganzes gehöriges
Ansehen wieder erlanget. Nächst allen den Umständen, deren ich gedacht habe, war auch noch das natürliche Phlegma der nord-americanischen Gemüths-Art, in
Vergleichung mit der Heftigkeit und dem Ungestüm der
Franzosen, ein Vortheil, dessen Größe sich nicht überrechnen läßt. Anm. d. Verf.

die grausamsten Verheerungen in der bürgerlichen
Gesellschaft an: aber „seine Wuth gleicht", wie
Hume erinnert hat, „der Wuth eines Ungewit-
„ters, welches seine Macht in weniger Zeit erschöpft,
„und dann die Luft ruhiger und heiterer, als vor-
„her, läßt." Die Nachrichten, die wir von den
Franzosen von Zeit zu Zeit bekommen, thun klärlich
dar, daß sie dermalen ein Enthusiasten-Volk sind;
und hiervon legen so gar ihre Uebelthaten den augen-
scheinlichsten Beweis ab. Ihre Geringschätzung aller Gefahren und Drangsalen, ihre äußerste Hintan-
setzung ihres eignen Nutzens, ihre Nicht-Achtung
aller der Gründe, die sonst Gewicht bey den Menschen in einem ruhigen Zustand haben, ihre tollen
Entwürfe, ihre wilden und argwöhnischen Vermuthungen, ihre unversöhnliche Erbitterung gegen ihre Feinde, ihre Neigung zum Morden, — das sind
die wahren und eigentlichen Charakter-Züge des
Enthusiasmus, so bald er Seelen ergriffen hat, die
vorher durch den schändlichsten Aberglauben und
durch die weggeworfenste Sklaverey erniedriget worden sind *).

*) In Dr. J. Moore's Tagebuche während sei-
nes Aufenthaltes in Frankreich finden sich unterschiedliche Beweise von der Wahrheit, die ich hier behaupte. — So überbrachte am 10ten August (1792) ein
Sans-Culotte der National-Versammlung den Kopf von
einem Schweizer, den er getödtet; und zu gleicher Zeit
schüttete er das Gold und die Juwelen, die er in den
Thuilerien gefunden hatte, aus seinem Hut auf den Se-

Je grimmiger diese National‑Krankheit wü‑
thet, desto zuverläßiger wird sie von kurzer Dauer
seyn, so fern sie nur sich selbst überlassen wird. In
der ißigen Verfassung kann die bürgerliche Gesell‑
schaft in Frankreich unmöglich bleiben, und die
Excesse der Jacobiner müssen über kurz oder lang
den Untergang dieser Leute nach sich ziehen. Die
Nation wird sicherlich von ihrer Raserey zu sich selbst
kommen, wird alsdann das Entsetzliche ihres Zustan‑
des erkennen, und ihre Zuflucht vor der Anarchie
zu der Constitution, die sie neulich verworfen, oder
zu sonst einer besser‑geordneten Regierungs‑Form,
oder vielleicht gar wieder zu eben dem Despotismus
nehmen, den sie vor vier Jahren gestürzt hat. Wer‑
den aber unaufhörliche Anfälle von außen auf sie
gethan: so wird dieser beglückte Ausgang unfehlbar
verzögert; und es kann auch vielleicht gar des ganzen
ärgerlichen Handels eher kein Ende werden, als bis
die despotischen Regierungen, die itzt gegen Frank‑
reich die Waffen führen, von Tage zu Tage mehr
verarmen, folglich auch immer tyrannischer, und
dadurch selbst gestürzt werden *).

cretariats‑Tisch. Ein auffallendes Bild der Art von Ge‑
müths‑Krankheit, die bisher an diesem Volke genagt hat!
Anm. d. Verf.

*) Was der Ueberseßer der Briefe über das Fürsten‑
Bündniß zur Theilung von Pohlen und
Frankreich von einem stillen Beobachter
(in seiner Vorrede zu diesen Briefen S. 16) vor zwey
Jahren vermuthete, scheint im J. 1796 eintreffen zu müs‑

Das vornehmste Werkzeug, mit deſſen Hülfe die Jacobiner zu ihrer großen Macht gelanget ſind, war nichts andres, als der Argwohn, Verdacht, den ſie unablåßig erregten, daß jedweder Freund des Friedens und der Subordination mit den auswårtigen Feinden, voh denen Frankreich angefallen wår= de, in geheimen Verſtåndniſſen lebte *). Eine ſo

ſen. „Dem Kriege zwiſchen Frankreich und ſeinen Fein= „den,“ ſagt er, „kann, weil beyde ſtreitende Parteyen „zu ſehr das Recht auf ihrer Seite zu haben glauben, und „daher beyde den erſten Antrag zu Unterhandlungen — „nach Grundſåtzen der Billigkeit — zu thun zu ſtolz ſind, „vielleicht ohne Frieden nur dadurch ein Ziel geſetzt wer= „den, daß der Mangel an unentbehrlichen Lebens= und „Unterhalts=Mitteln, welcher theils durch willkührliche Ver= „wüſtungen, theils durch gewaltſam verhinderten oder frey= „willig unterlaſſenen Feld=Bau, und vielleicht gar durch Miß= „wachs über Erwarten bald überhand nimmt, und die hieraus „entſtehende Hungers=Noth und Peſt, ſo wie der Abgang „an dienſtfåhiger Månnſchaft, an brauchbaren Pferden und „mancherley andern Kriegs=Erforderniſſen, die bisher mit „Verſchwendung aufgeopfert worden ſind, und von Jahre „zu Jahre mit noch größerer Verſchwendung aufs Spiel „geſetzt werden — die kriegführenden Måchte ſchlechter= „dings außer Stand ſetzt, långer Krieg zu führen, wenn „ſie auch noch ſo gern wollten“.

*) Was für gewaltige Wirkung ein ſolches Werkzeug, wie dieſes iſt, thun könne, låßt ſich aus dem großen Erfolge ſchließen, mit dem daſſelbe hier zu Lande von den Lår= men=Blåſern gebraucht wurde. Gerade auf die nåm= liche Art, wie es in Frankreich von den Jakobinern ge= ſchehen iſt und noch geſchieht, wurden in Groß=Britan= nien die Freunde der Ruh und Ordnung beſchuldigt, daß ſie mit auswårtigen Feinden, die uns anfallen wollten, in

hoch-gesinnte Nation wird sich aber auch die aller-
reinste Wohlthat nicht mit Gewalt aufdringen lassen;
und sie würde selbst die brittische Constitution, wenn
diese auch durchaus vollkommen wäre, von sich stoßen,
so bald ihr dieselbe auf der Bajonett-Spitze geboten
würde.

Aber was für eine Lock-Speise bieten denn die
Eroberer von Pohlen den Franzosen an? Was für
Freuden bietet denn Deutschlands Volk ihren Augen
dar? — Unbedingte Spannung in das Joch einer
ausländischen Gewalt, ist die ganze Gnade und
Barmherzigkeit der Herrscher; Unwissenheit und Un-
terwürfigkeit unter unbegränzten Druck, ist das Beyspiel der bewaffneten Sclaven, die von ihnen befeh-
liget werden. Ist es nun wohl zu verwundern,
wenn ein Enthusiasten-Volk, über das Eindringen
solcher Angreifer bis zur Raserey aufgebracht, die
Vorschriften der Vernunft von sich stößt; wenn es
nun so gar diejenigen von seinen eignen Brüdern,
die seiner Raserey gern Einhalt thun möchten, für
Bundes-Genossen seiner Feinde ansieht, und sein

Bunde stünden: und hierinnen bestand auch wirklich die
ganze Kunst der Herren Reeves, Burke und Compagnie, die Gleichmacher gleichzumachen; eine
Kunst, über deren unerwarteten Erfolg viele ehrliche Leute, (da sie sahen, was es für Leutlein waren, die diesen
plumpen Taschenspieler-Streich machten,) so sehr erstau-
net sind, betreten gewesen sind. Die Nation wurde von
einem panischen Schrecken befallen; und nun giengen Furcht
und Leichtgläubigkeit mit einander Hand in Hand.

Anm. des Verf.

Vertrauen bloß denen gönnt, die es ihm an Raferey
gleich = thun?

So nach ist jeder Versuch, in Frankreich nur
leidliche Ordnung wiederherzustellen, durch die In=
vasion ausländischer Mächte vereitelt, Clermont=
Tonnerre und Rochefoucauld sind ermordet,
Narbonne, La = Fayette und Liancourt
zum Emigriren genöthigt worden. Und zu folge
deffen ist es auch nur gar zu wahrscheinlich, daß die
Belagerung von Valenciennes und Condé den be=
herzten und vermuthlich redlichen Insurgenten
an den Ufern der Loire zum Verderben gereichen
werde *).

Wie unausbleiblich gewiß die Stürzung des
Jacobiner=Systems in Frankreich seyn würde, wenn
die Nation sich selbst überlaffen wäre, läßt sich nicht
allein aus der Beschaffenheit dieses Systems, son=
dern auch selbst aus den Versuchen erkennen, die
schon mehrmals vor dem Angesicht einer ausländi=
schen Invasion gemacht worden sind, dasselbe zu
stürzen; und wie sehr es gegen alle Wahrscheinlich=
keit laufe, daß den Verbündeten jemals ihre Bemü=
hungen, den Franzosen mit Gewalt eine Verfaffung
zu geben, (welches noch der einzige vernunft=gemäße
Zweck wäre, warum der Krieg fortgesetzt würde,)
gelingen werden, läßt sich nicht allein aus der Ge=
schichte der bisherigen Vorfälle, und aus dem, was

*) Was Herr Wilson hier vorhersah und vorhersagte, ist
bekanntlich nach dem Buchstaben eingetroffen.

ich bereits beygebracht habe, sondern auch aus an=
dern Betrachtungen mehr schließen *).

Unter dem Drucke der Invasion eines auswär=
tigen Feindes wird so ziemlich jedwede Regierung
ihre Nation zusammen halten können; und jede re=
publikanische Regierungs=Form, so wenig sie auch
für ruhigere Zeiten passen mag, erzeugt bey solchen
Gelegenheiten große Energie des Geistes, und mit=
hin auch große National=Stärke. Die Ursach hier=
von läßt sich aus der ganz eigenthümlichen Wichtig=
keit herleiten, die der einzelne Bürger durch eine re=
publikanische Regierung bekömmt. Dadurch wird ihm
sein Vaterland wichtig; und nun bekömmt die gesamm=
te Kraft seiner Privat=und Staats=Neigungen, zur
Stunde einer Invasion vom Ausland, ihre Richtung
auf Einen Zweck, — auf die National=Vertheidigung.
Die Wahrheit hiervon ließe sich reichlich aus der Ge=

*) Der Vernunft und ihren Gesetzen wäre am meisten
  gemäß gewesen, die Franzosen ihre Uneinigkeiten unter
  einander selbst ausmachen zu lassen, und sich in ihre Hän=
  del gar nicht zu mischen: aber die Politik gieng auf Beute,
  und die Habsucht auf Eroberungen aus, die man von ei=
  ner vorher schon erschöpft scheinenden Nation mit einer
  Truppen=Promenade ohne viele Mühe machen
  zu können dachte, indem man ihr zugleich den Freyheits=
  Kitzel auf ein Jahrhundert weiter hinaus zu vertrei=
  ben, für einen kleinen, nicht ganz zu verachtenden Neben=
  Vortheil hielt. Und nunmehr würde man vermuthlich froh
  seyn, wenn die Franzosen nur ohne Schwierigkeit die
  Länder wieder herausgeben wollten, die sie in dem verzwei=
  felten Kampf, um ihre beeinträchtigte Freyheit einzuneh=
  men, veranlaßt worden sind.

schichte der Republiken, Griechenland und Rom erläutern; einer immer noch merkwürdigen Geschichte,
in der man auch sehn kann, was uns in neuern Zeiten so überaus ungewöhnlich vorkömmt, die unge-
bundenste Ruchlosigkeit und Verwirrung in dem Mittel-Puncte der Regierung, verbunden mit der furcht-
barsten Macht an den Gränzen *)

In Friedens-Zeiten scheint sich die Existenz von
Primär- oder Ur-Versammlungen, wie sie dermalen in Frankreich allgemein sind, nicht zum besten
mit der Sicherheit der einmal eingeführten Regierung
zu vertragen: aber in einem solchen Zustande, wie
der itzige ist, können eben diese Ur-Versammlungen
zu Pflanzschulen der Herzhaftigkeit, der Beredtsamkeit, des Unternehmungs-Geistes werden; — indem
sie jedem einzelnen Bürger thätige und persönliche
Theil-

*) Frankreich erinnert uns so wohl in dieser, als in mehrern
andern Hinsichten an die Staaten des Alterthums. Es
finden sich in dem Zustande beyder wirklich Umstände der
Aehnlichkeit, welche mancherley Anlaß zu vielen höchst
merkwürdigen Beobachtungen geben könnten: und wenn
wir Bedenken tragen, die Erfahrungen, die wir aus Griechenland und Rom vor uns haben, auf das Frankreich
neuester Zeiten anzuwenden; so gründet sich dieses vieleicht
hauptsächlich auf einen Zweifel, der zu manchen Zeiten
vernünftig genug zu lauten geschienen hat — ob jene Länder auch wohl Wesen von der nämlichen Gattung zu Einwohnern gehabt haben, — und ob diese Franzosen wirklich
Menschen, oder etwan sonst eine Art von Thieren sind.
Anm. d. Verf.

Theilnehmung am Staate beybringen, wodurch die Vertheidigung deſſelben auf eine außerordentliche Art verſtärket wird. Die Eintheilung von Frankreich in Diſtricte und Departementer ſtiftet im Lande lauter kleine, mit einander wetteifernde Republiken; und ſie wird eben dadurch, aller Wahrſcheinlichkeit nach, jenen muthigen und ſtolzen Aemulations-Geiſt zwiſchen benachbarten Gemeinden erzeugen, der ſo gefährlich für die innerliche Ruhe iſt; dem aber Griechenland, ſo bald es angegriffen ward, in jenen claſſiſchen Jahrhunderten ſeine Sicherheit zu danken hatte, und dem vielleicht auch Helvetien ſeine Unabhängigkeit in neuern Zeiten zu danken hat.

Es iſt nöthig, zu erinnern, daß Talente während des Fortganges einer Revolution keinesweges eine ſolche Degradation, wie Grundſätze, zu erleiden ſcheinen. Vielmehr tragen im Gegentheile Situationen von fortwährender Schwierigkeit und Gefahr am erſten dazu bey, daß ſie, (ſo weit ſie von Tugend verſchieden ſind,) immer mehr und mehr zur Thätigkeit hervorgerufen, und, ſo bald ſie ausfindig gemacht ſind, immer mächtiger werden und ſich immer mehr ausbreiten. In alten, vorlängſt gegründeten Monarchien, dergleichen ſich auf dem feſten Lande von Europa überall finden, hat der bürgerliche R a n g den hauptſächlichſten, oder wohl gar den einzigen Einfluß auf die Ertheilung des Ober-Befehlshaber-Poſtens; und bey Austheilung der Talente kehrt ſich die Natur keinesweges an bürger-

lichen Rang. In Revolutionen hingegen, wo künst-
liche Diſtinctionen umgeſtoßen ſind, kömmt die natürliche Ordnung einiger Maaßen wieder empor,
und die Talente ſchwingen ſich zu der Höhe, die ihnen angemeſſen iſt. Daher haben denn auch Revolutionen, wenn ſie einmal ins Werk gerichtet
ſind, insgemein das Gewichte der Talente auf ihrer Seite.

Nun kann man zwar hierwider wohl einwenden: „wenn einmal das Schwerdt gezogen iſt; ſo
„hänge der Erfolg von militäriſcher Mannszucht und
„Geſchicklichkeit ab, und dieſe wären immer am er-
„ſten da anzutreffen, wo ſchon Erfahrung zu finden
„iſt“: allein tägliche Wahrnehmungen beweiſen, daß
ſich der bloße ſoldatiſche Mechanismus ohne viele Mühe in der Geſchwindigkeit erlernen laſſe; und die ein-
hellige Stimme der Geſchichte lehrt uns, daß die Ei-
genſchaften eines großen Feldherrn auf ganz eigne
Weiſe ein Werk der Natur ſeyn,— ein Vorzug, den
ſich ein großer Geiſt am geſchwindeſten zu erwerben
ſcheint, und den alle andre Menſchen zu erwerben
ſchlechterdings nicht möglich finden. Daher kömmt
es denn, daß Kriegs-Zucht und hergebrachter Rang
zwar im Anfange der Kriege gemeiniglich den Vortheil haben, daß aber in dem Fortgange derſelben
Natur und Genie immer das Uebergewicht behaupten *)

*) Der ganze Innhalt dieſer Bemerkungen ließe ſich leicht
   aus den bürgerlichen Kriegen, die bey uns ſelbſt in England geführt worden ſind, erläutern. So verabſcheuungs-

Wie diese Bemerkungen auf die Angelegenheiten von Frankreich anzuwenden seyen, fällt an und für sich schon so deutlich in die Augen, daß es eben so überflüßig, als langweilig seyn würde, es besonders aus einander zu setzen.

Wie wenig es aber möglich sey, Meynungen mit dem Schwerdte zu besiegen, und zu was sie

M 2

würdige Menschen auch Cromwell und seine Spieß-Gesellen in vielerley Rücksichten seyn mochten, so muß man doch zugeben, daß sie so wohl im Cabinett, als im Felde, ganz ausnehmend vorzügliche Talente besessen haben. Zu Anfange des Krieges waren militärische Einsichten und Erfahrung völlig auf Seiten des Königs; was aber doch sonderbar war, es stand unter keiner Partey nicht ein einziger tüchtiger Kriegs-Befehlshaber auf, bloß den tapfern Montrose ausgenommen, und so gar dieser war, wohl zu merken, unter den Anhängern der bekannten Covenant erzogen worden. Auf Seiten der Gegen-Partey standen Esser, Fairfar, Cromwell, Ireton, Lambert und Monk auf, von denen die mehresten vorher nicht die geringste Kenntniß von militärischen Angelegenheiten besessen hatten. Cromwell, der größte Feldherr seiner Zeiten, war drey und vierzig Jahr alt, ehe er Soldat wurde. Diese sonderbaren Umstände sind auch dem Geschichtschreiber Hume so wenig, als die natürliche Erklärung derselben, entgangen. Ich habe mir schon hin und wieder, wenn ich über diese Sache nachdachte, das Vergnügen gemacht, zu rathen, was für militärische Befehlshaber wohl unsre itzigen politischen Staats-Führer abgeben könnten; und ich sorge sehr, daß sie sich so ziemlich nach ihrer bisherigen Weise halten würden. — Was ein wirklich großer Geist ist, beweißt sich zuverläßig in keiner Lage klein.

Anm. des Verf.

entsetzlichen Metzeleyen ein so tolles Unternehmen,
wenn man dabey beharret, nothwendig Anlaß geben
müsse, kann ein jeder schon aus der Revolution in
den Niederlanden, und aus den blutigen Ereigniß
sen erkennen, die daselbst unter der Regierung des
Herzogs von Alba vorgefallen sind. Wo die große
Volks=Masse einmal Meynungen eingesogen hat,
da lassen sich diese nicht anders wieder aus den Köp=
fen bringen, als durch Ausrottung des Volkes
selbst. Daher wird denn wohl die Fundamen=
talität der französischen Revolution, so viel auch
schwachsinnige und furchtsame Leute dawider eifern,
und so sehr sich selbst aufgeklärte Köpfe vor derselben
entsetzen mögen, zwar aller Wahrscheinlichkeit nach
die Quelle langwieriger innerlichen Zwistigkeiten sey,
aber doch zuverläßig gegen jeden Anfall von auswär=
tigen Feinden unverwundbar bleiben.

Hume hat bemerket, mit was für allgemeinem
und äußersten Widerstreben die Menschen eine Macht,
die sie einmal besessen haben, fahren lassen; und Sie,
Herr Pitt, können die Wahrheit seiner Bemerkun=
gen wahrscheinlicher Weise aus eigner Empfindung
bestätigen. — Nun gut also, Herr Pitt, die Sans=
Culottes haben neuerlich das wieder gewonnen, was
sie ihre Gerechtsame nennen; und man kann von
ihnen wohl sagen, es sind Männer, welche Macht
haben, — eine Macht, die sie, nach langwierigem und
schweren Drucke, nur erst haben schmecken gelernt.
Ob diese Macht gut für sie sey, oder nicht, ist es=

was andres; — nach ihrer Meynung ist sie gut, und das ist genug. Werden sie dereinst zum ruhigen Besitze derselben gelanget seyn, so können sie sie wahrscheinlicher Weise mißbrauchen, wie vor ihnen andre Menschen, die in der Gewalt saßen, auch gethan haben. Je mehr aber Versuche gemacht werden, ihnen diese Macht mit Gewalt der Waffen wieder aus den Händen zu winden, desto mehr Werth wird diese Macht mit jeder Stunde in ihren Augen bekommen; und so nach wird nichts vermögend seyn, sie derselben zu berauben, als der Tod.

Auf einer andern Seite hergegen war die Revolution in Pohlen keine Fundamental-Revolution; und sie ward auch eben deßwegen vom Hrn. Burke gepriesen — welches schon an und für sich ein sehr verdächtiger Umstand ist. Eigentlich und im Grunde war es weiter nichts, als eine bloße Abänderung der Regierungs-Form, und eine partielle Vergrößerung ihrer Basis, von der gleichwohl neun Zehntel der polnischen Nation völlig ausgeschlossen wurden. So bald also der König und die Edlen von der so-genannten neuen Constitution wieder abzutreten für nöthig fanden, ließen die Bauern sie auch fahren; und sie hatten auch keinen Bewegungs-Grund oder Reiz, ihr Leben zur Vertheidigung solcher Vortheile zu wagen, welche mitzugenießen ihnen gar nicht vergönnet worden war. Dieses ist die wahre Ursache von dem schnellen und glücklichen Fortgange der Conföderations-Waffen; und die

offnen Ebnen und unbefestigten Städte des Landes
trugen dazu bey weitem so viel nicht bey, wie manche
geglaubt haben. Die wahre Schutzwehr einer Nation in solchen Umständen, — das einzige schlechterdings unbezwingliche Bollwerk, liegt i n d e n
Herzen der armen Leute. — So bald dieses
Bollwerk preis gegeben ist, stürzt alles Uebrige von
selbst ein *).

Wenn ich diese Materie ansehe; fallen mir so
mancherley Betrachtungen, welche die Tollheit des
neulichen Einbruchs in Frankreich beweisen, aufs
Herz, daß ich mich gezwungen finde, bloß bey allgemeinen Topiken stehn zu bleiben. Sonst könnte ich
mich wohl ganz umständlich über den Punct ausbreiten, daß die östreichische Armee schlechterdings nicht
vermögend ist, nur das Feld zu halten, wenn sie
nicht von Groß-Britannien aus besser versorget wird;
und daß es uns selbst kaum möglich ist, ihr die nöthige
Versorgung zu schaffen. So weggeworfen auch die
Stimmung der Nation (laut der bisherigen Beschließungen des Parlamentes) zu seyn scheint; so kann
sie sich doch, so viel ich einsehe, durchaus nicht dem
äußersten Ruin unterwerfen: und ich thue hiermit
eben so zuversichtlich, als kaltblütig, den Ausspruch,
den ich reiflich erwogen habe, daß nichts geringeres,
als der äußerste Ruin, daraus entstehn könne, wenn

*) Hört's und merket's, ihr Aristokraten aller Länder, ihr
Volks = Bedrücker und Blutsauger, ihr Frohn = Vögte
und Sclaven = Treiber!

wie bey unsrer heillich ergriffenen Association mit
der Thorheit und Insolvenz der Mächte des festen
Landes beharren. Nicht genug, daß wir mit Englischen Guineen, die von dem Schweiß und Blut
unsrer schwer-gedrückten Bauern erpresset werden,
heßische und hannöversche Völker besolden, damit sie
für Deutschlands angebliches Interesse, welches uns
nichts angeht, fechten sollen; so müssen wir auch die
östreichischen Kriegsheere ernähren, und sie aus den
Trümmern unsrer zu Grunde gerichteten Manufacturen, mit Proviant, Montirung und Gewehr versorgen. Was aber unsre Drangsalen aufs höchste
bringt, ist hauptsächlich der Umstand, daß England
selbst, wo fern den Verbündeten durch unsern Beystand ihre Anschläge gelingen sollten, aus dem Staa-
ten-System von Europa verschwinden, zur Null
werden wird. Holland kann seine Unabhängigkeit
nicht eine einzige Stunde behaupten; eine zusammen-
hängende Kette von Despoterey wird sich über den
schönsten Theil des Erdbodens ausbreiten; und die
Freyheits-Lampe, die so herrlich auf unsrer „see-
„umgürteten Insel" geflammt hat, muß in der allgemeinen Nacht von selbst erlöschen *).

*) Ich enthalte mich wohlbedächtig, dieser Ansicht der vor-
liegenden Materie weiter nachzuhängen, weil ich nichts
in der Welt für unwahrscheinlicher halte, als daß Frankreich werde bezwungen und erobert werden. Es ist auch
diese Materie bereits im Morning Chronicle von einem
Schriftsteller, der sich als ein stiller Beobachter
unterschreibt, mit unübertrefflicher Deutlichkeit und Gründ-
lichkeit erörtert worden. Die ganze Reihe seiner Briefe

Der Unfug, auf den man umgeht, ist von einer
Größe, die übermenschlich zu seyn scheint; aber zu
gutem Glück erfodert auch die Ausführung über-
menschliche Kräfte. Die unwissenden und harmlosen
Sclaven, welche bey dieser Gelegenheit zu Werkzeugen mißgebraucht werden, sind Menschen — welche
gekleidet und ernähret seyn wollen; — sie haben auch
gegen Menschen zu kämpfen, und sind dem Tode,
den sie andern anzuthun hingetrieben werden, selbst
unterworfen; — sie können durch das Schwerdt,
durch Strapazen, durch Hunger, und durch Krankheiten aufgerieben werden. Die neuen Alariche,
die sich ihrer bedienen, sind auch Menschen; schwach,
unwissend und sterblich, wie andre Menschen. In
kurzem wird sie der Tod den armen, ohne Verscho-
nung hingeopferten Werkzeugen ihrer sündlichen Ehr-
und Herrsch-Sucht gleich-machen. In wenigen
Jahren, vielleicht in wenigen Monaten, wird
Katharina entseelt schlafen, wie Joseph, wie
Leopold, wie Peter der Dritte. Neu-auf-
kommende Menschen von andrer Denkungs-Art,
die nicht so stark mit Vorurtheilen behaftet sind,

übertrifft gar sehr alle ähnliche Producte der Englischen
Presse.   Anm. d. Verf.
(Die hier nach Würden gepriesene Briefe über das
Fürsten-Bündniß zur Theilung von Pohlen und Frankreich, von einem stillen Beobachter, sind schon 1794 in einer deutschen Uebersetzung
mit Anmerkungen zur Erläuterung und Berichtigung bey sel. Peter Hammers Erben zu Cöln erschienen.)

werden einen Theil von der Gesinnung ihres Zeit-
Alters annehmen: so mit werden die Plane der
Despoterey zerrüttet werden, und Sterblichkeit wird
der Vernunft und der Wahrheit zu Hülfe kommen *).

Unterdessen ist es möglich, daß Condé und
Valenciennes erobert werden, und die feindlichen
Armeen in Frankreich eindringen, wie schon einmal
geschehen ist **). Wird nun den Franzosen in ihrem
eignen Vaterlande näher auf den Leib gegangen; so
werden sie, aller Wahrscheinlichkeit nach, vereinigt
bleiben, und werden ihren Krieg, in Vergleichung
gegen die Feinde, von denen sie angegriffen sind,
mit wenigen Kosten führen. Die Mannschaft haben
sie zur Stelle, ihren Proviant hinter sich im Rücken,
das Gewehr in den Händen, und den Enthusiasmus im Herzen. Je mehr die Nation in ihrem
Mittel-Puncte zusammengepreßt wird, desto mehr
wird die Elasticität ihrer Kraft und Herzhaftigkeit
zunehmen. Dann werden die angreifenden Heere

*) Wehe, wehe, wehe denen, die sich Räthe und Freunde
der Fürsten nennen, und die ihnen doch diese Wahrheiten
nicht nur selbst verschweigen, sondern auch auf alle Weise
zu hindern suchen, daß ihnen dieselben weder zu Ohren,
noch vor die Augen kommen!

**) Es ist bekanntlich geschehen. Auch Landrecy ward
erobert. Allein die Freude der Verbündeten und der
brittischen Minister darüber war von gar kurzer Dauer;
und die Besatzungen, die man in diese eroberten französischen Gränz-Festungen gelegt hatte, mußten sich gar
bald an die siegenden Franzosen ergeben.

wahrscheinlicher Weise abermals gezwungen seyn,
sich zurücke zu ziehen; und ihr Rückzug wird dann
weder gemächlich, noch sicher seyn. Die fliegenden
Republikaner werden ihnen nachjagen, werden vermuthlich abermals die Schranken der Klugheit über-
springen, und ihre Eroberungen bis an die Ufer
des Rhein-Stromes treiben *). Durch ein einziges
Treffen giengen die östreichischen Niederlande verlohren; durch ein einziges Treffen wurden sie wieder
erobert: und nunmehr werden die östreichischen und
die vereinigten Niederlande von ein und eben demselben Schlage getroffen **). Wer kann Holland
retten, so bald Flandern gefallen ist? Auch die
Coldstream ***) sind, wie wir sehen, sterbliche Menschen. Selbst die drey Prinzen vom königlich-Eng-
lischen Geblüte können die stolzen Republicaner nicht
schrecken: —

Was kümmern solche Brüder sich um Königs-Namen? ****)
Wenn die Gefahr, von der ich rede, noch fern zu
seyn scheint; so wünsche ich nur, daß sie darum nicht

---

*) Dictum Factum!

**) Auch dieß ist wörtlich eingetroffen. Ein Englischer
Privat-Mann also sah und sagte es vorher: und die
Cabinetter der Verbündeten sahen es nicht. O, Cabinetts-
Weisheit!

***) Das Regiment der königl. großbritannischen Leib-Garde
zu Fuß, welches unter dem Herzoge von York mit
Schimpf und Schanden und Verluste seiner Zelte und
Gepäcke von Dünkerken zurückgeschlagen ward.

****) Shakespeare's Sturm.

A. d. B.

für geringe geachtet werden möge *). Mit jedem
Schritte, den die Armeen der Verbündeten in Frankreich vorwärts thun, scheint mir die Gefahr näher
zu kommen; und hätten sie schon nicht mehr als noch
zehn Stunden Weges nach Paris, so würde mir
desto mehr bange für das Schicksal von Amsterdam
werden **).

Die gute Gelegenheit, allgemeinen Frieden wieder herzustellen, zeigte sich wieder zur Zeit des Congresses zu Antwerpen. Dümourier hatte sich
zurückgezogen; die Niederlande waren wieder erobert, und in Oestreichs Händen. Wir hatten weiter nichts nöthig, als die Erklärung zu thun, die
am Ende, meines Erachtens, doch noch gethan werden muß: wenn sich Frankreich auf sein
Gebiet einschränken will: so mag es da
seine Constitution formiren, wie es ihm
selbst beliebt. Wäre dieses zu der gedachten Zeit
geschehen; so würde Dümourier nicht durch eine
Allianz mit Ausländern verhaßt geworden, und aller
Wahrscheinlichkeit nach im Stande gewesen seyn, die

---

*) Sie war nichts weniger, als fern; diese Gefahr —
   ward aber vom brittischen und einigen andern Cabinettern
   nicht einmal als mögliche Gefahr erkannt, geschweige
   daß darauf geachtet worden wäre, bis der Schlag geschehen war.

**) Und Amsterdam war wirklich in Frankreichs Händen,
   ehe sich die Verbündeten rühmen konnten, nur bis
   zwanzig Stunden weit von Paris vorgedrungen zu
   seyn.

conſtitutions-mäßige Monarchie wieder herzuſtellen:
und es hätte auch hiermit kommen mögen, wie es
wollte; ſo würde doch Frankreich, beſchäfftigt mit
innerlichen Uneinigkeiten, (wie mich höchſt wahrſcheinlich dünkt,) Europa viele Jahre der Zutunft
hindurch in Ruhe gelaſſen haben. Dieſe Politik
war ſo klar, daß ein bloßes Kind ſie hätte einſehn
können; ſie erfoderte nicht einmal eine Unterhandlung mit dem franzöſiſchen Cabinett; unſer beſtes
Intereſſe würde dadurch geſichert worden, und unſre
Ehre ohne Flecken geblieben ſeyn *).

Wie ſind denn nun die Reſolutionen des Antwerpner Congreſſes, für die Begriffe des Menſchen-
Verſtandes faßlich, zu erklären? — Wir müſſen
der Wahrheit den Schleyer vom Angeſichte ziehen. —
Die Glieder dieſes Congreſſes waren deutſche Fürſten, oder Agenten deutſcher Fürſten; ſo gar der
Repräſentant von England bey dieſem Congreſſe
war ein deutſcher Fürſt. Solche Menſchen
ſind, vermöge ihrer Erziehung, gemeiniglich unwiſ-
ſend, und liegen, vermöge ihrer Situation, an
Vorurtheilen von einer zerſtörenden Art krank.

Als militäriſche Herrſcher in ihren eignen Län-
den empfinden ſie wohl, ihr perſönliches Intereſſe
erfodre, ja vielleicht meynen ſie gar, (denn die
Macht des Vorurtheiles kann leicht ſo weit gehn,)
daß Intereſſe der Menſchheit ſelbſt erfodre, daß
Deſpotismus durchgängig herrſche. Solchen Men-

---

*) Man ſehe S. 27 des erſten Bandes.

schen macht die Anarchie in Frankreich unter jacobinischen Regierern nicht halb so viel Angst und Sorgen, als die Landes-Verfassung, die aus der französischen Revolution am Ende entstehn kann. Sie
sehen wohl ein, daß die Uebelthaten, die itzt in
Frankreich begangen werden, an und für sich hinreichen, den Namen der Franzosen bey i h r e n Unterthanen abscheulich zu machen *): wenn aber über
diesen Uebelthaten des Franzosen selbst die Augen
aufgingen; — wenn aus den unter einander gewor-
fenen Trümmern des Despotismus und der Anarchie
eine eingeschränkte Monarchie in Frankreich, wie
der Fall in England war, oder sonst eine freye Ver-
fassungs-Form, wodurch der Gehorsam gegen die
Gesetze gesichert würde, erwachsen sollte: — dann,
dann würde das Beyspiel von Frankreich noch viel
verderblicher für willkührliche Regierungen werden,
als selbst die Waffen der Franzosen; und dann würden erst die gekrönten Häupter in Deutschland, **)
groß und klein, wirklich Ursache haben, zu zittern.

Wahr ist es, wenn sie aufgeklärt wären, brauchten sie ganz und gar nicht zu zittern: sie würden

*) Gewiß doch nicht den Namen der Franzosen überhaupt und
ohne Unterschied, welches selbst wider alles menschliche Gefühl wäre, und in der That unmöglich ist; sondern
bloß den Namen der abscheulichen Demagogen und ihrer
brutalen Werkzeuge, so wie den Namen jedes tyrannischen
Menschen, der mit Gewalt eine Macht über andre Menschen an sich reißt oder erschleicht, und diese Macht auf
brutale, unmenschliche Art mißbraucht.

**) Nur in Deutschland.

alsbann einsehn, daß willkührliche Gewalt eben so
verderblich für den sey, der sie besitzt, als für den,
der unter ihr steht; aber so ist nicht zu erwarten,
daß sie dieses unterscheiden sollten. Irrthümer der
Erziehung verblenden alle Köpfe, ausgenommen
die von höherer Einsicht. und obgleich Deutschland
allein mehr Fürsten in sich faßt, als das ganze übrige Europa zusammen; so trägt sich es doch kaum
in hundert Jahren einmal zu, daß es einen Fürsten hervorbringt, der ein wahrhaftig großer Mann
ist *).

Herr Fox behauptet, die Regierung sey von
dem Volk; Herr Wyndham aber, sie sey für
das Volk. Um dergleichen philologische Distinctio-
nen lassen sich die Regierer in Deutschland unbeküm-
mert; ja, es ist bey ihnen so gar das Wort Volk

---

*) Friedrich der Zweyte von Preußen war ein außerordentli-
cher Mann; und es haben sich schon viele ehrliche Leute
mit Muthmaaßungen beschäfftiget, wie Er wohl bey der gegenwärtigen Gelegenheit würde zu Werke gegangen seyn.
So viel scheint indessen ziemlich gewiß, ganze acht Monate
würde Er nicht in der Nähe von Mainz gelegen haben, ehe
er eine passende Gelegenheit ausfindig gemacht hätte, diese
Festung zu belagern. Das itzige Verhalten der Preußen
enthält an und für sich ein Lob auf die Talente dieses gros-
sen Monarchen, welches bey weitem erhabner ist, als
Herzberg's ganze Redekunst. Da indessen die Preußen
schon vorher die Meynung geheegt haben, daß man sie bey
dieser Gelegenheit nur aufopfere; so kann ihre dermalige
Saumseligkeit eben so wohl von der Verdrossenheit, als
von sonst einer Ursach herrühren.

Anm. des Verf.

nicht zu finden *). Ihre Unterthanen, das
wissen sie, sind des Gehorsams gewohnt; von den
Wohlthaten, die aus Freyheit und Eigenthume
fließen, haben sie nie Erfahrungen gehabt; und sind
folglich tüchtige Werkzeuge in den Händen willkührlicher Gewalt.

Deutschland wird bekannter Maaßen hauptsächlich von Fürsten, von Edelleuten, von Musikanten
und von Bauern bewohnet; Kaufleute, Manufactu-
risten und Land-Edelleute **), die den wichtigsten
Theil der Englischen Nation ausmachen, kennt man
dort fast nicht ***). Von diesen Classen sind die drey

*) Am Worte Volk fehlt es wohl nicht, und es ist passelbe
wohl überall in Deutschland, aber freylich meistens mit
dem Beyworte gemeines Volk gangbar, wobey sich
denn diejenigen, die es übel nehmen würden, wenn man
sie zum Volke rechnen wollte, nicht, wie die Römer, Po-
pulum, (das ist, die ganze Nation, im Gegensatz ihrer höchsten Obrigkeit,) sondern bloß Plebem, oder
verächtliches Gesindel denken. Die ungeheure römische Republik kannte unter dem Populo eine Art von Ritterschaft und Adel, die man Equites nännte; diese Equites selbst gehörten zum Volk, und wurden dazu gerechnet. Senatus populusque machten den Staat
aus. Der Senat durfte Gesetze nur vorschlagen; aber
das Volk gab die Gesetze, die ihm vorgeschlagen wurden,
oder verwarf sie nach eigner Einsicht.

**) Country gentlemen.

***) Diese possirliche Beschreibung von Deutschland beweist wei-
ter nichts, als daß Herr Wilson nie nach Deutschland
gekommen sey, und es bloß aus seichten Nachrichten,
oder vom Hörensagen windiger Reisenden kenne.

erstern, während eines Krieges, in ihrem natürlichen Element; und die letztere, die Bauern, die alle Beschwerlichkeiten zu erdulden, und alle Lasten zu tragen haben, sind bis diesen Tag noch viel zu weggeworfen und unwissend, als daß sie durch ihre Leiden denen gefährlich werden könnten, von denen sie gedrückt werden *). Durch noch einige Beharrlichkeit im Kriege kann in der That das Bißchen Handel und Manufacturen, das es in Deutschland giebt, vollends zu nichte gemacht, und die Regierungen, (die zu Hannover abgerechnet, die in ihrem Militär-Aufwande von England frey gehalten wird) können dadurch vollends durchgängig bankerott werden. Damit werden denn die Gläubiger dieser Staaten zu Grunde gerichtet seyn; aber der Aufwand der Höfe, und was die Armeen kosten, wird darum wohl nicht geringer werden, als es bisher gewesen ist.

Das gewöhnliche Einkommen eines deutschen Fürsten beruht hauptsächlich auf den Producten des Bodens; und der Druck muß in der That schrecklich seyn, ehe diese fehlschlagen. Die Bauern werden immer mehr und mehr besteuert werden, damit man von ihrem Schweiße die immer mehr zu nehmenden Kosten

---

*) Aber sie auf diese Versicherung hin noch fühlbarer zu drücken, als bisher schon geschehen ist, dürfte doch wohl gefährlicher werden, als unser Engländer, und manche Herren in Deutschland zu glauben scheinen. Wenigstens sind die Bauern in Deutschland nicht in allen Provinzen in gleichem Grad unwissend und weggeworfen.

Kosten bestreiten könne; und die Erpressung solcher Steuern wird die Armuth und Unwissenheit, welche allein das Aushalten solcher Lasten möglich machen, befestigen. Auf diese Art müssen Tyranney der Herrscher und Erniedrigung des Volkes gleichen Schritt halten; auf diese Art macht der Despotismus einen natürlichen Bund mit der Unwissenheit, schwächt jeden Reiz der vernünftigen Natur, und stumpft jede Regung des menschlichen Herzens ab.

Es giebt freylich einen Gränz-Punct, auf welchem Bedrückung, auch an den weggeworfensten Menschen begangen, anfängt unsicher zu werden; — einen Gränz-Punct, dem die despotischen Regierungen in Europa, wo mich nicht alles trügt, schon ziemlich nahe gerückt sind. Sie haben den Vorsatz gefaßt, die Feinde der Königs-Regierung in Frankreich zum Gehorsam zu bringen; und sie setzen ihren ganzen Credit auf das Spiel über dem Erfolg eines Unternehmens, von dem sie, allem menschlichen Anscheine nach, mit Schimpf und Schande werden wieder ablassen müssen. Es hängen aber die despotischsten Regierungen in Ansehung ihrer Existenz eben so gut, wie die freyesten, von der öffentlichen Meynung ab. Sollte sich also nun das Fürsten-Bündniß in seiner Hoffnung betrogen sehn; so bekommen eben dadurch die Vorurtheile ihrer Unterthanen unfehlbar einen gewaltigen Stoß, und das Fundament ihrer Thronen wird alsdann von Stund an auf immer unsicher seyn.

N

Betrachten Sie also noch einmal, Herr Pitt,
eine Krisis, die so oft schon in der Geschichte vorgekom=
men ist, die den Herrschern eine so oftmalige und so
schreckliche Warnung ertheilet, und sie so oft verge=
bens ertheilet hat; — eine Regierung, die durch ihre
Verschwendung und Thorheit mit Schulden überhäu=
fet, ihrer Unsicherheit sich bewußt, und daher arg=
wöhnisch, auffahrisch und unterdrückend ist; ein
Volk, das bereits unter Lasten, die beynah uner=
träglich sind, seufzt, und andre noch drückendere zu
ertragen verdammet wird — das sich aber mit seinen
bisherigen Vorurtheilen auf einmal der gewohnten
Unterthänigkeit und Ehrfurcht gegen seine Herrscher
entschlägt, und jene unveränderlichen Wahrheiten
einsaugt, die so gefährlich für Volks= Unterdrücker,
und zuweilen gewiß auch nicht minder schädlich für die
Unterdrückten selbst sind. — Von Tage zu Tage wird
die Unzufriedenheit größer; — endlich wird das
Schwerdt gezogen, und die Scheide weggeworfen. —
In dem schrecklichen Kampfe, der alsdann hierauf
erfolgt, findet nur eine einzige Wahl Statt; ent=
weder muß die Regierung gestürzt, oder das Volk
muß in den Zustand des Viehes versetzet werden.
Könnten wir wohl vergessen haben, aus was für
Ursachen die Revolutionen in Helvetien, in Holland
und in England entstanden, — und ans was für wel=
chen noch so neuerlich die Revolution in Frankreich
entstand? — Die nämlichen Ursachen treffen abermals
zusammen, ganz Europa bis in seiner Grund=Feste

zu erschüttern, und eine neue Epoche in den menschlichen Angelegenheiten zu stiften.

Ist es nicht eine schreckliche Bethörung, daß das Schicksal der Engländer in dieses bevorstehende Verderben verwickelt, — der brittische Handel, die brittischen Manufacturen, die Staats = Einkünfte des Königreichs, und vielleicht die Constitution selbst, als die Quelle aller unsrer Segens=Wohlthaten, in dem itzigen verzweifelten Kreuz=Zuge des Despotismus und Aberglaubens wider Anarchie und Enthusiasmus, auf das Spiel gesetzt werden? Mag auch dieser elende Kreuz=Zug am Ende ablaufen, wie er immer will; wir können, so lange er dauert, weiter nichts davon ärndten, als Unglück: und schon aus dem bisherigen Gange desselben können wir einsehn lernen, daß der Thorheit derer, welchen die Verwaltung der Staats=Kräfte anvertrauet ist, keine menschliche Einrichtung widerstehn könne.

O! wie sehr verehre ich euch, ihr Männer Helvetiens! Indem der Orcan menschlicher Leidenschaften ganz Frankreich, ganz Italien und ganz Deutschland umkehrt, stehet ihr, hoch auf euren himmelanstrebenden Bergen, über der Region des Ungewitters fest und unerschüttert. Sicher in eurer natürlichen Gesinnung, in eurer aufrichtigen Vaterlands=Liebe, in eurer einfachen Regierung, in eurer unüberwindlichen Herzhaftigkeit, auf euren ewigen Bergen, — könnet ihr auf die Thorheiten, durch die itzt Europa verwüstet wird, gelassen und mitleidig

herabſehn, und euch im voraus des beglückten Zeit-
Punctes freuen, wo ihr vielleicht noch allgemeinen
Frieden vermitteln werdet. Dieſen erhabnen Vorzug würde das ſee-umgürtete Großbritannien haben
genießen können, wenn es ſeine Segens-Vorzüge
gehörig zu ſchätzen gewußt hätte, und fern von der
herrſchenden Mode-Raſerey geblieben wäre.

Indem ich dieſes ſchreibe, geht ſo eben die bisherige Sitzung des Parliamentes zu Ende; — und
über ganz England verbreitet ſich eine Todes-Stille,
die natürliche Folge des Erſtaunens über die immer
weiter ſich ausbreitende Verwüſtung, und der gewalt-
ſamen Erſtickung heftiger Leidenſchaften. Die Oppo-
ſition hat ſich zwar, verlaſſen von allen den ſ c h w a ch-
ſinnigen Amateurs, deren Köpfe nicht Faſſungs-
Kraft genug haben, das wahre Beſte ihres Vaterlandes richtig einzuſehn, oder die zu nerven-ſchwach
ſind, um den Kampf wider ein durchgängig herrſchen-
des Vorurtheil zu beſtehn, viele Mühe, (leider! ohne allen Nutzen,) gegeben, zu erfahren, wie weit
ſich die Verbindungen der brittiſchen Regierung mit
den Mächten des feſten Landes, oder die wahren Abſichten des Krieges eigentlich erſtrecken *). Zwey hundert und achtzig Glieder des Unter-Hauſes, die hinter Ihnen, Herr Pitt, ſtehen, unterſtützen jede
von Ihnen in Vorſchlag gebrachte Maaß-Regel; und
es hat ſich auch unter der ganzen Anzahl nicht ein

---

*) Sicherheit und Entſchädigung ſind Worte, die
ſich nach Belieben deuten laſſen. A. d. Z.

einziger Mann gefunden, der Sie geradezu, im Namen des Englischen Volkes und um dieses Volkes
willen, befragt hätte, wie lange die Geduld desselben noch dauern, und wie weit der Fortgang des
Verderbens noch getrieben werden solle?

Sie haben bey dieser fürchterlichen Gelegenheit
die ganze Verantwortung der Staats-Maaß-Re-
geln auf Sich genommen; und nun hängt, wie Sie
Sich, sorge ich, ohne Grund einbilden, Ihr ganzer Name und Ruf lediglich davon ab, daß der Krieg
so lange fortgesetzt werde, bis derselbe einen glücklichen Ausgang für uns gewonnen hat. Dieses muß
Ihren wirklichen Freunden, um Ihrer selbst willen,
aufrichtig leid thun; und den Freunden des Vaterlandes wird es um der durchgängigen Calamitäten
willen, die es, aller Wahrscheinlichkeit nach, mit sich
bringen muß, weh thun. Die brittische Nation, Herr
Pitt, hat sie „sehr, — aber nicht weislich" geliebt;
und es ist zu gutem Theil eine Folge hiervon, daß
nunmehr das wahre Interesse der Nation mit der
persönlichen Ehre dessen, dem sie getraut, und den
sie, wie einen Abgott, verehret hat, im Widerspruche
steht. Nun wird ihr, in einer solchen Zeit der Noth,
weiter nichts zum Troste vorgesagt, als daß sie sich
bey der verfassungsmäßigen Verantwortung brittischer Minister beruhigen könne. „Seyd still, ihr
„Bewohner der Inseln; ihr, welche die Kaufleute
„zu Zidon, die durchs Meer zogen, fülleten"*)—

*) Jesaias 23, 6.

Aber ach! was kann Stillschweigen helfen?
Wird den Britten dadurch, daß die Minister am En=
de zur Rechenschaft gezogen werden können *), ihr
zerrütteter Handel wieder hergestellt? werden dadurch
ihre hungernden Manufactur = Arbeiter ernähret?
werden der Wittwe ihr Mann, der Waise ihr Vater,
oder dem Greise sein tapferer Sohn wiedergegeben?
werden die wackern Männer, die nun schon in der
ungeweihten Erde der Niederlande, als Mit = Be=
wohner Eines gemeinsamen Grabes, bey denen mo=
dern, wider die sie gefochten haben, ins Leben zu=
rückgerufen **)?

* * *

Wäre ich dreist genug, Herr Pitt, den Werth
und Unwerth Ihres Verhaltens in dem Charakter
eines Staatsmannes zu bestimmen; so würde ich
recht gern zugeben, daß der Anfang Ihres politi=
schen Lebens ungemein verdienstvoll gewesen sey.
Die Regung von Beyfalle, welche Sie damals be=
gleitete, war in der That beynah allgemein: — Sie
waren die Hoffnung des Rechtschaffenen, der Stolz
des Weisen, der Abgott ihres Vaterlandes. Hätte

---

*) Mit welcher scheuslichen Arglist aber dieser Minister und
sein Mit=Verschworner, Lord Grenville, aller Mög=
lichkeit, zur Rechenschaft gefodert zu werden, unter einem
scheinbaren Vorwande vorzubeugen gesucht haben, weiß je=
der unsrer Leser aus den beyden Bills, die zu Anfange des
Decembers 1795 im Parlamente durchgesetzt wurden.

**) Dieser ehrende Umstand ist, wie man mir erzählet hat,
buchstäblich wahr.

Anm. d. Verf.

Ihre Laufbahn mit den Erörterungen über die Regentschaft ein Ende gehabt; so ließe sich; (ob sie gleich schon vorher einen der allerunglücklichsten von Ihren Mißgriffen gethan hatten,) vielleicht fragen, ob Europa in neuern Zeiten einen beherztern Staatsmann, oder einen erhabnern, mit größerm Ansehen wirkenden Redner *), einen Mann, dessen Ehrbegierde, dem Anscheine nach, freyer von Selbstsucht gewesen wäre, der seinen Gegnern weniger Anlaß zum Tadel, oder seinen Freunden häufigere Gelegenheiten zu einem edlen Triumph und zu einer eben so aufrichtigen, als lauten Beystimmung gegeben hätte, aufzustellen vermögend gewesen wäre. — Die Fehler, die sie begangen haben, sind bey Männern, die eine lange Zeit hindurch in dem Besitz einer Macht gestanden, gegen die sich Niemand regte, natürlich: und wenn ich sie Ihnen zur Last lege; so sind es bloß Schwachheiten der menschlichen Natur, die ich Ihnen schuld gebe. Es ist eben nicht nothwendig, daß ein freyes Volk gerade solche Regierer habe, die von allen ähnlichen Schwachheiten ganz frey sind; aber das ist nothwendig, daß das Volk wachsam sey, und sich gegen dergleichen Gebrechlichkeiten rege **).

Daß sich der Ehrgeizige, wenn ihm seine Unternehmungen eine Zeitlang schon gelungen sind,

*) Man sehe Gratton's Character des Lord Chatham, so wie solcher unter Dr. Robertson's Namen gedruckt ist.
Anm. des Verf.

**) Aber von dieser Nothwendigkeit will in keinem Lande der Minister-Despotismus etwas hören.

nach neuen Gegenständen umsieht, mit denen er sich
etwas zu thun machen könne, ist, glaub ich, natürlich. Eben daher kam es denn, daß Sie, nachdem
es Ihnen in England gelungen war, die Opposition
zu besiegen, gleich einem neuen Herkules aufstanden,
Sich nach neuen Abenteuern umsahen, und das feste
Land von Europa durchwanderten, Ungeheuer auf-
zusuchen, die Sie bezwingen könnten. Gleichwohl
konnten Sie sich nicht entbrechen, zu erkennen, daß
sich der Ruhm eines Handels- und Finanz-Mini-
sters, den Sie verdienter Maaßen *) erlanget hatten, bey dem gegenwärtigen Zustande der Nation
schlechterdings nicht mit dem Ruhm eines großen
Kriegs-Ministers vertrüge. Deswegen schlugen
Sie auch einen Mittel-Weg ein: Sie veranstalte-
ten bey jeder Gelegenheit Ausrüstungen zum Fechten, hüteten sich aber sorgfältig vor dem Losschlagen.
England konnte vielleicht die Kosten einer Zurüstung
aushalten; aber es konnte nicht wirklich Krieg führen. Dieser Kunstgriff, der aber freylich durch
dreymalige Ausrüstungen nach einander in ganz
Europa bekannt geworden war, gab auch dem Grafen von Mirabeau noch auf seinem Todbette den
Anlaß, Sie einen Ministre préparatif zu nennen.

Bey Männern, die lange in dem Besitz einer
großen Macht gestanden haben, nimmt nach und
nach, (vielleicht ohne daß sie selbst es inne werden,)

*) Verdienter Maaßen? — Auch hierüber ließe sich füglich
noch streiten.

eine geheime Sympathie, immer mehr zum Vortheile
derer, die sich in gleicher Lage befinden, und zugleich
ein geheimes Vorurtheil überhand, welches sich vielleicht am Ende bis auf Haß und Feindschaft gegen
alles erstreckt, was der Macht in irgend einer Gestalt den Weg zu verrennen scheint. Daher kam es
denn, daß Sie, Herr Pitt, in dem Siege der
holländischen Patrioten über den Prinzen von Oranien
so viel Gefahr für England, und ich weiß nicht,
was für eine große Sicherheit in der Unterjochung
der Holländer mittelst der preußischen Waffen für
uns zu sehn glaubten. — Daher rührte auch die
vollkommene Gleichmüthigkeit, mit der Sie die Eroberung von Frankreich durch die Despoten Deutschlands erwarteten, so wie die plötzliche Herzens-Angst,
von der wir Sie befallen werden sahen, da nicht
nur diese Invasion zurückgeschlagen, sondern so gar
die Niederlande von den Waffen Frankreichs überschwemmet wurden. Bey der Befreyung der Niederlande von der Herrschaft des östreichischen Hauses
könnte die Verfassung von England vielleicht gefährdet seyn: aber diese Verfassung ward in Ihren Augen, wie es scheinen sollte, um so mehr gesichert, je
weiter sich der Despotismus über jeden Winkel von
Europa erstreckte, und je besser es den Bajonetten
der Ausländer gelänge, in Frankreich nicht nur die
Ungebundenheit, sondern auch so gar alle Freyheit
auszurotten.

Den unglücklichen Vorurtheilen Ihrer Situation
gebe ich's auch schuld, daß Sie in manchen Fällen

von der äußersten Wichtigkeit so wenig im Stande
sind, Sich in Ihrer Temperaments-Hitze zu mäßigen; daß Sie Sich bey Ihren großen Talenten mit
der seichten Einsicht und gewaltsamen Heftigkeit derer
bemengen, die Sie überall um Sich haben; und
daß Sie gegen die wirklichen Gefährlichkeiten, worinnen unsre handelnde Nation schwebt, so wie gegen den Pfad der Sicherheit und wahren Ehre,
von dem nicht einen Augenblick zu weichen eben so
sehr Ihre Pflicht, als Ihr Interesse erfodert hätte,
so blind sind — wenn es anders Blindheit ist, wovon Ihr unregelmäßiges Benehmen herrührt *).

Vorfälle von so ungeheurer Größe zu betrachten,
wie diejenigen sind, die zu der französischen Revolution gehören, erfodert nicht nur die äußerste Gelas-
senheit des Gemüths, sondern auch die erhabenste
Geistes-Erweiterung; — zumal bey dem, der die
Angelegenheiten einer großen Nation zu dirigiren
hat. Unglücklicher Weise sind diese Eigenschaften in
allen Situationen des menschlichen Lebens gar selten
anzutreffen; und daher ist denn auch diese Revolution, da man sie immer bloß stückweis, immer nur
einseitig angesehen hat, theils zum Gegenstande tol-
ler Lobsprüche, theils zum Objecte bitterer Verwer-
fung geworden, je nachdem die Menschen mit dieser
oder jener Art von Vorurtheilen behaftet waren,

*) Wie gegründet dieser letzte Zweifel war, wird Herr
Wilson nunmehr eben so gut wissen, wie es ist ganz
Groß-Britannien weiß.

oder nachdem auch ihre Neigungen auf diese oder
jene Seite hiengen.

Die klügste Rolle, die ein Mann spielen kann,
dessen politische Situation unter dem Einflusse der
Meynungen steht, die das Publicum bey ihm vermuthen darf, ist vielleicht, daß er von einer solchen
Materie völlig schweigt. Was für ein Ende dieses
außerordentliche Ereigniß noch nehmen werde, kann
kein Mensch wissen; und was für Folgen es am Ende
für das menschliche Geschlecht haben werde, läßt sich
vor der Hand noch nicht bestimmen. Jedoch ist für
itzt bekannt genug, daß die entsetzlichen Excesse in
Paris und an andern Orten in Frankreich nicht etwas in England allein, sondern überhaupt in allen
europäischen Ländern den Strom der Volks-Gesinnung und Volks-Meynung gar sehr wider die
Franzosen gelenkt haben. Gegenwärtig huckt so gar
unter den allerwillkührlichsten Regierungen das Volk
seine Ketten so stillschweigend auf, daß die Tyranney
selbst sicher ist. Kann man also wohl im Ernste
glauben, daß in England die geringste wirkliche Gefahr der Ansteckung mit französischen Grundsätzen
vorhanden sey; in England, wo die Constitution
ihrem Wesen nach so gut, und das Volk so gehorsam,
treu und einig ist *)?

*) Aber wie, wenn die Constitution selbst von der Regie-
rung untergraben, und der schützende Theil derselben für
das Volk unter dem Scheine des Rechten ungültig gemacht wird; ist da wohl zu erwarten, daß das Volk
einer Regierung, die einseitig ihre Verpflichtung bricht,
verfassungs-mäßig treu bleiben werde?

Die theologifchen Sectirer-Vorurtheile von
mancherley einander entgegen-gefeßten Arten, womit die franzöfifchen Angelegenheiten angefehen worden find, haben höchft unglücklicher Weife wahrhaftig das meifte beygetragen, den Verftand mancher
Engländer irre zu machen und ihre vorgefaßten Meynungen zu entflammen; und diefem Umftand ift in
hohem Grade die überaus feltfame Verblendung bey-
zumeffen, daß man geglaubt hat, die Sicherheit
unfrer Conftitution habe darauf beruhet, daß wir
alle unfre Freuden und Vortheile in diefem unnüßen,
koftfpieligen und blutigen Kriege aufs Spiel feßten.

Diefe Verblendung, (denn dafür habe ich es
vom Anfang an gehalten,) ift nunmehr hoffentlich
vorbey; und Friede, den unfer aller Beftes erfodert,
wird in kurzem, wie ich überzeuget bin, allgemeiner
Wunfch feyn. Alles, was wir anfehen, fodert
Frieden, und ruft laut um Frieden; — und er ift
vielleicht itzt, da unfre Feinde gedemüthigt find, da
das Volk in England noch geduldig ift und fchweigt,
leichter zu erlangen, als in einer künftigen Zeit-
Periode, wenn die einbrechenden Heere der Ausländer eine Schlappe bekommen haben, oder zurück
gejagt find, und bey uns die Nation über den Aufwand und die verderblichen Folgen des Krieges alle
Geduld verlohren hat. Ein Mann von Ihrem
Scharffinn, Herr Pitt, kann leicht einfehn, daß
fich in folchen Zeiten, wie die itzigen find, das Lüftchen der Volks-Meynung immer dahin dreht, wo-

her der Wind weht; und er kann auch wohl erkennen, wie wenig er darauf rechnen dürfe, daß ihn
dieses Lüftchen vor dem Angesichte großer, und immer mehr zunehmender Hindernisse sicher auf seiner
bisherigen Fahrt noch weit bringen werde *).

Die gegenwärtige Lage der Angelegenheiten in
Groß-Britannien und auf dem festen Lande von
Europa ist eine viel zu interessante Materie, als daß
ich mich ohne Widerwillen davon trennen könnte; —
aber es ist diese Materie auch viel zu weitgreifend,
als daß sie in einer so kleinen Schrift, wie dieses
Schreiben ist, völlig erforschet und erschöpfet werden
könnte. Die Begebenheiten, die itzt vorgehen, haben Einfluß auf jedes Stück von Europa, und in
ihren Folgen auf den Zustand des menschlichen Geschlechtes auf dem ganzen Erdboden, so weit er von
Menschen bewohnet ist und noch bewohnet werden
kann. Ich habe viele „Riegel und Bänder" dieser
wichtigen Materie übergehn müssen, und andre nur
obenhin berühren können: denn ich schreibe bloß auf
Antrieb der Gelegenheit, und noch dazu unter Hin-

*) Ueber das Lüftchen der Volks-Meynung hat sich
Herr Pitt schon dreist genug hinausgesetzt; und der
Volks-Gesinnung trotzt er nun, wenn er zu Gaste
geht, mit einer Bedeckung von Constablern. Kraft
der Bill aber zu Einschränkung rathschlagender Volks-
Versammlungen hofft er, alle Mittel und Wege zu vernichten, wodurch es die Nation dahin bringen könnte,
daß er zur Verantwortung gezogen würde. Ob ihn seine
Hoffnung nicht täuschen werde, wird die Zukunft, vielleicht
bald, lehren.

derniſſen und Unterbrechungen von mancherley Art.
Sollte nun, was ich hier ſchrieb, das Glück haben,
Ihnen, Herr Pitt, zu Händen zu kommen; ſo
werden Sie finden, daß es mehr „aus Kummer,
als aus Unwillen,‟ an Sie gerichtet ward, und
ſchon allein deßwegen Ihrer Aufmerkſamkeit nicht
ganz unwürdig iſt. Jedoch möchte ich mich auch noch
außerdem gern überreden, daß es mancherley Anlaß
zu ernſtlichem Nachdenken geben, und Ihnen den
Fortgang und die unerhörte Ausdehnung des Kriegs=
Syſtems in ganz Europa, den hiermit zuſammen=
hängenden Anwachs des Staatsſchulden = Weſens,
die bedenkliche Kriſis, zu der es damit in einigen
Ländern ſchon gekommen iſt und in allen andern gar
bald noch kommen muß, und ſo wohl die wahrſchein=
lichen, als die gewiſſen Folgen hiervon für die han=
delnde brittiſche Nation, und für die Menſchheit
überhaupt mit Nachdrucke zu Gemüthe führen
werde.

Sie haben es bisher für eine ausgemachte Sa=
che gehalten, daß es zwar einen gewiſſen Gränz=
Punct der Abnahme gebe, bis zu welchem der Han=
del Groß = Britanniens durch den Krieg und deſſen
Folgen niedergedrückt werden könne, daß ſich aber
der brittiſche Handel auch von dieſem geſunkenen
Zuſtande, wie in und nach vormaligen Kriegen,
von Natur wieder aufhelfen werde. Ich habe Ih=
nen vorgeſtellt, daß dieſe Meynung nicht nur an
und für ſich gefährlich, ſondern auch unſicher und
täuſchend ſey; — und zwar wegen des immer wei=

ter gehenden Anwachfes unfrer National=Schulben
und Steuern, wegen der Einfperräng des Capitals
unfrer Manufactur=Innhaber in Schüld=Foderun=
gen bey Ausländern, und fo wohl wegen der zuneh=
menden Armuth, als auch wegen der durchgängigen
Infolvenz, die zu folge des fortwährenden Drucks
vorheriger Laften, und der unerhört weiten Ausdeh=
nung und Koftfpieligkeit des gegenwärtigen Krieges
in ganz Europa immer mehr herrfchend wird. Von
den Folgen eines fchnell abnehmenden Staats=Ein=
kommens, oder den natürlichen Wirkungen der
Auswanderung unfers Volkes nach America habe
ich, unter obiger Rubrik, gar nichts gegen Sie er=
wähnen wollen: denn diefe Betrachtungen find fo
äußerft ernfthaft, daß fie fich ohne Kummer und
Sorge gar nicht namhaft machen laffen, und über=
dieß an fich fchon eine fehr reichhaltige Materie zu ei=
ner befondern Erörterung abgeben können.

Herr Dundas fchwatzte uns zwar neulich im
Haufe der Gemeinen vor, „unfre Commercial=Be=
„drängniffe wären eine Frucht unfers außerordentli=
„chen Wohlftandes", und machte viel Rühmens
davon, daß fich alle Welt mit uns zu dem Kriege
wider Frankreich vereiniget hätte. Ich habe aber
dargethan, daß diefe Behauptung eine leere, armfe=
lige Sophifterey, und was er rühmt, eine wahre
Urfache zu Kummer und Furcht vor der Zukunft fey.

Herr Wyndham bezeigte feine Zufriedenheit
mit dem Verluft unfers Handels=Verkehrs, fo fern

wir nur unsre Constitution behielten: und mit eben
dem Grunde der Erhaltung unsrer Constitution ist
dieser gefahrvolle Krieg zum öftern von Ihnen selbst,
Herr Pitt, von Ihren Anhängern, und von einem
großen Theile der Nation vertheidiget worden. Ich
habe Ihnen aber bewiesen, wovon ich kaum begrei-
fe, wie es Ihnen, als unserm Schatzkammer-Canzler,
füglich unbekannt bleiben konnte, daß unser Handel
und unsre Constitution in einer höchst innigen Verbindung mit einander stehen, und daß man, wenn die
Verbindung durch vier und zwanzig Millionen Pfunde Sterlings an Steuern, Zehnten und Armen-Auflage, und durch zwey hundert und funfzig Millionen an National-Schulden befestiget ist, Ursache
vollauf habe, zu glauben, beide seyen mit einander
in einerley Abenteuer begriffen, und werden aller
Wahrscheinlichkeit nach in einem und demselben
Sturme zu Grunde gehn.

Wie es im Anfange damit hergegangen sey,
daß der Krieg wider Frankreich unternommen ward,
habe ich zu erklären mir angelegen seyn lassen; und
Sie werden nunmehr in Ihren ruhigern Stunden
zurückedenken können, ob Sie auch wirklich das Ihrige gethan, den Frieden lieber durch Unterhandlung
aufrecht zu erhalten, als ihn durch die Waffen zu
bewirken, und zu was für guten Absichten Sie die
ehrliche Zuneigung Ihrer Landsleute zu ihrer Constitution und ihrem König, und den edelmüthigen
Unwillen, mit dem sie die Raserey und Brutalität
ihrer Nachbarn ansehen, genuzt haben.

Ich

Ich habe gezeigt, daß es während dieses blutigen Kampfes bey verschiedenen Gelegenheiten in
unserer Gewalt stand, Frieden für ganz Europa zu
stiften; und daß es noch neuerlich bey Dûmourier's Rückzuge, nachdem wir die Kriegs-Calami-
täten selbst schon erfahren hatten, in unsrer Gewalt
gestanden habe.   Warum aber der Friede von uns
verworfen wurde, müssen Sie am besten zu erklären
wissen. — Den Antwerpner Congreß habe ich beschrieben; und weiter habe ich nichts mit dieser Materie zu thun.

Was für Absichten Sie heimlich im Schilde
führen, kann ich freylich nicht ganz zuverläßig bestimmen: aber was Sie wirklich gethan und durchgesetzt haben, ist keiner Mißdeutung unterworfen.
Genug, ich habe Ihnen deutlich zu erkennen gegeben, daß Sie die Engländer in das Interesse und
die Anschläge derer gezogen haben, die den Pillnitzer
Tractat schlossen; die einen La-Fayette gefesselt
hatten;   die an den Siegen der Jacobiner-Partey
in Frankreich über eingeschränkte Monarchie die
hauptsächlichste Schuld hatten; die ganz eigentlich
den Vorwand hergeben, den die itzigen Anarchisten
zur Rechtfertigung ihrer desperaten Proceduren gebrauchet haben und noch brauchen; und die durch
ihr neuliches Verfahren in Pohlen solche Proben
so-wohl von ihrer Herrschsucht, als von ihrer Gewaltthätigkeit abgelegt haben, daß das Herz jedes
Freundes der Menschheit darüber mit Entsetzen und

O.

Abscheu erfüllet werden müßte. Daß die Zerstörer
der neuen polnischen Constitution der Englischen, nach
der jene geformt war, hold und gewogen seyn könnten, wird kein Mensch glauben: sie sind die Tod-
feinde der Freyheit, finde sich auch diese in der Welt,
wo sie wolle; und ich hätte Ihnen, wenn es nöthig
wäre, wohl zeigen können, daß durch die Zerrüttung des brittischen Staats-Einkommens und Han-
dels-Verkehrs die Bollwerke, durch die wir bisher
noch vor ihrer Ueberwältigungs-Macht gesichert g e -
w e s e n sind, vollends werden aus dem Wege ge-
räumt werden. Ich hätte Ihnen auch deutlich beweisen können, daß es höchst gefährlich sey, unsre
Armee dahin ziehen zu lassen, wo sie unter den Fah-
nen derselben fechten muß, und unsern Prinzen zu
gestatten, daß sie Theil an ihren Berathschlagungen
nehmen durften. — Doch es sind dies Betrachtungen von so ernstlicher und beunruhigender Art, die
der Freund seines Vaterlandes aufs tiefste zu empfinden sich nicht entbrechen kann, daß es in der
itzigen Zeit der Verblendung wohl gar gefährlich
seyn könnte, sich darüber herauszulassen.

Von den zween Bewegungs-Gründen zur Fortsetzung des Krieges, Sicherheit und Entschädigung,
habe ich lediglich den, den ich verstehn kann, ich
meyne den ersten, in Betrachtung gezogen, und
habe bewiesen, daß das Unternehmen, den Franzosen ihre Gränz-Festungen zu entreißen und dieselben
von ihrem Lande zu trennen, voller Schwierigkeiten

und Gefahr sey; daß durch dieses Unternehmen der
Krieg zwiefach blutig und desperat werden und am
Ende doch nicht größere Sicherheit bewirken könne,
als itzt durch Befestigung der Städte in den Nieder=
landen, die bereits in unsern Händen sind, zu er=
langen steht. Die wahre Sicherheit für dieses Land,
die aus der Befestigung der französischen Regierung
erwachsen kann, wird, wie ich zu zeigen bemüht ge=
wesen bin, durch die itzige Invasion nicht befördert,
sondern schlechterdings verhindert: und wenn diese
Invasion zurückgeschlagen werden sollte; so können
die nirgend gehörig befestigten Niederlande, und Hol=
land obendrein für die Waffen der neuen Republik,
eine gar leichte Eroberung werden *).

Sie haben in dem fürchterlichen Trauerspiele,
welches itzt auf der Bühne von Europa aufgeführt
wird, England unglücklicher Weise zu einer spielen=
den Person gemacht; und es kann nun nicht anders
als eine Rolle von ungewöhnlicher Wichtigkeit spie=
len. Sie haben die Dirigirung dieser Rolle über
Sich genommen: und ehe das Parliament wieder
zusammen kömmt, können die Hoffnungen und die
Besorgnisse der Aufgeklärten, und das wahre Inter=
esse des menschlichen Geschlechtes, wenigstens von
der itzigen Generation, bloß durch Ihre Rathschlä=
ge und nach denselben vielleicht entschieden seyn. Sie

O 2

*) Die Erfahrung hat gar bald gelehrt, wie sehr der Ver=
fasser in seiner Vermuthung Recht hatte.

haben schon mehr als einen Fehltritt gethan; — der Abgrund ist gerade zu auf Ihrem Pfade, der zu unvermeidlicher Vernichtung führt. Ich kenne so wohl die Versuchungen, die Ihre Lage hat, als die Schwierigkeiten, mit denen Sie zu kämpfen haben. — Das Vergangene mag vergessen seyn: wenn Sie aber weiter gehen; wie wollen Sie Vergebung hoffen?

Wenn ich die Aussicht gegenwärtiger Zeiten betrachte; so befällt mich nicht selten tiefe Schwermuth über den Anblick. Jedoch gehöre ich gleichwohl nicht zu denen, die an den Schicksalen des menschlichen Geschlechtes verzweifeln. Ich erkenne mitten unter den dicken Wolken und der Finsterniß, die uns umgeben, das Wirken eines alles-regierenden Geistes. Ich weiß, daß Aberglaube der natürliche Abkömmling der Unwissenheit ist, und in den Zeiten der Finsterniß mit Riesen-Kräften herrscht. — Vernunft ohne Beystand ist ein ohnmächtiger Feind; dem Aberglauben entgegen-gesetzt, ist Vernunft, in Zeiten der Unwissenheit, ein Zwerg. In der Ordnung der göttlichen Vorsicht steht Enthusiasmus auf, dem Aberglauben zu widerstehn, — ein Ungeheuer mit Kräften eines Ungeheuers zu bekämpfen. Was richtete denn Erasmus zu Luthers Zeiten aus? Was würde Lowth wohl zu Wycliffe's, oder Blair zu Knoxe's Zeiten ausgerichtet haben? Im Rathe der Wächter werden nicht selten geringe, und wohl gar schlimme Werkzeuge zu den erhabensten Absichten gebrauchet. Unter den Stiftern der Reforma-

tion gab es viel unwissende, wilde, und so gar blut-
dürstige Menschen: aber das Werk selbst war doch
die wichtigste und allgemeinste Wohlthat für die
Menschheit. Damals bekam der Pfaffen=Despos=
tismus seine Todes=Wunde; und itzt hat ver=
muthlich der Fürsten=Despotismus einen glei=
chen Stoß bekommen. — Reinere Religion hat die
erstere überlebet und sich selbst noch vervollkommnet;
nach letzterm kann vielleicht wahre Regierungs=Wis=
senschaft aufkommen, und allenthalben auf den festen
Grund des Rechts und der Nützlichkeit gebaut wer=
den. Ehe diese glücklichen Wirkungen erfolgen, kön=
nen freylich schreckliche Unruhen in ganz Europa er=
wartet werden; Unruhen, denen England, und
vielleicht England allein, wenn es weise ist,
entgehn kann. Die itzige Generation wird, aller
Wahrscheinlichkeit nach, hinweg geschwemmt seyn,
bevor sich das geistige Erdbeben legt, und wieder
Ruhe wird; die aber nachkommen werden, deß bin
ich versichert, die Luft reiner und erquickender, und
den Himmel heller und heiterer finden.

Am 6ten Junius 1793.

C. W.

Nachschrift
zur zweyten Ausgabe des Originals.

Da ich obiges Schreiben zum zweytenmale druk-
ken laſſen muß; ſo wird es nicht undienlich ſeyn,
nachzuſehn, wie fern die Vorfälle, die ſich ſeit der
erſten Bekanntmachung deſſelben ereignet haben,
mit den Vorſtellungen, die es enthält, zuſammen-
ſtimmen, oder wie weit meine Räſonnements dadurch erläutert und bekräftiget werden.

Ihre hitzigſten und unverſtändigſten Partey-
Gänger, Herr Pitt, können nicht mehr in Abrede
ſeyn, daß der Zuſtand der Inſolvenz bey den Mächten des feſten Landes: die unſre Bundesgenoſſen
ſind, von Tage zu Tage ſichtbarer werde. — Die
Engländer haben einen traurigen Beweis von der
Beſchaffenheit der Verbindungen bekommen, in die
ſie getreten ſind; und zwar nicht bloß an den Sub-
ſidien für Hannover, oder für jene Blume der Rit-
terſchaft, den Fürſten von Heſſen, (der das Leben
ſeiner Unterthanen, zu dreyßig Banco-Thalern für
den Mann, verkauft), ſondern auch an der Unter-
ſtützung, die von den Oeſtreichern verlanget wird,
wenn ſie anders im Stande ſeyn ſollen, das Feld
zu halten; an dem Ruin ſowohl des Handels, als

des Finanz-Wesens in Rußland, (da der Rubel
durch die regelmäßigen Operationen der dasigen Regierung in Wechseln nach auswärtigen Orten über
die Hälfte von dem, was er zu Hause gilt, herun-
ter gesetzt ist,) und an dem unerhörtesten Vertrag
unter allen mit dem Könige von Sardinien, vermöge dessen wir ihm jährlich zweymal hundert tausend
Pfunde Sterlings bezahlen sollen, damit er seine
Armee zur Vertheidigung seines eignen Landes auf
den Beinen halten könne.

Die Kaufleute Groß-Britanniens waren zwar
die ersten, welche die traurigen Folgen des Krieges
empfanden: aber es wurde vorhergesagt, daß er auf
die Manufactur-Arbeiter mit dem unabläßigsten
Verderben fallen würde. — Daß dieses zugetroffen
sey, läßt sich nun nicht mehr läugnen: — so gar
die Wollen-Manufactur- und die Eisen-Fabrik-
Zweige, die in vorherigen Kriegen dem Schaden,
welchen andre Manufacturen und Fabriken litten,
größten Theils entgangen waren, liegen itzt in einem Stande von beynahe gänzlicher Stockung. —
Der Mann, der vorher für drey Schillige *) des
Tages mit dem Weber Schiffchen hanthierte, muß
itzt mit sechs-Pence **) vorlieb nehmen, und ich

*) An die 20 gute Groschen Conventions-Geldes.

**) Etwan 3 gute Groschen und 4 Pfenninge Conventions-
Geldes. Wenig genug in Vergleichung gegen den vorherigen Verdienst am Weber-Stuhl; aber doch immer noch

mit dem Spieß hanthieren: — und viele von den
aufgeklärten und tugendhaften Verfechtern der Constitution zu Birmingham, die ehedem so glückliche
Scharmützel wider Kätzerey und die wilden Thiere
des Fleisches hielten, sind itzt zu einem viel be-
schwerlichern Dienst an den Gränzen von Frankreich
verdammet, wo der „Seifenblasen-Ruhm“ weder in Bibliotheken, noch Laboratorien, oder in
friedlichen Wohnungen unbeschützter Gelehrsamkeit,
sondern in der feindlichen Schanze, und „vor der
Canonen-Mündung,“ zu suchen ist *).

Mein Räsonnement, das Papier-Geld betreffend, ist nun ebenfalls durch den Erfolg bestätiget. —

mehr denn doppelt so viel, als die tägliche Löhnung der
tapfern preußischen und heßischen Musquetiere und Füseliere
beträgt!

*) Die Rede ist bey dem Verfasser hier von dem Auflauf,
den die orthodoxen Geistlichen von der hohen bischöflichen
Kirche zu Birmingham am 14ten Julius 1791 wider die
Dissenter des Ortes und den dissentirenden Prediger Dr.
Priestley anstifteten, und zu dessen Ausführung sie hauptsächlich den großen Haufen der Gesellen und Lehrjungen
der dasigen Manufacturen brauchten. Dieser Pöbel-Schwarm
zerstörte nicht nur die Wohnung des gedachten berühmten
Gelehrten, dessen Bibliothek, Laboratorium, Manuskripte
und Instrumente, sondern auch das gottesdienstliche Ver-
sammlungs-Haus der Dissenter und mehrerer Privat-Häu-
ser derselben. Die Obrigkeit des Ortes that nichts, das
Uebel zu verhindern. Der Haupt-Anstifter, Prediger Cur-
tis, und die unthätigen Friedens-Richter blieben ungestraft.

Das Papier-Geld ist, wie sich's nunmehr ausgewiesen hat, so wenig die Urſache zu unſern itzigen
Handels-Bedrängniſſen, daß es vielmehr, unter
angemeßnen Verfügungen, die beſte Erleichterung
abgiebt, welche die Zeiten für unſern Handel zulaſ-
ſen; wie denn ganz eigentlich zu dieſer Abſicht eine
Bank zu Glasgow in Vorſchlag gebracht, und zu
Liverpool bereits eine angelegt worden iſt.

Was ich über die Materie von den angeblichen
Complotten und Verſchwörungen erinnert hatte,
wodurch der Verſtand der Menſchen auf eine ſo
unſelige Art irre gemacht worden iſt, ſcheint durch
den Fortgang der Begebenheiten nicht minder beſtär-
ket zu ſeyn. — Der Unterſuchungs-Proceß wider
Herrn Froſt, von dem man ſo viel erwartet hatte,
liegt nunmehr dem Publicum gedruckt vor Augen;
und die liebreiche Weichherzigkeit des Gerichts-
Schreibers zu Leiceſter iſt ſeitdem in den Augen des
Publicums überaus tief gefallen. Die Regierung
hat mit eben ſo viel Eifer, als Thätigkeit, eine ganze
Reihe von Unterſuchungs-Proceſſen anhängig gemacht; und man hat nun keine Urſache mehr, zu
glauben, daß ſie, aus übel-verſtandener Milde,
irgend etwas hätte ſchonen wollen, was im minde-
ſten das Anſehen von Hochverrath oder Empörung
an ſich hatte. Gleichwohl hat bis heutigen Tag noch
nicht ein Schatten von Verſchwörung an den Tag
gebracht werden können. — Wenn es denn nun
doch Menſchen giebt, Herr Pitt, die in dem Buſen

ihres Vaterlandes versteckt lauern und sich mit Frankreich zur Vernichtung unsrer Constitution verschworen
haben; so lassen Sie sie doch ihr strafbares Blut
auf dem Schaffott ausströmen. Der Minister, der
ihrer schonen wollte, ist selbst ein Landes-Verräther: —
Allein die Freunde ihres Vaterlandes und ihres Königs dürfen nicht darum, weil sie sich Ihren bisherigen Maaß-Regeln widersetzen, mit einer so schänd-
lichen Beschuldigung beflecket werden,

„die Insel selbst“

„Aus ihrem Eigenthum zu schrecken“, —
und Uns noch tiefer in diesen ruinösen Krieg hinein
zu ziehen.

Was die klugen Männer anlangt, die sich
überredet hatten, daß die Sicherheit Englands so
lange auf seiner Beharrlichkeit bey der Invasion in
Frankreich beruhen sollte, bis diesem Lande durch die
Waffen der Bundes-Genossen die monarchische Regierungs-Form wieder aufgedrungen wäre, so mögen
die Ereignisse der zween letzt-verflossenen Monate
etwas zur Mäßigung ihrer Erwartungen beytragen,
und sie geneigt machen, unsre Situation im Lande
mit etwas mehr Aufmerksamkeit und Besorgniß vor
der Zukunft zu betrachten. —

Der fürchterliche Abfall unsers bisher gewöhnlichen Staats-Einkommens, und die immer mehr
zunehmenden Kriegs-Kosten werden, das fällt in
die Augen, neue Mittel und Wege zur Besteurung,
und neue Gegenstände derselben erfodern: — diese

kann unser verwundetes Handels-Verkehr und unsre
verringerte Consumtion unmöglich tragen; und die
Nothwendigkeit, die Grund-Steuer oder Land-
Taxe zu erhöhen, ist schon vorhanden. Wird aber
der Krieg fortgesetzt; so werden acht Schillinge vom
Pfunde des Güther-Einkommens nicht viel helfen,
den Aufwand des Staates zu bestreiten, der so gar
bey den Abgaben in Friedens-Zeiten, (wenn man
die Armen-Auflage mitrechnet,) bereits den Total-
Belauf aller Guthsbesitzer-Renten in England
übersteigt. — Also läßt sich vermuthlich eine Steuer
von den Fonds oder Capitalien, zu der uns die Holländer schon längst das Beyspiel gegeben haben, erwarten; und eine solche Steuer kann endlich die
geldreichen Menschen aus der blinden und selbstsüchtigen Beystimmung zu den Maaß-Regeln jeder Art
von Staats-Administration aufwecken. —

Als Freund der Familie, die auf dem brittischen
Throne sitzt, als Verehrer unsrer eingeschränkten
Monarchie und unsrer Verfassung von dreyerley
Ständen, — vor allem andern aber, als Freund des
Besten meines Vaterlandes und der Glückseligkeit
des menschlichen Geschlechtes, verbitte ich sehnlich
die weitere Fortsetzung dieses schrecklichen Krieges. —
Meine Gründe dawider liegen nunmehr Ihnen und
dem Publicum vor Augen. — Sey indessen meine
bescheidene Bemühung, die ferner bevorstehenden
Drangsalen von uns abzuwenden, auch noch so un-
wirksam und vergeblich; so werde ich doch immer die

Beruhigung genießen, meine Pflicht gethan zu haben, und kann wider jede Schmähung auf die Untadlichkeit meiner Absichten an den appelliren, der Herzen und Nieren prüft.

Gott des Friedens und der Liebe; blick in Gnaden herab auf deine irrenden Geschöpfe und mache dem Haße, dem Unsinn und dem Morden ein Ende.

Am 25sten Julius 1793.

C. Bonn

Ende des vierten Theils.

Prüfung

von

Herrn Wilhelm Pitt's des jüngern Vorgeben,

daß

die brittische Monarchie auf ewig verlohren sey,

wofern

die monarchische Regierungs-Form in Frankreich
nicht wieder hergestellt würde.

Ich kenne Niemanden, der seinem Vaterlande so gram wäre,
daß er ihm nicht Frieden wünschte.

Der ehemalige Lord Chatham.

Fünfter Theil

von

Wilhelm Pitt's des jüngern
verkehrten Minister-Streichen.

An den

Lord-Mayor Thomas Skinner *) zu London.

My Lord,

Seyn Sie unbesorgt, wenn Sie hören, daß ein
Schreiben über eine politische Materie, an Sie gerichtet, im Publicum erschienen sey. Ich bin eben
so wenig willens, Ihrer Bescheidenheit durch eine
Schilderung Ihrer guten Eigenschaften wehzuthun,
als ich Lust habe, einen Versuch zu machen, wie
weit ich's etwan in der Geschicklichkeit gebracht hätte,
Schmeicheleyen dadurch genießbar zu machen, daß
ich groben Unwahrheiten den Anstrich der Wahrheit
gäbe. Nein, My Lord, auf diesen Mode-Zweig
der schönen Literatur habe ich wahrhaftig Zeit meines Lebens nie eine Stunde verwandt; aber ich habe
auch um so weniger Ursache, den Mangel an dieser

---

*) Fast jeder Bürger, der zum Lord-Mayor von London
gewählt ist, läßt sich vom Könige zum Ritter (Knight)
schlagen. Eine merkwürdige Ausnahme von dieser herrschenden Gewohnheit hat Thomas Skinner gemacht,
indem er diese ihm, wie seinen Vorgängern, angebotene
Ehre nicht angenommen.

Vollkommenheit zu bedauern, da ich weiß,
wie verächtlich sie Ihnen ist. Jedoch werden Sie
mir vergönnen, zu bemerken, wenn die Sachen anders stünden, und ich mich selbst tief genug erniedrigen könnte, um den öffentlichen Lobredner irgend
eines Menschen zu spielen, daß ich dieß mal reichhal-
tigen Stoff zur Uebung einer unparteyischen Lobpreise-
Kunst finden, und dabey wohl dennoch ohne großen
Tadel, selbst von Seiten der Uebel-gesinnten, weg-
kommen könnte. Um aber selbst allem Verdachte zu
entgehn, als ob ich nur zu höflich wäre, und zugleich den Grund anzugeben, warum ich dieses
Schreiben gerade an Sie gerichtet habe, will ich im
voraus freymüthig gestehn, daß meine Haupt-Absicht
dabey war, dieser kleinen Schrift die möglichste Ce-
lebrität zu verschaffen: denn ich war überzeugt, daß
ich diesen meinen Wunsch am vollkommensten erreichen würde, wenn ich meine Schrift einem Manne
widmete, dessen ganzes Leben eine einförmig-rühm-
liche Scene nützlicher Industrie zu Tage gelegt hat,
und der durch die einmüthigen und frohlockenden
Stimmen seiner Mitbürger zu dem vornehmsten
Ehren-Amte der brittischen Hauptstadt erhoben
worden ist.

Ihr Verhängniß, My Lord, hat es so gewollt,
daß Sie auf dem Londoner Bürgermeister-Stuhle
zu einem Zeit-Puncte sitzen mußten, der wahrhaftig gefährlicher und wichtiger ist, als irgend einer,
von dem wir wissen, seitdem man eine Königs-
Re-

Regierung in England gekannt und geduldet hat,
vorgekommen seyn mag. Daß ich dieses behaupte,
dazu bin ich vollkommen durch Herrn Wilhelm
Pitt berechtiget, da er am letzten Tage der neuesten
Parliaments = Sitzung im Hause der Gemeinen öf=
fentlich die Erklärung gethan hat: „wofern
„in Frankreich nicht die jacobinischen
„Grundsätze schlechterdings ausgerottet
„werden könnten; so wär' es auf ewig
„um England geschehen“. — Was heißt das
im Grunde weiter, My Lord, als: „woferne
„nicht in jenem Lande die monarchische
„Regierungs = Form wieder hergestellt
„wird; so kann auch in England die mon=
„archische Regierungs = Form nicht län=
„ger bestehn“.

Da eine so schreckhafte Nachricht aus dem Mun=
de des ersten Ministerial = Beamten der Krone kam;
so wurden dadurch gar bald die Gemüther des Vol=
kes in allen Gegenden des brittischen Reichs erschüt=
tert: und die Besorgnisse der Einwohner sind her=
nach um so mehr vergrößert worden, weil die ver=
bündeten Mächte in dem ganzen Verlaufe des ver=
wichnen traurigen Feldzuges durchaus und völlig ge=
schlagen worden sind.

In einer solchen kritischen Lage wird es demnach
jedem redlichen Staats=Bürger zur schuldigen Pflicht,
mit der strengsten Aufmerksamkeit zu untersuchen, ob

P

sich die monarchische Regierungs-Form in England
dermalen wirklich in dem gefährlichen Zustande befinde, welchen Herr Pitt so öffentlich zu behaupten
sich erdreistet; oder ob sich nicht vielmehr die Erklärung, die er so neuerlich im Parliamente gethan hat,
geradezu als ein Minister-Kunstgriff betrachten las-
se, der von ihm bloß erdacht ward, um dem Volke
die Meynung aufzuheften, daß nichts in der Welt
vermögend wäre, seinen König zu erhalten, als wenn
wir den Krieg so lange fortsetzen, als in England
noch eine Guinee zu finden, und noch ein Mensch
im Stand ist, eine Flinte zu tragen.

Hat es wirklich Grund, was Herr Pitt vor-
giebt; so hat er uns unwidersprechlich Ursache gegeben, den Thron unverzüglich um Abdankung *eines*
solchen Ministers, wie Er ist, anzuflehn.
Dieser Mann, und alle seine Gehülfen, hatten schon
längst am brittischen Staats-Ruder gesessen, ehe
Groß-Britannien zur theilnehmenden Partey am
deutschen Fürsten-Bündnisse gemacht ward; und
sie sind auch noch nachmals, bis auf heutigen Tag,
an diesem Ruder geblieben. Also ist es sicherlich Zeit,
daß sich der König nach tüchtigern Händen umsehe.
Die Untüchtigkeit seiner bisherigen Diener leidet weder Zweifel, noch ungewisse Deutung; und sie haben es indirecto selbst eingestanden.

Finden wir aber bey ehrlicher und genauer Erörterung der ganzen Sache, daß trotz der unerhörten Unerschrockenheit und Beharrlichkeit, mit der die

republicanischen Armeen auf dem festen Lande das
deutsche Fürsten=Bündniß unwiederbringlich über den
Haufen geworfen haben, dennoch die Englische Kro=
ne gesichert sey; was für Strafe verdient alsdann
derjenige, der zwischen der Krone eines Despoten,
und einer andern Krone, die gegenwärtig das Haupt
eines patriotischen Königs schmückt, welcher in den
Herzen eines freyen Volkes herrscht, nicht einmal
den natürlichsten Unterschied zu machen versteht, und
der uns also, aus bloßer Ignoranz, mit unver=
schämter Anmaaßlichkeit weißmachen will, daß mit
dem Thron eines Capet zugleich das edle Erbtheil
des Hauses Braunschweig=Lüneburg vernich=
tet sey?

Mit Bemerkungen über die besondern Privat=
Absichten derer, die gegenwärtig das königlich=groß=
britannische Ministerium ausmachen, will ich Sie,
My Lord, in diesem Schreiben nicht aufhalten. Ich
will das ganze Ministerium bloß im Herrn Pitt
als Eine und eben dieselbe Person betrachten; ob wir
gleich eben nicht noch itzt erst zu hören brauchen, daß
er über den Einfluß des Lords Hawkesbury klagt,
durch dessen unabläßiges Bestreben, die Erweiterung
der Prärogativen des Königs zu befördern, schon zum
öftern gewisse Maaß=Regeln, welche den verfassungs=
mäßigsten und heilsamsten Zweck hatten, vereitelt
worden seyn sollen.

Sey dem, wie ihm wolle; genug Herr Pitt
hat es gewagt, öffentlich aufzutreten, und die obge=

dachte schreckhafte Erklärung, als einen Gedanken
zu äußern, der von ihm selbst unmittelbar herrühr-
te. Er bekleidet das erste Minister-Amt unter der
Krone: und wenn Er sich gefallen läßt, bloß als
Secundant und Nachtreter des Lord Hawkesbury zu handeln; so legt er damit nicht nur eine
verachtenswürdige Vorliebe zu den Amts-Nutzun-
gen zu Tage, sondern er hat sich auch vielfältigen,
ihm ganz nahe bevorstehenden, persönlichen Gefährlichkeiten bloß gestellt. Er ist,
wie Sie wissen, My Lord, der in die Augen
fallende, ostensible Minister; und folglich
können wir füglich auf ihn sehn. Kömmt es dereinst einmal zur Verantwortung seines Verhaltens
auf einem Verhörs-Termin; so wird die Aus-
rede, daß er nicht im Stande sey, den Einfluß eines Mannes zu hemmen, der sich so viele Jahre lang
hinter dem Vorhange verborgen gehalten hat, sicherlich nicht gelten; sondern es wird in solchem Fall
heißen, Herr Pitt, hätte, wenn das der Fall wirklich
war, sein Amt niederlegen sollen.

Sollte es wirklich an dem seyn, was man hat
sagen wollen, daß Herr Pitt Einwendungen wider den Krieg gegen Frankreich damals gemacht habe, da die Sache zuerst im Cabinette verhandelt worden ist; und sollte er dieses zu seiner Rechtfertigung
vorbringen; so wird er finden, daß sein Verhalten
damit nicht leichter, sondern vielmehr noch weit schwerer zu entschuldigen stehe. Es beweist ja aufs über-

zeugendſte, daß er eingewilligt habe, das vornehm=
ſte Werkzeug zu Führung eines Krieges zu ſeyn, den
ſeine eigne Vernunft mißbilligte, und durch den, wie
er uns nunmehr vorſagen will, Groß=Britannien
in Zukunft wahrſcheinlicher Weiſe um alle wohlthä=
tigen Wirkungen einer königlichen Regierung gebracht
werden wird.

Was dünkt Sie, My Lord? meynen Sie nicht,
daß Er am beſten wiſſen könne, wie es wirklich um
dieſe Sache ſtehe? — Ich mag mir die Mühe nicht
geben, das Räthſel aufzulöſen, da dem Monarchen
vor der Hand eben ſo wenig damit gedient ſeyn könn=
te, als dem Volke. Alſo mag es damit für itzt ſein
Bewenden haben. In der Folge kann es vielleicht
meiner Aufmerkſamkeit noch etwas zu thun geben.

Allein, My Lord, ehe wir der Behauptung
des Herrn Pitt, daß England und Frankreich ent=
weder beiderſeits Monarchien, oder auch
beiderſeits Republiken ſeyn müßten, ſo ge=
rade hin Glauben beymeſſen, wird es nöthig ſeyn,
daß wir vor allen Dingen mit der nöthigen Aufmerk=
ſamkeit den Stand=Punct ſeiner politiſchen Einſich=
ten ausmeſſen, und genau zuſehen, ob der Geiſt die=
ſes Mannes auch wirklich groß genug ſey, eine Sa=
che von ſolcher Wichtigkeit gehörig durchzuſchauen.
Man hat uns zwar viel von ſeinen Geiſtes=Kräften
vorgeplaudert; ich betheure Ihnen aber, My Lord,
daß ich nie unter die Anzahl derer gehöret habe, die
ihm eine gründliche Beurtheilungs=Kraft zutrauten.

Im Hause der Gemeinen ist er, wie ich glaube, als Redner betrachtet, ein ganzer Mann — als Staatsmann, und im Kabinett, ist er nichts *).

Laffen Sie uns nun sehn, ob diese Meynung gegründet sey. Dieses läßt sich nicht überzeugender ausmachen, als wenn wir seinem politischen Verhalten, so wohl bey Erregung dieses unseligen Krieges, als in den verschiedenen Stationen deffelben, auf dem Fuße nachgehen. Laffen Sie uns treulich untersuchen, was für Allianzen er geschloffen habe — und dabey erwägen, ob ein verständiger und ehrliebender Minister seines Beherrschers Krone auf die Einsicht und Aufrichtigkeit der itzt verbündeten Mächte hin wagen, oder ob ein solcher Minister nicht gar bald erkannt haben würde, wie wenig es möglich sey, daß Oestreich, Rußland, Preußen und Spanien, unter ihren bisherigen Regierungs-Formen, in irgend einem Fall aufrichtig zusammen treten, und herzlich vereinigt seyn können.

Laffen Sie uns nächstdem untersuchen, ob sich Herr Pitt nur leiblich mit den Gesinnungen des französischen Volkes, in Absicht auf die monarchischen und republicanischen Regierungs-Systeme, bekannt gemacht habe; und ob die Nachrichten, die er hiervon bekommen hat, aus einer solchen Quelle

*) Allem Ansehen nach ist Herr Pitt bloß der dumm-dreiste Ignorant, der die Bolzen, die von listigern Menschen gedreht werden, verschießt.

kamen, daß sie bey ihm gegründete Erwartung erregen konnten, daß die Majorität des Volkes für
das Königs-Amt gestimmt wäre.

Wir werden deßgleichen erwarten, zu finden,
(in wie fern, zu folge des Obigen, Herr Pitt
als ein Staatsmann von Einsicht zu betrachten ist,)
daß er mit den Kräften und Mitteln der
verbündeten Mächte aufs genaueste bekannt war,
und daß sich eine jede von diesen Mächten völlig im
Stande befand, ihren respectiven Antheil an den
Kosten, die so unumgänglich nöthig sind, wenn der
Kreuz-Zug wider französische Grund-
sätze mit Nachdrucke gethan werden soll, dergestalt
zu tragen, daß nicht etwan der größte Theil von
diesen Kosten, wo nicht gar der ganze Belauf derselben, am Ende auf die Einwohner unsers aufge-
opferten Vaterlandes fallen mußte.

Wir müssen ferner ausfindig zu machen suchen,
ob auch wohl Herr Pitt gewiß wußte, daß ein
Krieg wider die Republicaner in Frankreich so aus-
gemachter Weise den Beyfall des Volkes in England
hätte, und daß es daher mit Freuden von einer
Neutralität abgienge, bey welcher es sich auf eine
beträchtliche Weile des größten Theils vom europäischen Handel versichert halten konnte; oder ob er
nicht vielmehr seinen Beherrscher und sein Vaterland aus der himmelschreyendsten Falschheit, die jemals an der edlen und großmüthigen Denkungs-
Art eines freyen Volkes begangen worden ist, in ihre nunmehrigen traurigen Umstände gebracht habe.—

Alle diese Fragen, Mylord, sag ich, müssen
uns zur Ueberzeugung mit ja beantwortet werden;
oder wir werden die Erklärung des Herrn Pitt,
„daß die brittische Monarchie gegenwärtig am Rand
„ihrer Zertrümmerung stehe", bloß als eine Frucht
seines gewöhnlichen Eigendünkels betrachten, die
unsrer Aufmerksamkeit eben so unwürdig ist, als die
Schwärmereyen des Herrn Edmund Burks
oder die gewöhnliche Grobheit der Thorwärter bey
der St. Stephans-Capelle.

Zur nöthigen Vorerinnerung zu einer freymüthi-
gen und aufrichtigen Untersuchung von Herrn Pitt's
Minister-Verhalten seit dem unglücklichen Tage, da
der Pillnitzer Vertrag geschlossen wurde, wird
es nicht undienlich seyn, Ihnen, My Lord, die
Regungen wieder ins Andenken zu bringen, die das
Englische Volk auf der Stelle zu Tage legte, da bey
uns die Nachricht von der Zerstörung der Bastille
eingieng. Die Freude, welche diese Nachricht jedem
ehrlich-denkenden Staats-Bürger in dem ganzen
Umfange des brittischen Reiches machte, war so
herzlich, daß wir allenthalben nichts hörten, als die
unbeschränktesten Lobsprüche gallischer Herzhaftigkeit,
und die sehnlichsten Segens-Wünsche für den baldi-
gen und wirksamen Erfolg des Unternehmens der
Franzosen, eine freye Regierung für sich und ihre
Nachkommen einzuführen. „Endlich haben doch die
„Franzosen das Ungeheuer, den Despotismus,
„von ihrem Boden vertrieben," war der frohe Aus-

ruf von Millionen Menschen in Groß-Britannien. „Nunmehr werden sie doch ein freyes Volk seyn; „und die Philosophie wird ihnen, nicht weiter ge- „feffelt von der eisernen Hand der Tyranney, eine „Verfassung geben, die der unsrigen näher kömmt. „Die Fackel der Wissenschaften wird den Franzosen, „wie den Britten, den Weg zu künftiger Ruh und „Sicherheit erleuchten; und die heran wachsende „Generation in beiderseitigen Ländern wird, von „Jugend an gewohnt, eine die andre hoch und werth „zu schätzen, alles Andenken an jene nachtheilichen „und barbarischen Zänkereyen, durch die bisher bei- „derseitige Völker so oft erschüttert worden sind, in „Vergessenheit begraben. Künftighin werden wir „seyn wie Eine große Familie, die nur verschiedne „Gegenden bewohnt, und die in Handlungen wech- „selseitiger Zuneigung und Gast-Freyheit mit ein- „ander wetteifert.„

So, My Lord, stand es um die ersten Regun- gen unsrer Herzen; und gleiche Bewandtniß hatte es auch mit den ersten Regungen unsrer Nachbaren, von Duynkirchen aus bis zu den Pyrenäen.

Wollte ich annehmen, daß das brittische Cabinett keinen Theil an diesem edlen und ehrlichen Entzücken des brittischen Volkes genommen hätte; so würde ich dieses wohl kaum verantworten können *). Auf

*) Vor Gott und der Nachwelt, sollte ich meynen, ließe sich die Vermuthung gar füglich verantworten, daß das brittische Cabinett so wenig, als irgend ein andres in

dem festen Land in Deutschland indessen war an allen
despotischen Höfen, da dieser merkwürdige Vorfall
bekannt wurde, weiter nichts wahrzunehmen, als
Bestürzung und Betäubung. Ein solcher Vorfall
kam ihnen gänzlich unerwartet; und „jedweder Tyrann stand,“ (um mich in der erhabnen Sprache
des erhabnen Edmund *) auszudrücken,) in „einem
großen Chaos.“ —

Dieses, My Lord, kann man sich leicht vorstellen: denn die Besorgniß, daß die Franzosen eine
Revolution begonnten, welche allenfalls auf Einführung einer Monarchie, die durch gewisse positive Gesetze eingeschränkt wäre, hinauslaufen konnte, war
für einen deutschen Despoten ein beynah eben so
fürchterlicher Gedanke, als die völlige Abschaffung
des Königs- und Regenten-Amtes.

Als sich hernach die ersten Regungen des Er-
staunens gelegt hatten, schien es jedoch eine Zeitlang,
als trösteten sich die Fürsten dieses Landes mit der
Vorstellung, daß in Frankreich die Dinge gar bald

Europa, theilnehmende Freude über den Ausbruch der Revolution in Frankreich empfunden habe; wo
sich nicht vielleicht gar die Vermuthung verantworten
ließe, daß der größte Theil der europäischen Cabinetter
bey der Nachricht von der Zerstörung der Bastille mehr
oder weniger mit dem Cabinette zu Versailles sympathi-
siret haben mag.

*) Burke. — Es ist doch immer merkwürdig genug,
daß Herr Burke seine ersten Gedanken bey der französischen Revolution so stark ausdrückte.

wieder in ihr altes Gleis kommen würden; und es
schien sich diese Meynung allerdings auf den Glauben zu gründen, daß das Volk dieses Landes, seinem
Temperamente nach, von Natur unbeständig und
veränderlich wäre; und daß es zwar schnell in Thätigkeit geriethe, aber sich doch immer von hergebrachten Vorurtheilen leiten ließe, vermöge deren es seit
Jahrhunderten her gewohnt gewesen wäre, seine
Könige als unmittelbare Abgeordnete der Gottheit
zu verehren. Deßwegen schienen sich die deutschen
Höfe eine Zeitlang nicht im mindesten um die französischen Angelegenheiten zu bekümmern; und die
Franzosen ließen sich indessen ihrer Seits bloß angelegen seyn, die Machinationen ihrer einheimischen
Feinde zu vereiteln, und einen Verfassungs-Codex
zu entwerfen, durch den auf der einen Seite die
Freyheiten ihres Vaterlandes, und zugleich auf der
andern die rechtmäßigen Prärogativen der Krone
gesichert werden sollten.

Ich bin nicht willens, My Lord, mich in eine
umständliche Erzählung der verschiedentlichen Proceduren, die seit dem Anfange der Revolution in
Frankreich Statt gefunden haben, einzulassen; meine Absicht ist vielmehr bloß, diejenigen Vorfälle zu
berühren, welche durch Vergleichung der Umstände
dienen können, die kleinliche und verächtliche Politik
ins Licht zu setzen, die der Minister dabey hatte, daß
er das Englische Volk nicht gleich anfangs in
den Kreuz-Zug verwickelte, sondern es nach und

nach mit seinem Vorhaben aussöhnte, sich zum Vorfechter des deutschen Fürsten ⸱ Bündnisses aufzu-
werfen.

So bald die Franzosen die mancherley Plane,
die der höfische Phalanx, damals zu Versailles, erdachte, um die Volks ⸱ Repräsentanten zu hindern,
daß sie das wichtige Werk, eine Constitution zu
machen, nicht sollten zu Stande bringen können, —
vereitelt hatten, schritten sie mit großer Bedachtsamkeit, und mit einer Standhaftigkeit, die dem Charakter der französischen Nation, wie wir uns einzu-
bilden von je her gewohnt gewesen waren, gar nicht
eigen war, zur Vollendung ihrer Arbeiten. Um
selbige Zeit machten sich verschiedne vom Adel, die
der Revolution gram waren, und die einiges Vertrauen auf die möglichen Folgen zufälliger Ereignisse
setzten, aus dem Staube. — An der Spitze dieses
Adels standen Monsieur, des Königs ältester
Bruder, der bey der Aristokraten ⸱ Zunft Gevatter
gestanden hat; der Graf von Artois, der Prinz
von Condé, und mehrere andre von minderm
Rang; und im Hinter ⸱ Treffen erschien endlich auch
jenes Factotum, der nie zu vergessende Monsieur
Calonne.

Diese beschimpften und erbitterten Edlen
hatten ihre ganz eignen, einem jeden besonders zu-
getheilten Bestimmungen *). Sie besuchten die vor-

***

*) Die vermuthlich bald anfangs im Cabinette zu Versailles
verabredet worden waren; vermuthlich ohne daß Ludwig
der Sechzehnte viel darum wußte.

nehmsten europäischen Höfe, und wendeten jedes
Mittel an, das sie in ihrer Gewalt hatten, diese
Höfe zu einem Kriege gegen ihr eigen Vaterland zu
bereden. Sie predigten es als ihre entscheidende Meynung: „wenn die Krone Frankreich nicht
„wieder in ihren alten Glanz eingesetzt, und die
„Gerechtsame derselben nicht völlig hergestellt
„würden; so könnte binnen funfzehn Jahren in
„Europa nicht Ein König mehr seyn, dem nicht seine
„Prärogativen und Macht-Vorzüge durch Gesetze
„beschränket wären. Seit der Zeit, daß die Re-
„volution in America ausgebrochen wäre, sey das
„französische Volk dermaaßen mit der cacoëthes
„reformandi angesteckt worden, daß dem Fortgange
„dieses Uebels nun nichts mehr Einhalt zu thun ver-
„möchte, als das Schwerdt. — Wenn es Ihr Herr
„zufrieden seyn kann,“ sagte der Graf von Artois
zu dem kaiserlichen Minister, „sich von Sclaven
„seine Würde und Gewalt entreißen, und sich
„hernach von ihnen in keiner andern Gestalt be-
„trachten zu lassen, als in der Gestalt einer obersten
„Magistrats-Person; so erniedrigt er das
„Ansehen, welches Gott allein seiner Fürsorge
„anvertrauet hat, und giebt stillschweigend seine
„Einwilligung zu dem nahe bevorstehenden Umsturz
„aller Königs-Regierung in Europa“.

Ganz gewiß konnte sich Herr Pitt auf diesen
großen Mann, als einen gültigen Zeugen zu
Rechtfertigung jeder Besorgniß berufen, die er et-

wan in Abſicht des Despotismus auf dem feſten Lande hegen mochte; und wahrſcheinlicher Weiſe nutzte
er auch bey einer neulichen Gelegenheit einige Winke, die ihm durch hoch gedachten Herrn Grafen gegeben worden waren: jedoch thaten dergleichen Meynungen und Denunciationen damals noch nicht die
verlangte Wirkung.

Als aber hernach die Mächte des feſten Landes
wahrnahmen, daß ein Corpus von nicht weniger als
neun hundert Männern *), die an Geiſtes-Kräften
und beharrlicher Entſchloſſenheit ihres Gleichen nicht
in der Geſchichte menſchlicher Angelegenheiten hatten,
auf dem Puncte ſtand, den glorreichen Bau einer
Conſtitution zu vollenden, wodurch Frankreich zur
Freyheit gelangen ſollte, ſo fiengen ſie an, näher
zuſammen zu rücken; und die Empfindung von ihrer
gemeinſamen Gefahr verleitete ſie endlich, dem An-
ſuchen des emigrantiſchen Adels aus Frankreich um
ſo mehr Gehör zu geben, weil dieſelbe mit der zu-
verſichtlichſten und unverſchämteſten Freyheit behaup-
tete: „wenn nur hundert — oder allenfalls hundert
„und funfzigtauſend Mann an der Gränze von Frank-
„reich einrückten; ſo wollten ſie Bürge dafür ſeyn,
„daß binnen weniger Zeit eine Million Franzoſen zum
„Gewehr greifen, und zu Wiederherſtellung der al-
„ten Regierungs-Form helfen würden“.

*) Die erſte oder ſo-genannte conſtituirende National-
Verſammlung beſtand nicht aus neun hundert, ſondern
aus mehr als zwölf hundert Gliedern — welches dem
Verfaſſer aus dem Gedächtniſſe gekommen ſeyn mag.

Dieses, My Lord, war der unglückliche Zeit-
Punct, da ein Paar Mächte, durch deren gegensei-
tige Erbitterung, über ein halbes Jahrhundert lang,
das feste Land mit Blut überschwemmet worden ist,
eine Coalition schlossen. Sie ließen sich nämlich die
Meynung einreden: wenn es den Franzosen gelingen sollte, ihre Monarchen in gewisse gesetzlich-be-
stimmte Gewalt-Gränzen einzuschränken; so könnten es auch wohl ihre Unterthanen in kurzem diesem Aufrührer-Beyspiele nachthun: und auf
solchen Fall könnte das göttliche Königs-Recht, die
Völker nach Willkühr ins Kriegs-Feld zu schicken
und einander beym Schall einer Trompete schlachten
zu lassen, als eine gottlose und verdammte Anmaaß-
sung, die vom Anfange an mit Gewaltthätigkeit erlanget, und hernach, Jahrhunderte lang, mit dem
Schwerdte behauptet worden sey, gänzlich verworfen und schlechterdings aufgehoben werden. Mit einem Worte, My Lord, der Kaiser und sein furcht-
barer Feind, der König von Preußen, schlossen mit
einander zu Pillnitz den merkwürdigen Vertrag,
durch den hernach, von Stund an, die europäische
Welt in gräuliche Scenen von Elende, Jammer
und Blutbade gestürzt worden ist, in Scenen, die
keine Sprache beschreiben, kein fühlendes Herz ohne
Entsetzen betrachten kann.

Es würde höchst unschicklich seyn, wenn man
behaupten, oder auch nur glauben wollte, daß Herr
Pitt, oder sonst irgend jemand von der brittischen

Vollstreckungs-Gewalt zu diesem unseligen Tractate
mitgewirkt, denselben befördert, oder nur darum gewußt hätte. Nein, My Lord, vielmehr laffen Sie
uns im Gegentheile glauben, daß das brittische Cabinett anfangs mit der ganzen Verhandlung völlig unbekannt gewesen sey.   In der That mußte
das auch wohl der Fall seyn: denn wir können durchaus nicht vergessen, daß gerade damals, als die gedachten beyden gekrönten Häupter mit einander an
einerley Blumenstrauß rochen, die Franzosen mit
Einrichtung einer beschränkt-monarchischen
Regierungs-Form beschäftiget waren: und
obwohl von Seiten der Despoten des festen Landes
ein Widerspruch gegen dieses Vornehmen zu erwarten
stand; so kann man sich doch nicht vorstellen, daß
sich unser Beherrscher, der König von Groß-Britannien, Er, der die Regierung über ein freyes Volk
zu führen hat, und dessen moralische Vorzüge so
oft ein Lieblings-Thema der besten Englischen Dichter
ausgemacht haben, tief genug erniedrigen könnte,
einer Coalition zu helfen, deren öffentlich eingestandene Absicht nichts beßres war, als Wiederherstellung
der Despoterey in einem benachbarten Lande *).
So

*) Herr Wilson hatte, wie der Leser weiter oben gesehen
hat, kein so großes Vertrauen zu George des Dritten
brittischer Königs-Gesinnung, als der Beobachter, von dem gegenwärtiges Schreiben herrührt, heegt,
oder zu heegen hier wenigstens die Miene annimmt.
Welcher von beiden in diesem Stück am schärfsten und

So was zu glauben, My Lord, klingt lächerlich. —
Er empfindet doch wohl, wie ein König von England
billiger und natürlicher Weise empfinden muß;
nicht wie ein deutscher Churfürst, dessen Gewalt
unumschränkt ist und keine Widerrede leidet *).

Die französische Nation, bekam gar bald Wind
von diesem Tractat; — und nun wurden, wie jedermann weiß, bey dem Wiener Hofe wiederholentlich
Gegen-Vorstellungen gethan, worinnen die Franzosen peremptorisch darauf bestanden, daß sich der
Kaiser deutlich erklären sollte, was der eigentliche
Zweck dieses Tractates wäre. Sie verheelten ihm
ganz und gar nicht ihre Besorgniß, daß man in geheim Abrede genommen hätte, sich in die Angelegenheiten Frankreichs zu mischen, — und behaupteten
schlechterdings, als eine unabhängige Nation, ihr
Recht, zur künftigen Einrichtung ihres Vaterlandes
eine Regierungs-Form einzuführen, wie sie solche
selbst für dienlich befänden. — Da nun vom Wiener
Hofe weiter nichts zu erhalten stand, als nichts-
sagende, weitwendige, den Zweck gar nicht treffende

richtigsten gesehen habe, wird sich vermuthlich im Jahr
1796 von selbst näher veroffenbaren.

*) Ist George der Dritte nicht eben so gut auch deutscher
Churfürst, wie er König von Groß-Britannien ist? —
Aber er hat doch im J. 1795 in mehrern Verordnungen
offenbar, als Churfürst, nach Grundsätzen gehandelt, die
er, als König, schlechterdings nicht gelten lassen wollte —
so fern der Wille des brittischen Cabinettes wirklich
auch Wille des Königs war.

Ω

Antworten; so entschloſſen ſich die Franzoſen, ſelbſt
zuerſt zuzuſchlagen, und ſchickten auf der Stelle eine
Armee an ihre nordiſchen Gränzen mit dem Befehl,
in die öſtreichiſchen Niederlande einzurücken.

Der unglückliche Fürſt, der damals auf dem
Throne von Frankreich ſaß, war keinesweges ein ſo
ſtarrſinniger und fühlloſer Dummkopf,
wie gewiſſe Leute von ihm zu behaupten ſich erkühnt
haben; ſondern ein Mann von ſtillem, gelaßnen
Weſen und von menſchenliebender, wohlwollender
Gemüths-Art. Unläugbar iſt wohl, daß er in allen
den Maximen von willkührlicher Herrſcherey erzogen
war, durch die, ſo viele Jahrhunderte lang, die
Lage von Millionen Menſchen in einen Stand der
weggeworfenſten Erniedrigung verſetzet geweſen iſt:
aber wir dürfen doch auch durchaus nicht vergeſſen,
My Lord, daß ſich aus der ganzen unglücklichen
Regierung dieſes Königs nicht ein einziges Beyſpiel
namhaft machen läßt, aus welchem ſich ergäbe, daß
er ſeine Gewalt nur mit Strenge, oder gar mit
Ungerechtigkeit ausgeübt hätte. — Allein freylich
mochte er wohl meynen, ſeine Würde und ſeine
Rechte, (von denen er ſich eitler Weiſe einbildete,
daß ſie von dem Volke, worüber er die Regierung
führte, gar nicht abhiengen,) wären durch Aufruhr
angetaſtet; und es iſt alſo füglich zu vermuthen,
daß er zu der Verbindung einer auswärtigen Macht,
die ihn in ſeine alten Würden und Rechte wieder
einzuſetzen verſprach, ingeheim ſeinen Willen und
Beyrath gegeben haben mag.

Seine Gemahlinn, deren Character bloß als
ein negatives Beyspiel, zur Warnung für künftige
Generationen, in der Geschichte aufgestellt werden
müßte, brachte eine östreichische Faction mit nach
Frankreich *), und bemeisterte sich mit Hülfe solcher
Räthe, die bloß ihren Fehlern schmeichelten, einer
solchen Gewalt über die nachgebende Gemüths-Art
des Monarchen, daß sie ihn in seiner bedenklichen
Lage beredete, die Heuchler-Rolle zu spielen, sich
dem Scheine nach die Einführung einer neuen Constitution gefallen zu lassen, und so dann einen Eyd,
den er bey der allgemeinen National-Verbrüderung
mit einer Feyerlichkeit geschworen hatte **), die
nichts Menschliches zu übertreffen vermochte, unbe-
denklich zu brechen. Ludwig ließ sich bereden, diese
heiligste von allen Verpflichtungen auf Erden offen-

Q 2

---

*) So viel uns wissend ist, findet sich hiervon nirgend
   ein gründlicher Beweis; und es ist so gar in der nachmaligen unsinnigen Anklage wider sie vor dem robespierrischen
   Blut-Gerichte nicht ein Mensch, der zu dieser östreichischen Faction gehöret haben sollte, nur namhaft gemacht worden.

**) Der König selbst schwor in der That bey dem hier er-
   wähnten Bundes-Feste gar nicht mit der Feyerlichkeit, mit der Er, als einziger Repräsentant der Vollstre-
   kungs-Gewalt des französischen Reichs, blutig hätte schwö-
   ren sollen: und sein ganzes Verhalten bey dieser, in der
   Geschichte unerhörten Solennität war überhaupt so beschaffen, daß es vor scharfsichtigen Augen so gleich Verdacht
   auf den Ernst der Gesinnung Ludwigs des Sechzehnten erregen mußte.

bar zu übertreten: er flüchtete aus der Hauptstadt,
und ließ eine Schrift zurück, die ein öffentliches
Geständniß von seiner bisher getriebenen Verstellung
enthielt; in der er die Erklärung von sich stellte,
„daß ihm alle die Verfügungen, die er vorläufig
„sanctionniret hätte, abgezwungen worden wären";
und in der er am Ende noch ausdrücklich verlangte,
„daß das Volk alles, was in seiner Abwesenheit ge-
„schehn würde, als unverbindlich für das Volk, und
„als das Werk einer Anmaaßung betrachten möchte,
„zu welcher Niemand ein Recht haben könne".

Als seine Abreise dem Volk in Paris bekannt
wurde, zeigten sich Wuth, fehlgeschlagenes Vertrauen, und die unbezwinglichsten Affecten in jed-
wedem Gesicht; und dennoch wurde Ludwig in eben
dem kritischen und schreckhaften Augenblick auf seiner Flucht angehalten, — nach Paris zurücke gebracht — bekam eine Weisung, erhielt aber, wohl
zu merken, My Lord, Verzeihung. — Dieses
Benehmen gegen den meineydigen König Ludwig
wird immer eine ehrenvolle Stelle in der Geschichte
der französischen Nation einnehmen; — alles Andenken an seinen Meineyd und Abfall ward in der
Rückerinnerung an seine natürlich-wohlwollende
Gemüths-Art vergraben. — Die Franzosen wußten,
daß er in dieser Sache fast lediglich auf Antrieb seiner unnatürlichen und lasterhaften Verwandten gehandelt hatte; und sie wollten deßhalb sein Ohr nicht
durch Vorwürfe verwunden lassen. Mit einem
Worte, My Lord, alles war wieder gut.

Ludwig hatte, da diese beglückte Aussöhnung
zu Stande kam, das Glück, durch eine Deputation
der National-Versammlung zu erfahren, daß seine
Krone, seine Schlösser, und, was dem allen allein seinen Werth zu geben vermochte, die Herzen des Volkes wiederum in seinem Besitze waren. Und bis
auf heutigen Tag, My Lord, würde er das alles
mit Freuden haben genießen können, wenn nicht jener unnatürliche und giftige Bund von deutschen
Fürsten seine Einbildungskraft beunruhiget, und
bey ihm abermals Hoffnung erreget hätte, daß er
wieder zum Besitze dessen gelangen würde, was er
schwinden zu lassen geschworen hatte. — Leider!
aber fuhr er fort, die Maske der Heucheley zu tragen: und da es entdecket wurde, daß er den Feinden der französischen Nation ingeheim Vorschub
that; *) so gerieth er darüber in Untersuchung,
ward überwiesen, **) und kam bald hernach auf
der Blut-Bühne ums Leben.

In den Augen eines jeden, My Lord, der
mit der Gesinnung des französischen Volkes in dem

---

*) Sollte wohl diese Entdeckung erwiesen, oder nicht viel-
mehr bloßer, scheinbarer, und vielleicht kaum scheinbarer
Verdacht seyn? Was man gegen Ludwigs Verhalten vor
und am 10ten August 1792 gesagt hat, ist schlechterdings schon darum für unerweislich zu halten, weil so gar
in der nachmaligen Anklage wider ihn nichts davon vorgekommen ist.

**) Ueberwiesen? — Davon ist uns in Deutschland nichts
bekannt worden. Ueberhaupt war der ganze Proceß wider
ihn unförmlich.

Zeit-Puncte bekannt ist, da der König wieder in seine Würde eingesetzt ward, ist nichts gewisser, als daß die französische Monarchie bey seinen Lebs-Zeiten sicher gewesen seyn würde, wenn er sich nicht durch das deutsche Fürsten-Bündniß hätte zu neuen Erwartungen verleiten und verblenden lassen. Ob sie noch länger, als bis zu seinem Ableben gedauert haben möchte, kann ich nicht mit Gewißheit sagen: wie wohl ich es glaube. —

Meine Gründe, warum es mir zweifelhaft ist, ob nicht mit Ludwig dem Sechzehnten das Königs-Amt in Frankreich gänzlich erloschen seyn würde, sind nicht aus Zeugnissen von der andern Hand geschöpft, sondern aus meinen eignen Beobachtungen; indem ich nach der Zeit-Periode, da der König von Versailles *) nach Paris gebracht worden war, an die siebzehn hundert (Englische) Meilen weit in diesem Lande herum gereist bin. Diese Reise, die ich nächstens in Druck zu geben gedenke, wird Sie, My Lord, hoffentlich überzeugen, daß schon zu damaliger Zeit eine beträchtliche Majorität vom französischen Volke für eine republicanische Regierungs-Form gestimmt war. Ich befand mich kurz darauf, nachdem der König die Flucht aus den Thuillerien genommen hatte, zu Lyon; und gerade in dieser Stadt, die nachmals eine so entschiedne Par-

---

*) Sollte nicht hier der Verfasser Varennes in Gedanken gehabt, und Versailles aus Versehen geschrieben haben?

rey wider den National-Convent gekommen hat,
hörte ich über die National-Versammlung in Aus-
drücken, die nicht viel glimpflicher, als offenbare
Feindseligkeit, lauteten, höchst nachtheilig urtheilen,
daß sie dem französischen Reiche nicht lieber eine republicanische Verfassung gäbe, als daß sie ihm eine
erbliche Monarchie aufbürdete, welche man, ohne
die mindeste Scheu, eine erbliche Pestilenz
nannte. In den südlichen Provinzen des Reiches
fand ich allenthalben, wo ich nur hinkam, daß republicanische Gesinnungen höchst riesenmäßige Fortschritte gethan hatten; und die Falschheit des Königs, daß er so heimlich aus seiner Hauptstadt ent-
wichen war, schien die Einwohner in ihrem Abscheu,
nicht nur gegen den Monarchen; sondern auch
überhaupt gegen das Monarchen-Amt selbst zu
bestärken.

Es ist mir um so mehr daran gelegen, My
Lord, Ihre Aufmerksamkeit einen Augenblick auf
dieses merkwürdige Factum zu ziehen, weil Sie Sich
unfehlbar erinnern werden, daß Herr Pitt nie um ein
Haar breit von seiner anfänglichen Behauptung abge-
wichen ist, „daß die große Mehrheit der französischen
„Nation für eine monarchische Regierungs-Form ge-
„stimmt wäre, und mit ihrer Erklärung hierüber
„bloß so lange zurückhielte, bis sie mit Waffen ver-
„sehen seyn, und die nöthige Unterstützung finden
„würde, daß sie sich unverholen erklären könnte.“ —
Durch was für ein Zauber-Mittel es diesem Mann

habe gelingen können, dem brittischen Volk eine so
handgreifliche und gefährliche Unwahrheit so lange
aufzuheften, ist mir unbegreiflich. *) — Daß er in,
dessen bey seiner Weise, Blendwerk zu machen, so
lange beharren werde, als er leichtgläubige Men,
schen genug findet, die seinen Lügen glauben, kann
ich mir leicht vorstellen; aber es hat auch jeder ehr,
liche Britte Ursachen vollauf, von Herzen zu wün,
schen, daß die Zeit des Betruges mit dem dießjäh,
rigen Feldzug ein Ende nehmen möge.

Nunmehr, My Lord, muß ich Sie ersuchen,
Ihre Aufmerksamkeit ein wenig auf das Verhalten
unsrer Bundes, Genossen zu richten. Wir werden
hierbey gar nicht nöthig haben, in Vermuthungen

*) Mit nicht. — Wer das Vertrauen des großen Haufens
einmal in hohem Grade gewonnen hat, der kann ihm her,
nach ungestraft Lügen aufheften; und es gehört alsdann
nicht wenig dazu, den Haufen zu überzeugen, daß der Mann
ein Heuchler und Betrüger sey. Die Beweise hiervon fin,
den sich auf allen Seiten der Kirchen, und Völker, Ge,
schichte. Und der Grund nach dieser Erscheinung? — ist
weiter nichts, als daß der große Haufe selbst ehrlich denkt,
und daher nicht eher an einen Betrug glaubt, als bis ihm
der Glaube in die Hände kömmt. Wer hingegen einmal
das Vertrauen des großen Haufens verscherzet hat, der ge,
winnt es hernach auch zuverläßig in Ewigkeit nicht wieder;
er kann alsdann tausendmal ehrlicher seyn, als vorher,
das Volk traut ihm doch nicht mehr. Hat es Unrecht? —
Mich dünkt, eben so wenig, als das Kind, dem man
nicht hält, was man versprochen hat, Unrecht hat, dem
Versprechen dessen, von dem es sich einmal getäuscht sah,
nicht wieder zu trauen.

herum zu phantasiren: denn ob dieses politische Schau-
spiel gleich seine Intrigue und seine Gegen-Intrigue
gehabt hat; so sind wir doch wirklich schon damit bis
zur Entwickelung gekommen.

Es liegt nämlich nunmehr am Tage, daß schon
damals, da der Pillnitzer Tractat geschlossen wurde,
die contrahirenden Parteyen etwas mehr im Schilde
führten, als bloß die Wiederherstellung des Despotismus in Frankreich. — Im Grunde war es eigentlich ein Theilungs-Tractat. Elsaß, Lothrin-
gen, und das französische Flandern sollten zuförderst erobert, und so dann nach einer gewissen
Proportion getheilt werden. Dieses sollte, um in
der Sprache unsers weisen Premier-Ministers zu
reden, zur Entschädigung wegen des Vergangenen,
und zur Sicherheit für „die Zukunft“ dienen. —
Die Umstände haben sich nachher von selbst aufgeklärt; und mithin dürfen wir auch weiter keinen
Zweifel in die ehrenvollen Absichten setzen, die der
Kaiser und sein Bundes-Genoß aus Preußen auf
die gedachten Länder gehabt haben.

Der öffentlich eingestandene Zweck indessen
war die Wiederherstellung des alten Despotismus
in Frankreich, in der Person Ludwigs des Sechzehnten. Diese Erklärung ward aber in England so
wenig gut aufgenommen, daß das Volk vielmehr
sein höchliches Mißfallen darüber bezeigte. Nicht
wenige Britten erinnerten laut und ungescheut, daß
eine eingeschränkte-monarchische Regierungs-Form,

wie die brittiſche, ſehr viel zu künftiger Erhaltung
der Ruh in Europa beytragen würde, die bekannter
Maaßen ſeit vielen Jahrhunderten durch die Herrſch⸗
ſucht und Ränke galliſcher Despoten, — welche ſich
nicht ſelten von ruchloſen Miniſtern, und die von
den gefährlichen Rathſchlägen einer Favorit⸗Hure
leiten ließen, nur zu oft geſtört worden iſt. Des⸗
wegen waren wir Britten ſtrenge Sachwalter einer
populären Regierung für Frankreich, und dagegen
entſchloßne Feinde jedes Schrittes, der auf Wieder⸗
Einführung des vorigen Syſtems abzweckte.

Dieſe Geſinnungen des Engliſchen Volkes wur⸗
den ſo offenherzig anerkannt, und waren auch ſo
durchgängig bekannt, daß Herr Pitt ſchon deshalb
ſchlechterdings gezwungen war, alle Abſichten, ſich
in dieſe Sache einzumiſchen, geradehin zu verläug⸗
nen, und es gänzlich den verbündeten Fürſten zu
überlaſſen, daß ſie Vor⸗ oder Rück⸗Schritte thun
könnten, gerade wie ſie es ſelbſt für dienlich ach⸗
teten.

Es würde vermuthlich eben ſo leſenswerth, als
unterhaltend ſeyn, My Lord, wenn ich dem Ver⸗
halten dieſer überaus aufrichtigen Alliirten von der
Stunde an, da ſie in dem franzöſiſchen Gebiet ein⸗
gerückt ſind, bis auf heutigen Tag nachgehn wollte:
allein da dieſer Bericht mehr Platz einnehmen wür⸗
de, als ich mir bey gegenwärtiger Gelegenheit abge⸗
ſteckt habe; ſo will ich Ihnen hier nur einen allge⸗
meinen Umriß davon geben. — Dieſer Umriß ſoll
aber richtig gezeichnet ſeyn.

In Groß-Britannien heegte beynahe jeder tüchtige Politikus, (ausgenommen Herr Pitt,) vom
Anfang an den Verdacht, daß der Kaiser und der
König von Preußen, trotz ihrer beiderseitigen Versicherungen von aufrichtiger Anhänglichkeit an der
Sache der Könige, die geheime Absicht im Schilde
führten, einander zu überlisten. Der Kaiser
lief große Gefahr, seine Niederlande einzubüßen.
Der König von Preußen war selbst nicht angegriffen,
sondern agirte bloß als Freywilliger: und wenn er
nicht Hand an etwas legen konnte, was des Be-
sitzens werth war; wenn die Sachen überhaupt nicht
durchaus glücklich von Statten giengen; so konnte
er sich in seine Erb-Lande zurückziehen, ohne sonderlich befürchten zu dürfen, daß er darinnen angegrif-
sen werden möchte. Also machte sich Preußen den
Plan, daß sein Bundes-Genoß aus Oestreich bey
diesem Kreuz-Zuge hauptsächlich vor den Riß stehn,
und Preußen nur gelegentlich, oder, um mich seiner
eignen Sprache zu bedienen, wie es die Umstände verstatten würden, helfen sollte. Diese
Regel der Politik, My Lord, hat der beliebte preußische Monarch zuverläßig den ganzen Krieg hindurch
aufs genaueste befolget; er hat die östreichischen
Truppen beynah völlig zu Grunde richten lassen,
ohne ihnen irgend einigen wirksamen Beystand zu
leisten. Der Kaiser hat darüber häufig geklagt;
aber die Antwort ist immer gewesen, — „die
Umstände wollten's nicht verstatten."

Eine Zeitlang schien der Sieg den Alliirten alles zu versprechen, was sie sich nur wünschten. — Sie eroberten einige Gränz-Festungen: aber so bald nahmen sie diese nicht in Besitz, so kamen auch leider! mit einmal die geheimen Absichten der contrahirenden Parteyen an den Tag. — Diese Plätze sollten nämlich nicht für Ludwig den Sechzehnten bis zu seiner Wieder-Einsetzung auf den unbeschränkten Königs-Thron in treuer Gewahrsam behalten werden; sondern die Erklärung hieß schlechthin, sie sollten, vermöge des Eroberungs-Rechtes, entweder zum östreichischen, oder zum preußischen Gebiete gehören.

Da nun also dieser schändliche Beraubungs-Plan so öffentlich eingestanden wurde; so hatte dieses die Wirkung, daß eine große Menge von Emigranten auf der Stelle die Armeen der Oestreicher und der Preußen verließen. Sie erklärten sich rund heraus, „sie würden ihren Beystand nun und nimmermehr einem Ausländer geben, der unter dem „Vorwande, daß er ihrem Beherrscher wieder zu „seiner rechtmäßigen Erbschaft verhelfen wolle, „bloß mit Eroberungs-Absichten in ihr Vaterland „einrückte, da also der Kaiser und der König von „Preußen die ganze Welt nunmehr von ihrem nie„drigen und verächtlichen Hunger nach Beute über„zeuget, und so nach alle Ansprüche auf Ehre, als „Fürsten, und auf Redlichkeit, als Männer, ver-

„wirket hätten; so könnten sie nicht weiter in solcher „Gesellschaft bleiben.“ —

Sie können leicht denken, My Lord, wie trefflich dieses dem National-Convent in Paris zu Statten kommen mußte; und daß das Englische Volk ein eben so heftiges Geschrey wider die verbündeten Fürsten erhob, wie die aufgebrachtesten Emigranten, wissen Sie selbst. Kurz, von der Stunde an, da diese schwachsinnigen Männer ihre wahren Absichten an den Tag gelegt hatten, wurde das französische Volk einiger, als es jemals vorher gewesen war; und die Verbündeten können ihren Ruin und den Schimpf, den sie in dem Kriege wider Frankreich erlitten haben, von derselben Stunde her datiren.

Die Oestreicher waren schon bis nach Ryssel vorgedrungen, zogen sich aber unverzüglich zurücke, so bald ihnen die Nachricht zukam, daß der König von Preußen so eilig, wie möglich, wieder aus den Ebenen von Champagne zu kommen suchte, wo er bereits die Blüthe von seiner Armee hatte sitzen lassen. Die Lage der Preußen zu der Zeit, da sie sich in dieser unwirthbaren Gegend gelagert hatten, war so schrecklich, daß rings um sie her, wo sie standen und giengen, alles einer Schedelstätte glich. — Männer, Weiber, Kinder, und Pferde, alles ward in einer gemeinsamen Grube verscharret. Indessen wurde dem Könige trotz des poßirlichen und nimmer in Vergessenheit zu stellenden Manifestes seines

Vetters und Feldherrn, des Herzogs von Braunschweig, doch verstattet, sich mit den armseligen
Ueberbleibseln von seinen Truppen zurückzuziehen.

Von der Stunde an, da der König von Preußen mit diesem Rückzuge zu Stande gekommen war,
gab Er für seinen Theil in geheim den Kreuz-Zug
auf. Es gab da kein Stückchen von einem fremden
Lande wegzukapern; und nunmehr war also seine
einzige Politik bloß, äußerlich angelegentlichen Theil an der Sache zu nehmen, damit sein
treuer Bundes-Genosse dadurch gereizt würde, den
Kampf so lange fortzusetzen, bis er so wohl an
Mannschaft, als an Schätzen völlig erschöpfet wäre.
Hierüber können wir dermalen kaum noch weiter
einen Zweifel heegen.

So bald der französische General Dumourier
die Preußen hatte abziehen lassen, gieng er den
Oestreichern, die an und bey Ryssel mehrere ganz
ungebührliche Räubereyen begangen hatten; zu Leibe,
und stieß bey Jemappe auf sie. Ein herzhafteres und
entscheidenderes Treffen, als dasjenige, welches
nunmehr zwischen den Armeen der Franzosen und
der Oestreicher vorfiel, ist in den Annalen der Men-
schen-Schlächterey kaum erhöret. Unterdessen wurden die Oestreicher völlig geschlagen. Dumourier
verfolgte seinen Sieg, und brachte binnen wenigen
Tagen die sämmtlichen östreichischen Niederlande
vollends in französische Hände.

Die Freude, die sich in England zu Tage legte, da die Nachricht eingieng, daß die Oestreicher bey Jemappe geschlagen wären, war offenbar so ausschweifend, daß dem Volke nur eine ganz geringe Aufmunterung hätte gegeben werden dürfen, um es zu einer Illumination zu veranlassen. — Nun aber, My Lord, zieht sich der Vorhang allmählich auf; und nun wird Herr Pitt sogleich, als der vollkommene Held dieses politischen Schauspieles, auftreten.

Bis zu der Zeit, da das entscheidende Treffen bey Jemappe vorfiel, war der brittische Minister in seiner Erklärung, eine genaue Neutralität zu beobachten, sich immer gleich geblieben; und das Englische Volk lobte und rühmte seine Weisheit aufs höchste. Allein die Bundes-Genossen von Groß-Britannien, und unter ihnen besonders der Kaiser, schrieen so laut über den Minister und sein ewiges hinter dem Berge halten, daß Herrn Pitt's Lage in ziemliche Verwirrung gerieth. Er durfte sich nicht gerade hin zu einem Vorhaben bekennen, die deutschen Verbündeten zu unterstützen, weil sie sich so öffentlich zu der Absicht erkläret hatten, den Despotismus in Frankreich wiederherzustellen; und doch mußte von Seiten Groß-Britanniens etwas zu ihrer Unterstützung gethan werden. Die Stimmung des Englischen Volkes bewies klärlich, daß es eine Sache war, worein sich zu mischen, dieses Volk eben so wenig ein Recht zu haben, als dabey sein

Interesse zu finden glaubte, — ob den Franzosen eine monarchische, oder eine republicanische Regierungs = Form anzunehmen beliebte. Einen Krieg also zu erregen, war die beste Politik, die Herr Pitt in seiner Weisheit ausdenken konnte; und bey diesem Entschlusse kam ihm ganz unvergleichlich Brissot zu Hülfe: — ob aber vorsätzlich, oder nicht, mag ich zu entscheiden mich nicht anmaaßen.

Genug, Brissot, der damals eben in Paris an der Spitze einer Faction stand, die in gewisser Maaße den Rath der Nation regierte, sehnte sich bis zur Wuth nach einem Kriege wider England. Und das war gerade das Nämliche, wonach sich auch Herr Pitt sehnte. Fand er nur einmal Gelegenheit, Frankreich von seiner Seite zu einer Erklärung feindseliger Absichten zu reizen; so konnte er uns alsdann unter dem Titel der Gegenwehr, und aus dem Grunde der Selbst = Vertheidigung ohne Bedenken in den Krieg stürzen. Und diesen Gefallen that ihm zuverläßig Brissot: ich kann Sie aber, My Lord, kühnlich versichern, daß es wider den allgemeinen Wunsch der französischen Nation geschah.

Ich gerathe bey dieser Gelegenheit in Versuchung, einen Umstand zu erzählen, der zufälliger Weise zu meiner Kenntniß gelangte, weil er Ihnen, My Lord, Brissot's Gesinnungen in Absicht auf einen Krieg mit England ganz deutlich machen kann. Im Winter 1792 speiste ich mit einigen guten Freun-

ben

den und Landsleuten bey einem gewissen Herrn in
Paris. Brissot war mit von der Gesellschaft,
und wurde nach Tische überaus gesprächig. Daß
Politik die hauptsächlichste Materie zum Gespräch
hergab, können Sie leicht erachten: — und da ich
gelegentlich die Erinnerung machte, daß Herr Pitt
fest entschlossen wäre, bey seinem Neutralitäts-Sy-
stem zu beharren; so erwiederte Brissot augenblicklich: —

„Das ist eben ein Umstand, der mir die meiste
„Sorge macht. — Ihre Minister sind unsre heim-
„lichen Feinde; und so sehr auch das brittische Volk
„unsrer Revolution alles Gute gönnt, so haben doch
„sie einen Abscheu davor. Schlügen wir nun die
„Deutschen, ohne daß die Engländer mit von der
„Partie wären; so würde damit immer nicht viel
„Wichtiges ausgerichtet seyn. Durch Neutralität
„auf Seiten Groß-Britanniens würde den Britten-
„bey der Fortsetzung des Krieges der Handel von
„ganz Europa in die Hände gerathen; und dadurch
„könnte England, nachdem wir uns eine Zeitlang
„mit den Deutschen herumgeschlagen hätten, zu ei-
„nem mächtigen Gehülfen des deutschen Fürsten-
„Bündnisses werden. England könnte zur entschei-
„dendsten Stunde sein Gewicht in die Waag-Schaa-
„le dieses Bündnisses legen, und den Deutschen auf
„einige Zeit das Uebergewicht verschaffen. Jedoch
„kann ich unmöglich glauben, daß es ihm am Ende
„gelingen würde, den Despotismus in Frankreich

R

„wiederherzustellen: aber unsre Operationen würden
„doch sehr wahrscheinlich dadurch aufgehalten wer-
„den, in wie fern unsre Feinde im Lande neue Hoff-
„nung, und die verbündeten Deutschen neuen Muth
„und frische Kräfte bekämen".

„Was den Pillnitzer Traktat anlangt," fuhr
Brissot fort, „so sind die Bedingungen desselben dem
„brittischen Cabinette vom König in Preußen, mit-
„getheilt worden, ehe noch Er und der Kaiser den
„Traktat unterschrieben haben".

Da ich dieses für eine sehr wichtige Beschuldigung hielt; so fragte ich in einem Tone der Stimme, der ihm zu erkennen gab, daß mir nicht zu
Kopfe wollte, was er gesagt hatte: „wissen Sie
das auch gewiß"?

„Mein Herr," versetzte Brissot, „ich weiß
„es, und ihre Landsleute werden's zu rechter Zeit
„auch erfahren. —"

„Wenn dieß der Fall ist, Herr Brissot," erwiederte ich; „so werden wir's alsdann auch wohl
„glauben".

„Eher als bis die Zeit kömmt," sagte er, „verlan-
„ge ich auch nicht, daß Sie mir Glauben beymessen
„sollen. —"

Ein Engländer, der mir eben zur Rechten saß,
fragte Hrn. Brissot auf der Stelle, „ob er nicht
meynte, daß die Engländer alsdann den Verbün-
beten das Uebergewicht verschaffen könnten"?

Seine Antwort war: „nach meinen Gedanken,
„Herr ——, kann die ganze Macht Englands wei-

„ter nichts bewirken, als daß der Krieg eine Weile
„länger währt; dafür bin ich aber auch völlig der
„Meynung, es bedürfe nunmehr weiter nichts, um
„Ihr Vaterland vollends zu Grunde zu richten,
„als noch einen kostspieligen Krieg. Eben deßwegen
„dürfen wir euch Engländer nicht hinter dem Vor-
„hange stecken, und alle Nutzungen von unsern Häu-
„deln allein ärndten lassen, ohne daß ihr auch euren
„Antheil von den Kriegs-Schäden mit bekomme.
„Wir müssen zuerst auf euch losschlagen, und zwar
„mittelst des Unfuges, den wir in Holland stiften.—
„Ihr Engländer habt euch weiter gar nichts um die
„Holländer zu bekümmern, als was etwan den
„Statthalter betrifft; und mit diesem wollen wir
„bald fertig werden. Mit einem Worte," sagte
„Brissot, „wir werden immer die meisten Re-
„gierungen in Europa wider uns, das
„Volk überall auf unsrer Seite haben. — Aber
„was kann's helfen? — Genug, wir müssen, aller
„Welt zum Trotz, eine freye Nation werden, oder
„herzhaft umkommen. —"

Ich erzähle Ihnen, My Lord, dieses Gespräch, um Sie zu überzeugen, daß Brissot eben
so begierig nach dem Kriege war, als Herr Pitt;
und gleichwohl ist auch nicht minder gewiß, daß die
große Mehrheit des Englischen sowohl, wie des französischen Volkes, auf das entschiedenste wider den
Krieg war.

Die Vorsicht, die Herr Pitt bey seinen Fort-
schritten zu einem solchen Ausgange zu brauchen sich

gezwungen fah, beweift klärlich, daß das Engliſche
Volk ihm nicht gleich-geſinnt, und er ſelbſt ſich deſſen
auch wohl bewußt war. Und in der Anklage-Acte
wider Briſſot ward es hernach ein Hauptartikel,
(von dem ſeine Feinde auch recht gut wußten, daß
ihn das franzöſiſche Volk für wahr und recht erkennen würde,) daß er einen Krieg wider England angezettelt habe. — Dieſe ſehr gegründet Beſchuldigung trug nicht wenig bey, ihn ohne
Widerſpruch von Seiten des Volkes auf das Schaf-
fot zu bringen.

Die Proceduren des Miniſters in dieſer unglücklichen Zeit-Epoche, My Lord, ſind bey Ihnen
noch ſo unmittelbar im friſchen Andenken, daß es
ganz überflüßig ſeyn würde, wenn ich ſie hier um-
ſtändlich erzählen wollte. — Der brittiſche Ambaſſa-
deur erhielt Befehl, Paris zu verlaſſen. — Dem
Herrn Chauvelin, den die Franzoſen als ihren
Miniſter bey der brittiſchen Regierung accreditiret
hatten, ward eine Zeitlang mit Schnödigkeit begegnet; und hernach ſchickte man ihm gar Befehl zu,
das Königreich zu räumen. — Getreide-Schiffe,
die für Frankreich befrachtet waren und damals eben
in unſern Häfen lagen, wurden angehalten; und es
fielen auch noch außerdem allerhand andere Dinge
vor, woraus ſich ein nahe bevorſtehender Bruch mit
Gewißheit erkennen ließ. Von Seiten Frankreichs
wurden Gegen-Vorſtellungen gethan, die wir mit
wechſelſeitigen Vorwürfen erwiederten, welche ſel

doch alle zusammen weiter nichts sagen wollten; als
daß unsre Regierung dem deutschen Fürsten-Bündnisse beytreten wollte, weil es nicht möglich schien,
die republicanischen Grundsätze in
Frankreich ohne Mithülfe von Englischem
Geld auszurotten.

Dem Brissot also hatte Herr Pitt bey dieser Gelegenheit viel zu danken: denn da Herr
Chauvelin hier Befehl bekam, das Königreich zu
verlassen; so sahen die Franzosen, die sich an den
Zweck und Innhalt ihres Handels-Traktates mit
uns hielten, dieses Verfahren natürlicher Weise
für eine Ankündigung fernerer Feindseligkeiten an;
und mithin erfolgte nunmehr, von Seiten ihrer,
am 22sten Februar 1793, unverzüglich die Kriegs-
Erklärung wider England.

So mit, My Lord, segelte demnach unser Premier-Minister gerade vor dem Winde. Die Franzosen gaben augenblicklich dem General Dûmourier die Anweisung, in Holland einzufallen; und
hierauf wurde, von Stund an, das Ministerial-
Geschrey laut und allgemein: „wir müssen Hol-
„land retten, und uns unsrer Bundes-
Genossen annehmen: — Das Volk ließ es
mit großem Widerwillen geschehen. Es wurden
also brittische Truppen übergeschifft: aber gewiß that
der General Dûmourier damals durch seine Treulosigkeit und Desertion mehr zur Rettung der vereinigten Provinzen, als Englands Beystand.

Unterdessen wurden doch diese Provinzen damals wirklich gerettet; und nun erwartete das Englische Volk nichts andres, als daß unsre Truppen entweder geradezu in Holland bleiben, oder auch wohl gar wieder nach Hause geholt werden würden: allein diese Hoffnung war vergeblich. Einmal befand sich die brittische Armee auf dem festen Lande; und nun sollte und mußte sie zu den verbündeten Deutschen stoßen.

Hierbey will ich, My Lord, dieses Stück meines Berichtes bey Seite setzen, und einen neuen Bundes-Genossen von unsers weisen Ministers Adoption einführen; einen Bundes-Genossen, der meines Erachtens wegen seiner Aufrichtigkeit eben so viel Credit in der Welt verdient, als irgend ein Fürst oder eine Fürstinn in der Liste der Europäer-Allianzen. Katharina, Kaiserinn und Selbsthalterinn aller Reussen, ist die Dame, von der ich rede. Diese beliebte Fürstinn ward eingeladen, einem Fürsten-Bündnisse beyzutreten, welches den Zweck hatte, die französischen Jacobiner-Grundsätze zu vertilgen, weil solche den Umsturz aller wohl-hergebrachten Regierungen in Europa nach sich zu ziehen drohten. Ihr alter Freund, Herr Pitt, buhlte um die Dame; und zwar mit dem besten Erfolge: denn obgleich eben nicht zu vermuthen stand, daß dieses schätzbare Frauenzimmer die mindeste Besorgniß vor irgend einer unangenehmen Folge von dem Einflusse der Jacobiner-Faction in Frankreich heegen, oder daß durch die Regierungs-Maximen dieser Faction ihre Staats-Verwaltung in Rußland gestört werden könnte; so wußte er sie doch durch sein bündiges Räsonnement zu überzeugen, daß es die Sache der Könige wäre, und mithin die äußerste Unterstützung von Seiten ihrer, wenigstens Ehren halber, verdiente.

Sie ergab sich auch auf die dringenden und unabläßigen Bewerbungen des jungen Herrn; und nun zählte er mit Freuden die Kaiserinn und Selbsthalterinn aller Reußen zu der Reihe der Bundes-Genossen von Groß-Britannien.

Allein, My Lord, es traf sich, daß unser Minister bey dieser Gelegenheit einen eben so ärmlichen Grad von Weisheit zu Tage gelegt hatte, wie nur immer in irgend einem Zeit-Punkte seines Lebens. — Nicht die mindeste Art von Beystande hat die Dame den Verbündeten zukommen lassen, ob sie gleich dieser Sache wegen mit einer solchen Menge von Zuschriften angegangen worden ist, daß wir itzt allem Ansehen nach eine ganze Woche zubringen würden, diese Zuschriften nur durchzulesen. — Sie versprach eine Armee, und schickte, statt deren, Entschuldigungen. — Sie versprach eine wirksame See-Macht, und gab, statt deren, Manifeste zum Besten. — Sie versprach Geld, und ließ, an dessen Statt, öffentliche Kirchen-Gebethe für den glücklichen Fortgang unsrer Waffen verrichten. — Kurz, My Lord,

nachdem sie die Verbündeten mit Hoffnungen ge-
speist hatte, durch die sie ihnen eine Zeitlang, immer von neuem, frischen Muth machte, den Krieg
wider die Republikaner-Grundsäze in Frankreich fortzusezen, kam Herr Pitt endlich hinter
das Geheimniß, daß unsere rußische Bundes-
Genoßinn weiter nichts willens war, als uns, die
deutschen Mächte, und die Franzosen einander herumzausen zu laßen, bis wir alle zusammen
nicht weiter vermögend wären, unser Veto wieder in
irgend einem Kriege zu interponiren, den sie künftighin
den Türken anzukündigen für gut befinden möchte. —

Was für Vertrauen Herr Pitt wirklich in
Katharinens Aufrichtigkeit gesezt haben mag,
läßt sich unmöglich bestimmen: aber gewiß ist wenigstens, daß er sich viel Mühe gegeben hat, sie
mit auf den Jahrmarkt zu bringen; und
sie scheint ihm dieses auch im höchsten Grade Dank
zu wissen.

Allem Ansehen nach ist die Politik dieser Fürstinn
viel zu scharfsichtig so wohl für Herrn Pitt, als
für den König von Preußen. So bald sie in Sorgen gerieth, daß sich letzterer, des Krieges wider
Jacobiner-Grundsäze überdrüßig, von den
französischen Gränzen zurückziehen, und die Mächt,
welche sie ganz erschöpfet zu sehn so sehnlich wünschte, aufs neue recrutiren, und vielleicht gar verstärken würde, trug sie auf einen Kreuz-Zug wider
Pohlen an; wider ein Volk, welches sich sehnte,

unter der Leitung eines tugendhaften und patrioti=
schen Königs die Tyranney einer unduldsamen Ari=
stokratie abzuschütteln, von der es Jahrhunderte
lang mit einer eisernen Ruthe gegeißelt worden war.
Meynen Sie nicht, My Lord, daß ich Recht habe,
wenn ich den, der dieser Scene barbarischer Miß=
handlung gleichgültig zusieht, der die Sache dieses
harmlosen, braven und lange genug gedrückten Volkes
nicht mit Theilnehmung als seine eigene betrachtet,
und einen willigen Arm zu ihrer Hülfe darbeut,
schlechthin für ein Ungeheuer, für einen Schand=
fleck der Menschheit erkläre, der billig in einen oder
den andern Winkel des Erdbodens verbannet werden
sollte, wo man von Menschlichkeit und Civilisirung
noch keinen Begriff hat?

Auf den ersten Anblick dieser neuen Unterjo=
chungs=Beraubungs= und Ländertheilungs=Scene
sah der König von Preußen ein, daß es ihm etwas
Leichtes seyn würde, sich wegen der Einbußen, die
er bey dem Kreuz=Zuge wider Frankreich bereits
erlitten, und wahrscheinlicher Weise noch zu erleiden
hatte, an Pohlen zu entschädigen. Auch gelang es
so wohl ihm, als seiner getreuen Bundes=Genoßinn
zu St. Petersburg so treflich, daß sie sich vor dem
Angesicht einer eben so unwilligen als erstaunten
Welt in den größten Theil der polnischen Länder
theilen konnten.

Hierbey sollte es auf eine Weile, wie man glaubte,
sein Bewenden haben; allein Katharine war mit

dem Könige von Preußen noch nicht fertig; er durfte sich noch nicht ruhig niedersetzen, und die Früchte von seinem polnischen Feldzug einärndten. Die beleidigten Einwohner griffen zu den Waffen, und es erhob sich ein allgemeiner Aufstand nicht nur in Pohlen, sondern auch in mehrern Gegenden des preußischen Gebietes. Die Jacobiner in Pohlen wurden von den Jacobinern in Frankreich mit Geld unterstützet; und so mit mußte sich der König von Preußen binnen sehr kurzer Zeit nicht nur jedes Ackers in seinen neu-eroberten polnischen Ländern beraubet sehn, sondern es geriethen auch so gar seine alten Erb-Länder in einen so bedenklichen Zustand, daß ihm schon eine gänzliche Zertrümmerung seiner Monarchen-Gewalt bevorzustehn schien. Er fieng an, Warschau zu belagern, und rufte seine rußische Bundes-Genossinn zu Hülfe; aber die Dame war anderwärts engagirt. Sie versprach, zu kommen, so bald es die Umstände verstatten würden; aber die Angelegenheiten des werthen Herrn litten keinen Verzug; und er sah sich also genöthigt, mit dem Verluste von beynahe seinem sämmtlichen schweren Geschütze, seinem Gepäcke, seiner Feld-Equipage, und der Blüthe seiner Truppen abzuziehen.

Nun sagen Sie mir einmal, My Lord, wer nach Ihren Gedanken wohl im Grunde der Urheber und Anstifter dieses plötzlichen und unerwarteten Jacobinismus in Pohlen seyn mochte? Erstaunen Sie nicht, wenn ich Sie versichere, (und ich sage das auf Treu und Glauben eines angesehenen Mannes in Berlin nach, der itzt unter dem Könige von Preußen ein wichtiges Amt bekleidet,) daß es Niemand geringeres war, als Katharine selbst. Sie werden aber auch vielleicht aus der ganzen Geschichte macchiavellistischer Politik nicht vermögend seyn, einen Streich von gleicher Tücke aufzutreiben. Jedoch kann ich Sie versichern, daß der Berliner Hof hinter dieses Geheimniß gekommen ist; und nunmehr mag vielleicht auch Herr Pitt eben so klug seyn, wie sein Bundes-Genosse.

Der König von Preußen fängt an, einzusehn, daß Katharine die Bezwingung Pohlens für nichts weniger, als den Haupt-Gegenstand ihrer Wünsche, sondern bloß für einen Köder angesehen habe, den sie dem gutmüthigen Könige vorhielt, um ihn so lange im Odem zu halten, bis er vollends gänzlich zu Grunde gerichtet wäre. Er hat freylich kein großes Recht, dieser Leichtfertigkeit wegen ungehalten auf die Dame zu werden: denn sie hat doch weiter in der Welt nichts versehen, als daß sie ihm eben so einen Streich spielte, wie er selber dem Kaiser in den Niederlanden gespielt hatte, dem er auch eher nicht zu Hülfe kam, als bis ihm die Umstände verstatteten, thätig zu seyn. Kurz, beide Theile sind vom Anfange des Krieges an bis auf heutigen Tag bemüht gewesen, einander zu überlisten. Was für ein Ende das alles noch

nehmen werde, kann man sich, meines Erachtens,
leicht vorstellen.

Dieß waren also, My Lord, die Alliänzen, die
Herr Pitt schloß. — Auf diese Alliänzen rechnete
er hauptsächlich wegen des glücklichen Ausganges eines Krieges, der, nach seiner Meynung, gerade zu seinem Beherrscher an die Krone stieß, die,
wie er itzt, ohne sich zu schämen, sagt, auf dessen
geheiligtem Haupte wankt. —

Ich will mich nunmehr wieder dahin wenden,
wo ich den Minister, da er seine Laufbahn auf dem
festen Land antrat, oben verlassen habe. — Die
Englischen Truppen stießen demnach zu den Verbündeten. Valenciennes, Condé und Quesnoy wurden
bezwungen; und ich erinnere mich noch recht gut,
daß damals die Ministerial-Blätter in England der
französischen National-Versammlung nur etwan
noch sechs Wochen Zeit gaben, ihres Lebens und ihrer Usurpationen zu genießen. — Wollte ich indessen
die Vorfälle der beiden letzten Feldzüge herzählen;
so würde dieses Schreiben zu einem ziemlich starken
Buch anschwellen. Also, My Lord, mag es genug
seyn, wenn ich einmal für allemal sage, daß wir
Britten von der Stunde an, da wir uns in den
itzigen Krieg einließen, bis zu dem Augenblicke, da
ich dieses schreibe, eine Reihe von Niederlagen, Un-
glücksfällen und Beschimpfungen erlitten haben, die
vielleicht in der Geschichte der europäischen Völker
nicht ihres Gleichen findet. Da ist auch kein An-

schlag, kein Plan, kein Mittel, keine Maaß-Regel, die von den Beamten der Krone erdacht worden sind, um die Jacobiner-Grundsätze in
Frankreich auszurotten, die nicht gerade zu vielmehr
die Wirkung gethan hätten, jene Grundsätze nicht
nur bey der französischen Nation zu befestigen, sondern sie auch noch überdieß auf dem festen Lande des
ganzen Deutschen Reichs immer weiter zu verbrei-
ten. Seit der Eröffnung des gegenwärtigen ent-
scheidenden Feldzuges ist kaum ein Courier nach
England gekommen, der nicht Herold von einem
oder dem andern neuen Unglücke gewesen wäre.
Wollen Sie, My Lord, die ganze Rechnung aufnehmen; so werden Sie finden, daß sie buchstäblich
folgender Maaßen steht: —

Der Kaiser

hat die sämmtlichen östreichischen Niederlande verlohren; — die Blüthe seiner Armeen ist gänzlich
vernichtet, — seine Schatz-Kammer bis auf nichts
ausgeleert, — seine Regierung von jenseit des
Rhein-Stromes vertrießen. — Die Ober- und
Unter-Pfalz, — das Herzogthum Jülich, — die
beiden geistlichen Churfürstenthümer Trier und Cöln,
und die sämmtlichen Ländern am Ober- und Nieder-
Rheine sind von den Waffen der französischen Republik erobert. — Der Reichstag zu Regensburg
erklärt sich peremptorisch wider die Fortsetzung des
Krieges: und was für das Haus Oestreich noch gefährlicher ist, als alles andre, so hat sich in den

sämmtlichen Staaten desselben durchgängig ein Hang zum Aufstande so deutlich veroffenbáret, daß man vermuthen darf, es werde binnen gar kurzer Zeit auf eine neue Ordnung der Dinge gedrungen werden *). — —

Der König von Preußen

ist von den französischen Armeen so derb geschlagen, daß er sich gezwungen gesehen hat, öffentlich zu er-kláren, er wäre schlechterdings außer Stande, den Krieg länger fortzusetzen. In der Erklärung, die er hierüber der Welt gethan hat, sagt er ausdrück-lich: „die Franzosen kamen in solchen Schaaren „angezogen, und fochten mit so enthusiastischer Ta-„pferkeit, daß alle Kriegs-und Manns-Zucht nichts „half und selbst das Siegen über sie keinen Nutzen „hatte." — Dabey steht es um seine Finanzen so schlecht, daß er von England ein ungeheures Subsidien-Geld verlangt, wo fern er nicht ge-zwungen seyn soll, den Ueberrest von seinen Trup-pen gänzlich aus dem Kreuz-Zug hinweg zu ziehen.

Dieses ungeheure Subsidien-Geld ist denn auch von England bezahlet, und hinterher von Seiner

---

*) Daß von diesen Nachrichten nur ein mäßiger Theil wahr, und der andre Theil von unserm Autor ziemlich übertrieben sey, bedarf für unsre deutschen Leser kaum einer Erinnerung. Aber was in der Nähe klein und unbedeutend ist, wird durch Ausbreitung der Gerüchte in die Ferne nicht selten zum Ungeheuer, wie die Mißge-burt in der Fabel.

Preußischen Majestät nach Pohlen getragen worden,
um einen eben so gerechten, als nothwen=
digen Krieg wider dieses Land zu führen. ·· In
Pohlen wurden aber Seine Preußische Majestät ge=
schlagen, und nunmehr sind Allerhöchst=Dieselben
hauptsächlich bemühet, den Saamen republicanischer
Grundsätze, der während Ihres Kreuz=Zuges wider
Frankreich in allen Ihren Ländern dicht ausgestreut
worden ist, zu ersticken *).

Die Kaiserinn aller Reußen
weint bittre Thränen über die Niederlagen und
Metzeleyen, die ihren geliebten Bundes=Genossen
begegnet sind, läßt Manifeste über Manifeste ergehn,
und ordnet öffentliche Gebete zum Him=
mel, um Ausrottung der Jacobiner=Grund=
sätze an allen Enden der Erdkugel an. ———

Der spanische Monarch
ist so völlig überwunden, daß sich das Schrecken vor
der rächenden Macht der beleidigten Franzosen schon
bis an die Thore von Madrit verbreitet hat. Seine
vornehmsten Städte in der Herrschaft Biscaya und
in der Landschaft Guipuzcoa sind ihm von den fran=
zösischen Jacobinern weggenommen, und alle die
silbernen Heiligen und gebenedeyeten

---

*) Davon ist uns außer dem Aufstand in Süd=Preußen wei=
ter nichts bekannt worden, als ein oder der andre zufäl=
lige Auflauf in Breslau, in Berlin und im schlesischen Rie=
sen=Gebirge, der aber nirgend wider die Regierung, son=
dern bloß etwan wider einzelne mißfällige Staats=Beam=
ten gerichtet war.

Jungfrauen, die sie darinnen gefunden haben,
nach Paris in die Münze abgeführt worden, wo sie
nun zu Gelde geschlagen werden sollen. ———

Der König von Sardinien

erhält jährlich baare zweymal hundert tausend Pfunde Sterlings Englischen Geldes, um sich bey dem Besitze seiner eignen Lande
zu behaupten, von denen er gleichwohl fast von Woche zu Woche ein Stück verliehrt. Das ganze Gebiete des Herzogthumes Piemont *) ist bereits von
den Franzosen erobert; und selbst Turin unlängst
in große Gefahr gerathen, gleiches Schicksal zu erfahren. —

Der Erb-Statthalter

ist in den vereinigten Provinzen nicht eine Stunde
mehr sicher. — Ganz Flandern und ganz Brabant
ist, so weit es bisher den Holländern gehörte, bereits in den Händen der Franzosen; und so eben rückt
eine Armee von 150,000 Mann gegen Holland selbst an,
ohne daß irgend weiter eine Truppen-Macht vorhanden wäre, die ihr widerstehn könnte, als was der
Statthalter und seine nächsten Freunde aufzubrin-
gen vermögen **). Die Holländer selbst waffnen sich
gegen

---

*) Savoyen und Nizza, nicht aber Piemont, sind bisher
von den Franzosen erobert worden. Mit der Geographie
auswärtiger Länder scheint es unser Autor, wie seine Landsleute überhaupt, eben nicht sehr genau zu nehmen.

**) Er hat, bald nach dem Original-Abdrucke dieses Schrei-
bens, mit seiner ganzen Familie, die Niederlande zu verlassen

gegen unsre Völker, und fluchen in allen ihren Provinzen so wohl ihrem Englischen Alliirten, als dem Kriege. — Jedermann ruft laut nach Frieden, und befindet sich in einem Gemüths-Zustande, der nicht viel besser ist, als offenbare Feindseligkeit gegen die statthalterische Regierung. —

Die Könige von Schweden und Dänemark

rüsten Kriegs-Flotten zur Beschützung ihres Handels aus. — Sie dringen ohne Umstände auf Ersatz wegen der Seeräubereyen, welche die Englischen Kreuzer an ihren Handels-Schiffen begangen haben, und bestehen schlechterdings darauf, daß ihre Schiffe nach Frankreich, so wie nach jeder andern Welt-Gegend segeln sollen, ohne von Engländern belästigt zu werden. Der witzige Minister hat eine Weile den Bramarbas gegen sie gespielt, muß aber doch nachgeben und sie in allen ihren Foderungen befriedigen. —

Die Republik Genua

hat eine Zeitlang eben dergleichen ungebührliche Begegnung von dem brittischen Minister erlitten, der ihr nunmehr auch gleiche Genugthuung zu leisten gezwungen ist. —

Die vereinigten Staaten von Nord-America.

sind über das eben so nichtswürdige als heimtückische Verfahren des brittischen Ministers, daß er die

sich gezwungen gesehen, und sie bis itzt noch nicht wieder betreten.

S

Wilden zum Kriege wider sie hetzt und unterstützt,
dermaaßen erbittert, daß sie auf einen Bruch mit
England dringen; und ihr Geschrey wird schon in
den mehresten Provinzen so laut, daß man beynah
überall anfängt, den Bruch mit ihnen für unver=
meidlich zu halten *).

Aber um das Ganze zu krönen, —
Herr Pitt,

dieser überall hervor=scheinende Premier=Minister
der brittischen Krone, der, — nachdem er auswärts
Subsidien verschwendet, den drohenden Thraso ge=
macht, hinterher seine Sottisen wiederrufen, einen
jeden mit Geschenken bestochen, und einem jeden
glatte Worte gegeben, zu Hause aber Processe wi=
der viele ehrliche Leute angefangen, noch mehreren
gedroht, Recruten angeworben, alle heimlichen
Winkel durchkrochen, Complotte und Gegen=Com=
plotte geschmiedet hat, — findet am Ende, daß al=
le seine Anschläge, Plane und Kniffe weiter in der

*) Wäre nicht Washington eben so weise, als patrio=
tisch; so würde Nord=America nun schon seit zwey Jah=
ren im Kriege wider England begriffen seyn. Und wer
weiß, was geschehn wird, wenn Washington den
Präsidenten=Stuhl verläßt, wie er, allen Nachrichten zu=
folge, bey der nächsten Wahl zu neuen Gliedern des Con=
gresses zu thun willens ist? denn fast ganz America hält
den Congreß und seinen Präsidenten für zu nachgebend
gegen Groß=Britanniens unverschämte Anmaaßungen,
und bezeigt sich äußerst unzufrieden mit einigen Bedin=
gungen des Handels=Tractates, der neulich zwischen bey=
den Mächten geschlossen worden ist.

Welt zu nichts genützt haben, als die Republik
Frankreich auf eine bleibende Basis zu gründen, und
den Saamen des Jacobinismus in allen europäischen Ländern auszustreuen. Und gleichwohl tritt
zu eben der Zeit dieser Herr Pitt an seinem Sitz
im Parliament auf, und hat die unerhörte Dreistig-
keit, dem Englischen Volke vorzuplaudern, wenn
es auch mit allen seinen Unternehmungen, und besonders mit dem Kriege wider Frankreich noch zehnmal schlechter
gienge, so müsse es doch, deß allen ungeachtet, diesen Krieg fortsetzen: denn
der brittische Thron stünde anders nicht zu
retten, als durch Wiederherstellung der monarchischen Regierungs-Form in Frankreich.

In dieser Lage befinden sich dermalen England
und seine Bundes-Genossen; und in der so eben
von mir beschriebenen Lage befindet sich namentlich
der Hoch-und Wohlgebohrne Herr Wil-
helm Pitt vor den Augen seines Gottes, seines Vaterlandes und seines Königs.

Während der letzten Parliaments Sitzung haben Sie so wohl, My Lord, wie ich, gar häufig
diesem Minister zugehöret, da er anfieng, einzusehn, daß alle seine angelegentlichen Bemühungen, mit Unterstützung aller seiner Weisheit,
nicht vermögend wären, die monarchische Regierungs-Form wieder in Frankreich einzuführen, und
sich deshalb genöthigt fand, eine Rechtfertigung

seines Verfahrens vorzutragen. — Die Gründe, die er hatte, Groß = Britannien bey dem hoffnungslosen Kreuz = Zuge wider Frankreich zur mitwirkenden Partey zu machen, liefen auf Folgendes hinaus.

Herr Pitt sagte, „die republicanischen Grundsätze machten auf unsrer Insel beträchtliche Fortschritte, und die Ausbreitung derselben veroffenbarte sich vor den Repräsentanten des Volkes wiederholentlich in der Gestalt von Bitt=Schrfften, um eine Parliaments=Reforme. ⸱⸱⸱ „Wenn es den Franzosen für „genossen hinausgeht, daß sie über den Trüm„mern ihrer Monarchie eine neue Regierung errich„teh; so dürfen wir nichts Geringeres erwarten, als „daß binnen weniger Zeit ein wechselseitiges Ver„ständniß zwischen den Mißvergnügten in Groß„Britannien und der Vollstreckungs = Gewalt in „Frankreich entstehn werde. - Die Folgen hiervon „fallen einem jeden in die Augen. ⸱⸱⸱ Man wird „ungesäumt in England eine Republik zu gründen „suchen; und uns̅re einheimischen Feinde werden ohne „allen Zweifel ihren Freunden in Frankreich anlie„gen, daß sie ihnen zur Ausführung dieses Anschlags „hülfliche Hand bieten sollen. ⸱⸱⸱ Der verlangte „Beystand wird ihnen mit Freuden geleistet werden; „und auf diesen Fall wird Groß=Britannien unfehl„bar in alle die Drangsalen gestürzt seyn, die das „Volk in Frankreich seit dem Anfange der dortigen „Revolution auszustehn gehabt hat. Es sind aber „auch“; setzte der Minister hinzu, „nichts weniger,

„als Visionen einer kranken Einbildungs-Kraft,
„sondern unausbleibliche Folgen davon, daß wir
„den Krieg nicht so lange fortsetzen wollten, bis die
„Jacobiner-Faction, von der itzt Frankreich be-
„herrschet wird, ausgerottet, und die monarchische
„Regierungs-Form in diesem Königreiche wieder-
„hergestellt ist".

Wenn ich mich nicht sehr irre, My Lord, so habe ich mit diesen wenigen Worten die wahren und
unverstellten Grundsätze und Gesinnungen des Ministers treulich dargestellt. Ganz gewiß verdient er
ein Lob dafür, daß er doch wenigstens indirecte ein-
gesteht, es sey bey ihm Haupt-Absicht gewesen, warum er sich in den Krieg eingelassen hat, daß das
Volk dadurch von dem Geschrey nach einer Reforme
in dem populären Aste der brittischen Gesetzgebungs-
Gewalt abgezogen, und demselben etwas anders zu
thun gegeben werden sollte.

Es scheint aber in That, daß Herrn Pitt's
Weisheit in diesem Stücke mit seinem Interesse
in Streit gerathen sey. Denn wahrhaftig,
wenn er sich nur mit seinem Commissarius,
Hrn. Reeves *), darüber besprochen hätte; so

*) Dem berufnen Präsidenten der, in der Krone und Anker
Schenke zu London zusammenkommenden so genannten legalen, (aber von dem eben so beredten als gründlichen
Sachwalter Thomas Erskine für illegal erklärten)
Association zu Erhaltung und Behauptung
der hergebrachten Constitution gegen Republicaner und Gleichmacher, die überhaupt mehr

würde er doch erfahren, und hoffentlich auch wohl eingesehen haben, daß ein unglücklich geführter Krieg, der aus solchen Absichten angefangen wird, das brittische Volk zwiefach in Harnisch jagen, und es in seinen Forderungen nach einer Parliaments-Reforme doppelt gewaltthätig machen könnte; daß mithin das Volk alsdann mit verdoppeltem Nachdruck auf eine Reforme, als etwas unumgänglich Nöthiges, dringen würde. ... Sagt man ihm aber vor, und sagt es ihm vollends der Minister selbst vor, die brittische Krone müsse verlohren gehn, wenn in Frankreich die monarchische Regierungs-Form nicht wieder hergestellt würde, (und daß dieses geschehen werde, dafür möchte ich nicht einen Sou verwetten,) was für ein unwidersprechliches Argument giebt man nicht damit dem Volke, da es eine solche Reforme gerade zu Erhaltung der Krone und seiner Verfassung für nöthig hält, an die Hand! —

Das war also ein höchst widersinniges Experiment — so gar nach seiner eignen Darstellung, die uns diesen Herrn Pitt als einen ministerialischen Reit-Knecht*) zeigt, der trotz dessen, daß er über den vor ihm stehenden Zaun erschrickt, dennoch den Sprung mit dem gewöhnlichen Ausrufe wagt ... „hier gilt's den Hals oder nichts‟.

Allein, My Lord, dieser Herr Pitt hat sich erdreistet, geradehin etwas zu behaupten, dem Tau-

den Zweck hat, wider die Freyheit selbst, als wider den Mißbrauch derselben zu wirken.

*) Jockey.

sende in Groß-Britannien ausdrücklich und kühnlich widersprechen können. Er sagt nämlich, es hätten in England republicanische Meynungen schon so schreckhafte Fortschritte gethan, daß auf den Fall hin, wenn den Franzosen die Einführung einer Regierungs-Form gelingen sollte, bey der das Königs-Amt wegfiele, wir Britten es ihnen bald nachthun würden. — Dieser zuversichtlichen Behauptung des Ministers, My Lord, kann ich nunmehr ziemlich geradezu, aus eigner Kenntniß der wahren Umstände, widersprechen.

Ich habe nämlich in dem Verlaufe des noch fortwährenden Jahres (1794) viele von den vornehmsten Manufactur-Städten, und verschiedne andre Gegenden von England besuchet; und da habe ich zwar allerdings gefunden, daß das Volk durchgängig auf die entscheidendste Art wider den Minister und den Krieg, den er angefangen hat, eingenommen, daß aber doch immer noch jedermann für Erhaltung und Unterstützung der monarchischen Regierungs-Form gestimmt war. So gar diejenigen, die ohne Bedenken ihre Freude darüber bezeigten, daß die Franzosen so herzhaft ihr Recht behaupteten, sich selbst Gesetze zu geben, und eine Regierungs-Form, wie sie es selbst für diensam befänden, in ihrem Vaterland einzuführen, waren gerade aus diesem Grunde die entschlossensten Feinde jedes Eingriffes in ihre eigne Landes-Verfassung. Sie wußten und sagten zwar unverhohlen, es hät-

ten sich Mißbräuche in unser System eingeschlichen;
diesen müsse wieder abgeholfen werden, und es kön=
ne sich keine weise Regierung einfallen lassen, sie
immerfort beyzubehalten: allein sie wären doch auf
keine Weise der Meynung, daß das System, wel=
ches unsre Nachbaren erwählet hätten, durchaus
besser wäre, als eine monarchische, durch Gesetze
beschränkte Regierung. „Sollten wir‟, hieß es,
„eine Regierungs=Form, von der noch kein Mensch
„aus Erfahrung sagen kann, daß sie gut sey,
„blindlings annehmen, und mit Einem Schlag eine
„Verfassung zerstören, unter der wir, ihrer Män=
„gel ungeachtet, so lange im Flor gelebt haben?‟
„Nein, nein, ⸴ ⸴ ⸴ mögen doch die Franzosen im=
„merhin nach eignem Gefallen ihre Regierung formen
„und gießen; jede Abänderung ihrer vorigen Regie=
„rung wird immer eine Verbesserung seyn *): aber
„unsre Regierung anzutasten, dürfen sie sich nicht
„gelüsten lassen. Wenn ihr republicanisches Gesetz=
„Buch dereinst seine hundert Jahre ausgehalten
„hat; so werden unsre Nachkommen alsdann recht
„gut urtheilen können, was es werth sey. Es hat

---

*) Nur die Anarchie, in die das französische Volk durch heil=
lose Factionen gestürzt wurde, war mehr Verschlimmerung,
als Verbesserung seines vorigen, unläugbar höchst kläg=
lichen Zustandes. Von Anarchie redeten aber auch diese
Engländer nicht, sondern von Abänderung der Regie=
rungs=Art. Und da Anarchie doch nie von Dauer seyn
kann, Despoterey hingegen, der Erfahrung nach, immer
Jahrhunderte lang fortwährt; so haben die Franzosen im
Grunde durch ihre Revolution nichts verlieren können.

„zwar gegenwärtig den Anschein, daß es von der
„Weisheit selbst eingegeben sey: aber es fehlt ihm
„doch noch der untrügliche Stempel der Erfahrung,
„um es in England gangbar zu machen."

Ich unterstehe mich, dreist und mit den ausdrück-
lichsten, entschiedensten Worten zu behaupten, My
Lord, daß dieses gegenwärtig die Grundsätze und Gesinnungen von wenigstens vier Fünftheln des Englischen Volkes, ja so gar die Grundsätze und Gesinnungen derer seyen, die so weit gehen, daß sie sich unbedingt
erklären, sie wären schlechterdings, möcht' es auch
kommen, wie es wollte, entschlossen, eine Radical
Reforme in der Volks-Repräsentation durchzusetzen.

Daß es in Groß-Britannien viele Leute gebe,
die, ihren Grundsätzen nach, Republikaner sind,
und die also der Einführung einer republikanischen
Regierungs-Form in England ohne viel Bedenken
beytreten würden, ist, glaub' ich, zuverläßig und
gewiß: aber ihre Anzahl würde auf der Waage nicht
eine Oblate wiegen, wenn ein Anfall auf die Festig-
keit des Throns gethan werden sollte.

Ich für meinen Theil gestehe offenherzig *):
wenn mir jemand ehrlich und redlich eine Republik

*) Der deutsche Herausgeber bittet jeden, in monarchisch-re-
gierten Staaten lebenden, und darinnen republikanisch-
gesinnten Leser, die hier folgenden Paar Seiten mit
Bedachtsamkeit durchzulesen. Ihm selbst sind sie wie aus
dem Herzen geschrieben — ob er gleich eben so aufrichtig
bekennen darf, daß er bloß so lange schlechterdins für
monarchische Regierungs-Form stimmen könne, als die

zeigen kann, die dermalen auf dem festen Lande in
Europa exiſtirt, und in der das Leben, die bürgerliche Freiheit, und das Eigenthum der Menſchen
beſſer geſichert, und die Glückſeligkeit jedes Indivi-
duums mit größerer Wachſamkeit und Sorgfalt be-
wahret iſt, als in England; — ſo werde ich dieſes
republikaniſche Syſtem annehmen, und mit aufrichtigem Herzen bethen, daß es auf unſrer Inſel eingeführt werden möge. Allein, My Lord, ſo lehren
uns alle die Beyſpiele, die wir bisher gekannt haben, uns vor einer republikaniſchen Regierungs-
Form mehr zu ſcheuen, als daß wir einem Wunſche
Raum geben könnten, daß ſie bey uns eingeführt
würde.

Sehen wir die Staaten der vereinigten Niederlande an; ſo werden wir finden, daß das Volk
da unter dem Druck einer Ariſtokratie leide, die
den Namen, und von außen auch die Geſtalt einer
Magiſtratur annimmt, die aber den Zuſtand der
niedern Menſchen-Claſſen wahrhaftig bedaurens-
werth macht.*)

Menſchen im Großen geneigt bleiben werden, mehr der
Stimme ihrer Leidenſchaften, als dem Zuruf ihrer Vernunft zu gehorchen. So bald Vernunft die Regierung
führte, würde an der Form, in der ſie regierte,
nicht das mindeſte gelegen ſeyn. — Er kann ſich bey dieſer Gelegenheit nicht enthalten, aufs angelegentlichſte das
Leſen einer kleinen Schrift, die zu Michaelis 1795 unter
dem Titel erſchienen iſt: Zum ewigen Frieden;
ein philoſophiſcher Entwurf von Immanuel
Kant. (Königsberg in 8.) zu empfehlen.

*) Ob es mit dieſen Provinzen in ihrer neulich angefange-

In den vornehmsten Cantonen der helvetischen Eydgenossenschaft, besonders in Bern und Zürich, ist die Regierung im Grunde wirklich aristokratisch: ein Geschlechts-Register gilt in diesen Ländern für den zuverläßigsten Paß zu einträglichen Macht-Posten; und die niedern Stände sind so weit in den Hinter-Grund vom Gemälde geschleudert, wie der Fall nur unter irgend einer andern despotischen Regierung auf dem festen Lande seyn mag.

Venedig hat an seiner Staats-Inquisition, an seinen Edlen und seinem Doge ein so schändliches, erniedrigendes Tyrannen-System*), daß jedweder Mensch von gesundem Verstande, der sich gezwungen sähe, zwischen dem Gebiete dieser so-genannten Republik und den Staaten des Groß-Herrn zu wählen, wo er seine Wohnung noch am liebsten aufschlagen möchte, sich zuverläßig unter den Türken niederlassen, und sein Leben unter ihnen Freiheit nennen würde.

Genua ist bekannter Maaßen in seinem Tyrannen-System so ziemlich Nebenbuhler seines venetianischen Nachbars; — und in Pohlen ist das Volk

nen Reforme besser werden, und diese Reforme selbst Bestand haben werde, kann vielleicht schon das Jahr 1796 lehren.

*) Den unwidersprechlichsten Beweis hiervon führen die im J. 1795 (meines Wissens zu Ulm) gedruckten Mémoires historiques et politiques de Venise, redigés en 1792, in 2 Bändchen, die von einem ehemaligen Mitgliede dieser Aristokratie herrühren.

bisher von seinen Magnaten und Edelleuten
schlechthin als ein zum Landguthe gehöriges Perti-
nenz - Stück willkührlich verkaufet oder im Testa-
ment an Erben vermachet worden. —

Und wir haben gleichwohl diese Länder von je
her Republiken genannt, und sie als freye Staaten
betrachtet.

Nach America mag ich nicht reisen, um dort
eine Probe von einer wohl - eingerichteten Republik
zu sehn; und zwar aus einem Grunde, den auch der
seichteste Kopf im voraus errathen haben müßte.
Der amerikanische Verfassungs - Coder läßt sich vor
der Hand bloß noch als ein Regierungs-Experiment
betrachten; und mehr können auch seine gründlichsten
Sachwalter nicht davon rühmen. Er steht bis auf
heutigen Tag noch in seiner Minderjährigkeit; wer
kann uns aber Bürge dafür seyn, daß er seine hundert Jahre, diesen großen Probir - Stein aller
Anstalten unter dem Mond, überleben werde? In
Wahrheit, My Lord, es gibt so gar dort Meynungen von sehr glaubwürdigen Männern, die sich auf
gründliche Kenntniß des ganzen Landes gründen; die
auch keiner von den augenscheinlichen Vorzügen abläugnen, welche einige ihrer Provinzen von Natur
vor andern voraus haben, die aber ihre Schlüsse
auf die Gesinnungen der Menschen unter jedem Him-
melsstriche und in jedem Lande bauen, und die uns
nichts weniger als eine schmeichelhafte Hoffnung machen, daß das ißige republicanische System von

Nord-America ihren Liebling Washington gar zu
lange überleben werde.

Daß dieses bloße Vermuthung sey, My Lord,
räume ich ohne Widerrede ein: aber ich glaube doch
immer noch völlig Recht zu haben, wenn ich die Erklärung thue: da sich noch kein Mensch der Vorzüge der nord-amerikanischen Verfassung und des Be-
stehens derselben in die Länge völlig versichert halten
kann, sondern vielmehr im Gegentheile die Urtheile der
gescheutesten Männer von der künftigen Wirksamkeit dieser Verfassung wenigstens zweifelhaft sind;
so ist auch gewiß die Anzahl der Britten, die in der
Voraussetzung, daß sie an den Nord-Americanern
ein vollkommenes Muster von einer republicanischen
Regierung vor sich hätten, eine solche Regierung
hier zu Lande gern eingeführt wissen möchten, bis
itzt noch sehr klein.

Allein, My Lord, so wenig mir bisher aus der
Erfahrung, oder auch aus der Geschichte, ein Beyspiel von einer republicanischen Regierungs-Form
bekannt geworden ist, die so trefflich organisirt gewesen wäre, daß ich dadurch berechtiget, oder gar
genöthigt würde, ihr den Vorzug vor unserm Regie-
rungs-System zu geben; so möchte ich doch nicht gern
so verstanden seyn, als wäre ich schlechterdings der
Meynung, daß unsre Nachbaren durchaus nicht fähig seyn sollten, eine Regierungs-Form zu Stande
zu bringen, welche die Bewunderung aller civilisir-
ten Staaten werden könnte. Das würde ja ein an-

maaßischer Dünkel seyn, deſſen ſich mit Rechte wohl
ſelbſt Herr Pitt ſchämen dürfte. ; ;

Die Franzoſen haben, während des Verlaufes
ihrer Revolution, ſo viele Schwierigkeiten überwunden; ſie haben die Energie der menſchlichen Gemüther in eine ſolche Thätigkeit geſetzt, und ihnen eine
ſo feſte Richtung gegeben, Dinge durchzuſetzen, von
denen man in vorigen Zeiten nicht anders geglaubt
hatte, als daß ſie weit über den engebeſchränkten
Kreis menſchlicher Fähigkeit wären — daß uns
über dem Anſchauen ihrer erhabnen Kräfte ein
Schwindel befällt, und es gegenwärtig für einen
jeden, er heiße, wie er wolle, ſchon ziemlich ſchwer
und bedenklich werden muß, mit Gewißheit ſagen zu wollen, dieß oder das könnten ſie nicht.
Wir haben Armeen, welche hauptſächlich aus
Menſchen beſtanden, die beym Feld-Bau erzogen, und unmittelbar von landwirthſchaftlichen Arbeiten weggenommen worden waren, die zahlreich-
ſten und diſciplinirteſten Truppen, die nur jemals
zum Abſchlachten ihrer Neben-Menſchen abgerichtet
worden ſind, beſiegen ſehen. Wir haben geſehen,
daß ihre Befehlshaber, die aus dem Kram-Laden,
hinter dem Schreibe-Pulte vor, und ſogar vom
Poſt-Pferde genommen wurden, ihre Legionen mit
der ganzen Einſicht der erfahrenſten Feldherren an-
führten, und die äußerſte Anſtrengung von Männern zu ſchanden machten, welche lange Jahre hindurch in der Wiſſenſchaft militäriſcher Taktik erzogen
waren, und im Kriegs-Handwerk einen Ruf vor

fich hatten, welcher dem Ruhme der gepriesensten Hals-Abschneider des Alterthums nichts nach-gab. Wir haben erlebet, daß sich den französischen Waffen zweyhundert (Englische) Meilen weit von Paris eine Festung ergab, und der Rapport von diesem Siege hundert und achtzig (Englische) Mei-len weit hinnen sieben und vierzig Minuten nach der Hauptstadt gelangte. Wir haben Kinder, die noch nicht ein Dutzend Sommer geathmet hatten*), und denen man nicht zulassen wollte, Theil an den Gefahren einer Belagerung zu nehmen, hierüber wei-nen, die Schranken, welche ihnen von der Liebe ihrer Aeltern gesetzt waren, durchbrechen, nach den Schanzen laufen, unter den Getödteten beynah er-sticken, und das Winseln der Sterbenden mit dem lau-ten Geschrey, vive la République! vive la Nation! über-täuben gesehen. Wir haben Weiber zu ganzen Com-pagnien am Tage der Schlacht mit ihren Männern um den Posten der Gefahr streiten, nach dem Gefecht ihre Todten mit militärischen Ehren-Bezeigungen be-graben,**) und hernach mit der völligen Regularität der erfahrensten Veteranen nach ihrem Lager zurück-marschiren gesehen. Wir haben zu einer Zeit da man bey der ganzen Nation, weil ihre Salpeter-Vorräthe erschöpfet waren, Mangel an Schieß-Pulver zu leiden anfieng, das Volk seine erfinderischen Kräfte und Fähigkeiten auf eine so bewundernswürdige Art anwenden gesehen, daß binnen Zeit von etlichen

*) Zu Landrecy. A. d. B.

**) Zu Bellegarde. A. d. B.

Monaten eine Quantität davon zusammenkam, die
die zum Ueberfluß hinreichte, eine Million Menschen,
die ganze Zeit des allerthätigsten Feldzuges hindurch,
damit zu versorgen. Dieses alles, und noch mancherley andere Dinge mehr, die in vorigen Zeiten
würden für chimärisch gehalten worden seyn, haben
wir von den Franzosen zu Stande bringen gesehen.
Wie wär' es also, My Lord, irgend einem Menschen möglich, zu behaupten, daß es einem Volke
welches solche erstaunliche Dinge schon ausgeführt
hat, deß allen ungeachtet mit der Bildung seiner
Regierungs-Form mißlingen werde? Lieber lassen
Sie uns, My Lord, glauben, und zum wenigsten
lassen Sie uns hoffen, daß sie die Vortheile des
Systems, welches sie erwählen, (sey auch dieses von
was für Art es wolle,) erfahren, und ihre Nachkommen die Segens-Wohlthaten, die ihren Vorfahren von der fühllosen und grausamen Hand willkührlicher Herrscherey so viele Jahrhunderte lang
vorenthalten worden sind, genießen und sich derer
freuen werden.

Allein, My Lord, unser weiser Minister, will
und wird doch einmal für allemal bey der Behauptung
bleiben, daß nicht nur unsre politischen Verfassung
die äußerste Gefahr bevorstehe, sondern auch unsre
heilige Religion sich in einer eben so mißlichen Lage
befinde. Die Grausamkeit, welche die Franzosen
unläugbar bey Abschlachtung der widerspänstigen,
und bey Zerstreuung fast aller übrigen Priester bewiesen haben, hat freylich gewissen Leuten eine
frucht-

fruchtbare Materie zum Lästern dargeboten. Auch
bin ich selbst durchaus kein Freund von Barbareyen
irgend einer Art; und es sind dergleichen, wie ich
glaube, in Frankreich seit dem Anfange der Revolution nicht wenige begangen worden, die gar wohl
hätten ersparet werden können, ohne daß die wichtige Sache, die man durchzusetzen suchte, den mindesten Schaden davon gehabt haben würde; — aber
ich kann mich doch bey alle dem nicht entbrechen, die
Verbannung der französischen Priesterschaft für einen
überaus erwünschten Vorfall, nicht allein zum Besten
der Franzosen selbst, sondern überhaupt auch zum
Besten von ganz Europa zu halten.

Es ist von den einsichtsvollesten Männern, die
an der Aufklärung der europäischen Welt gearbeitet
haben, durchgängig eingesehen und eingeräumt worden, daß der Leichtgläubigkeit des Menschen unmöglich ein System aufgeheftet und aufgedrungen werden konnte, welches erniedrigender für die Menschheit, schädlicher und verabscheuungswürdiger wäre,
als dasjenige, welches unter der Leitung des Pon-
tifex in Rom noch immer betrieben wird. Der reine
und milde Geist christlicher Freyheit ist da völlig verbannet; und es werden da dem Volke Meynungen
aufgedrungen, die so plump, so handgreiflich be-
lachenswerth sind, daß unsre Verwunderung sich
bis ins Erstaunen verliehrt, wenn wir erwägen, daß
dieses Unwesen schon so lange gedauert hat und noch
immer fortdauern kann.

T

Die Geschichte des Priesterthums, seit Errich-
tung des Oberbischof-Stuhles zu Rom, ist mit Blute
geschrieben. — Könige sind von dieser gott- und
gewissen-losen Bande geistlicher Apostaten verrathen
und verkaufet, vom Throne gestoßen, aller Ehren
und Würden völlig beraubet, und so gar ermordet;
ganze große Völker sind von diesen abscheulichen
Pfaffen in Kriege, die eine Total-Entvölkerung
drohten, mit aller Gewalt gestürzt, und Menschen
zu Tausenden den Flammen preis gegeben worden,
bloß weil sie einigen Zweifel in die evangelische Inquisitions-Gewalt ihrer Kirchen-Gemeinschaft gesetzt hatten, oder dessen beschuldiget wurden. , , ,
Ohne das Schellen-Geklingel dessen, was sie ver-
ruchter Weise die Kirche Christi nennen, soll, nach
ihrem frevelhaften Vorgeben, keine Seele die mindeste Hoffnung haben, zu den Freuden der Seligen
zu gelangen, sondern statt dessen verdammet seyn,
in einer oder der andern Bastille jener Welt ewige
Gefangenschaft zu leiden.

Es würde mir nur eine fruchtlose, und doch zugleich ermüdende Arbeit machen, wenn ich mir die
Mühe nehmen sollte, hier das mannichfaltige Unheil aufzuzählen, das für die Einwohner dieses Theiles der Erdkugel, und überhaupt für die Christen-
heit, aus den Ränken und Kniffen dieser nichtswür-
digen Menschen-Classe entstanden ist. — Aber man
legt den Franzosen zur Last, sie trieben es vorzüglich
in dieser Angelegenheit viel zu weit, indem sie nicht

nur die sämmtliche päbstische Priesterschaft auf ein=
mal als Unrath, wie mit dem Besem, zum Lande
hinausgekehrt, und alle Heiligen des Pabstthums
aus ihrem Kalender vertrieben hätten, sondern auch
noch obendrein gar das System der christlichen Lehre
als ein Mährchen behandelten, welches auf die Fa=
bel=Lehre der Alten gebaut sey, und gerade nicht
mehr Achtsamkeit verdiene, als wir jenen Wesen der
Einbildung zu gönnen pflegen, die von den ältern
Astronomen in Aegypten unter die Sternbilder ge=
setzt worden sind.

Ich glaube selbst, daß diese Beschuldigung nicht
ungegründet sey; und was noch mehr sagen will,
so höre ich gar, es solle den Schulleuten in Frank=
reich die Vorschrift gegeben seyn, die heranwachsen=
de Generation zu einer moralischen Tugend=Lehre
zu erziehen, die mit allem Glauben an eine allmäch=
tige, schaffende und selbstständige Vorsehung nichts
zu thun hätte. Die Encyklopädie, die nun=
mehr, wie uns die Franzosen mit triumphirendem
Tone vorsagen, einige hundert Quart=Bände ein=
nimmt, soll in Zukunft guten Theils dieser Art von
Lehren gewidmet werden. Ich bin, wie Sie sehen,
My Lord, keineswegs ein Verfechter französischer
Grundsätze, so wenig der theologischen, als der
polemischen. Fragte mich aber jemand, ob ich für
dienlich hielte, daß wir zu der Absicht, die Athei=
sterey in Frankreich auszurotten, Krieg anfien=
gen; so würde ich auf der Stelle antworten, ein

T 2

solcher Einfall wäre ganz abscheulich - lächerlich — völlig eben so abscheulich-lächerlich, wie Herrn Pitt's Kreuz-Zug wider die Jacobiner in Frankreich.

Auf keinen Fall würde ich dreist genug seyn, dogmatisch zu sagen und zu behaupten, daß die französischen Philosophen durch den öffentlichen Vortrag solcher Meynungen schlechterdings die Staats-Moral beym Volke zu nichte machen werden. — Solche dreiste Behauptungen würde ich immer lieber dem Herrn Pitt, und seinem neuen Bundes-Genossen, dem Herrn Burke, überlassen. In diesem Stücke würd' ich antworten, (wie, meines Erachtens, einem jeden zu thun gebührte) „die Einsicht eines „einzelnen Menschen ist viel zu enge beschränkt, als „daß er über eine solche Sache ein entscheidendes „Urtheil fällen dürfte.“ Allein bey alle dem würd' ich doch kein Bedenken tragen, geradehin zu behaupten: „wer um dieser Ursache willen Krieg anfängt, „der schlägt einen ganz verkehrten Weg ein, das „Daseyn oder Nicht-Daseyn eines höchsten Wesens „auszumitteln; und unsre Nachkommen werden „unfehlbar wegen eines solchen Unternehmens eben „so bitter über uns urtheilen, wie wir itzt über unsre „Vorfahren wegen ihrer weisen Kreuz-Züge nach „dem gelobten Lande urtheilen.“

So weit mir, My Lord, meine schwachen Einsichten verstatten, über so was zu urtheilen, kann ich mir nicht vorstellen, daß Herrn Pitt's oder Herrn Burke's Bemühungen, atheistische Mey-

nungen hier zu Lande oder anderwärts zu ersticken,
im mindesten vonnöthen wären. — Denn sicherlich
können dergleichen Meynungen bey keiner aufgeklärten Nation durchgängigen Beyfall finden; ob wohl
nichts gewisser ist, als daß sie, seit länger als hundert Jahren her, in Frankreich immer mehr überhand genommen haben. Der berühmte Civilist
Grotius gedenkt in einem Brief an seinen Bruder,
den er um das Jahr 1642 geschrieben hat, der Philosophie unsers Gobbes mit vielem Lobe. Dessen
ungeachtet kann ich mir nicht anders vorstellen, als
daß ein alles-regierender Geist, eine Macht, die
das Universum beherrscht und erhält, für den Menschen-Verstand einleuchtend genug sey, um es uns
möglich zu finden, daß bey einer ganzen Nation
jemals der Glaube vom Gegentheile sollte Wurzel
fassen können; ob sich gleich manche einzelne Menschen einbilden mögen, daß die gesammte Materie
ein Compositum der Elemente sey, welches sich in
dem unendlichen Raum ohne allen Anstoß von außen
herum treibe, und bloß von selbst wirke. Die Materie, heißt es beym Atheisten, ist, weil sie ist; —
sie bewegt sich, weil sie sich bewegt: und hierinnen besteht sein Glaubens-Bekenntniß. Eine
solche Lehre, My Lord, wirft uns zuverläßig tausend Zweifel in den Weg, mit denen wir zu kämpfen
haben, die aber der Glaube an ein alles überschauen-
des und allmächtiges Wesen auf einmal heben kann.
Wir wissen, daß die Bewegungen der himmlischen
Körper regelmäßig sind: hierüber kann schon

deßwegen kein Zweifel Statt finden, weil wir die
Erscheinung einer Sonnen- oder Mond-Finsterniß
bis auf eine Zeit-Secunde ausrechnen, und voraus
wissen, in welcher Minute der Schatten eines Pla-
neten die Ansicht eines andern, ganz oder zum
Theil, für uns verfinstern werde. Diese Regelmä-
ßigkeit kann sicherlich nicht Wirkung einer Materie
seyn, die bloß von selbst thätig ist; sondern sie ist
augenscheinlich das Werk eines mächtigen Urhebers,
dessen Eigenschaften so gut, wie sein Wesen, für
menschliche Fassungs-Kraft unerreichbar sind. —
Dieß sind, für meinen Verstand wenigstens, so
evidente Wahrheiten, daß ich mir durchaus nicht
vorstellen kann, wie es möglich sey, die mindeste
reelle Gefahr, von den atheistischen Schriften französischer Philosophen im Ernste zu befürchten.

Ich würde mir gar nicht haben einfallen lassen,
eine theologische Materie in den vorliegenden Gegenstand zu mischen, wenn wir nicht neuerdings
von Atheisterey in Frankreich hätten so viel plaudern
hören, daß ich in Sorgen gerieth, Herr Pitt
möchte in einigen seiner künftigen Parliaments-Reden auch dieses als einen Grund zur Fortse-
zung des Krieges anführen. Indessen hat er
dem Volke schon so viel Geld zu seiner Absicht, den
französischen Republicanismus zu vernichten,
abgelockt, und hat dieses Geld so jämmerlich schlecht
angewandt, daß ich mir einbilde, er werde in der
nächsten Parliaments-Sitzung keine gar große Sum-

me zu der Absicht bekommen, die französische
Atheisterey zu zerstören.

Sollten wir aber wiederum Frieden bekommen,
(und ich setze mein Vertrauen auf Gottes Vorsehung, daß dieses nicht weit entfernt seyn werde:)
so kann das Englische Volk doch wohl auf die Gedanken gerathen, daß seine Religion eben nicht viel
Schaden darunter leiden würde, wenn die gesetzge-
bende Macht einen Theil ihrer Aufmerksamkeit auf
eine Reforme in der Englischen Kirche wendete. Das
Volk wird endlich wohl anfangen, zu glauben, daß
in der Austheilung der Kirchen-Pfründen einige
Abänderung unumgänglich nöthig sey, — und zu
wünschen, daß die Sanftmuth und Uneigennützig-
keit des apostolischen Charakters durchgängiger, als
bisher der Fall gewesen ist, zu Gegenständen der
Nachahmung für unsre Seelen-Hirten würden.
Das Volk kann sich endlich wohl überreden, daß
der Erlöser der Menschen und seine Apostel, wenn
sie itzt auf Erden wandelten, unmöglich ohne Abscheu einen geistlichen Lord in dem Besitz eines
jährlichen Einkommens von 10,000 Pfunden Sterlings, wofür er nichts zu thun hat, und dagegen
einen armen Substituten *) im Fürstenthume Wa-
les, der vielleicht sieben Kinder zu ernähren hat,
des Morgens am Sabbath-Tage zehn Englische
Meilen weit von seiner Hütte für weniger als zween

*) Curate.

Schillinge *) predigen, und, gedrängt von den Bedürfnissen seiner Familie, des Nachmittags für sechs Pence **) die Geige spielen sehn würden ***). Diese, und verschiedne andre, der Kirche angehörende Materien könnten wohl vom Volke für Gegenstände gehalten werden, die einiger Untersuchung und Abänderung bedürfen: — aber die reinen und wohlthätigen Grundsätze unsrer Religion werden sicherlich noch blühen, wann die Gegner derselben im Grabe der Atheisterey, vergessen oder verachtet, modern.

Aus dem, was ich bisher gesagt habe, My Lord, können Sie ersehn, daß ich troß der merkwürdigen Behauptung des Herrn Pitt am letzten Tage der vorigen Parliaments-Sißung nicht der mindesten Besorgniß für die Sicherheit unser Monarchie, oder unsrer Religion Raum gebe.

*) Ein halber Thaler schwer Lübisch Courant.

**) Drey gute Groschen.

***) Wie eine Nation, die auf den Grad ihrer Aufklärung so stolz ist, als die brittische, eine für sie selbst so schimpfliche Bettelhaftigkeit ihrer Dorf-Prediger mit ansehn könne, ohne durchzugreifen und dem Uebel ein Ende zu machen, steht einem Räthsel gleich. Und wie können Superintendenten oder Bischöfe, die nichts zu thun haben, wie der Autor sagt, mit gutem Gewissen bey ihrem Müssiggang ein so grosses Einkommen genießen, ohne an beßre Versorgung der Prediger zu denken, deren Aufseher sie seyn wollen? Für Christen kann ich solche Bischöfe nicht erkennen: heidnische Bauch-Pfaffen müssen sie seyn.

In der That, My Lord, wir nehmen an dem ganzen Ministerial-Verhalten dieses Mannes eine Schwäche der Geistes-Kräfte wahr, bey der er schlechterdings nicht zu den Eigenschaften gelangen kann, die zur Bildung eines großen Staatsmannes schlechterdings erfoderlich sind. In die geheimen Absichten und verschiedentlichen politischen Grundsätze auswärtiger Cabinetter zu bringen, und zu beurtheilen, wenn und wo er sie zur Beförderung seiner Anschläge brauchen könne, erfodert nicht nur einige Erfahrung, sondern auch Scharfsinn. Will er sich aber zu dem erhabnen Range eines wahrhaftig weisen und vollkommenen Ministers erheben; so muß er die mannichfaltigen Wege und Krümmungen des menschlichen Herzens studiren, und muß sich gründlich mit der Art und Weise bekannt machen, wie die verschiedne Vorurtheile und Leidenschaften der Menschen zu nutzen seyen, und wie sie durch Erziehung und Local-Gebräuche gemodelt werden.

Wäre nicht Herr Pitt in dem Studium seiner eignen innern Natur ein jämmerlicher Neuling gewesen; so würde er gar bald inne geworden seyn, wie wenig er, vernünftiger Weise, die Hoffnung heegen durfte, daß die französische Armee durch die Lehren von Freyheit und Gleichheit, (so wie solche vom National-Convente verstanden, erkläret, und ihr öffentlich mitgetheilt worden waren,) zur Vernachläßigung ihrer Kriegs-Zucht verleitet werden könnte. Er würde eingesehen haben, daß man aus einem Volke so ziemlich machen könne, was man wolle, wenn man es nur einmal zu irgend einem gegebenen polemischen oder theologischen Grundsaße, der nicht seiner Vernunft geradezu widerspricht, erzogen hat.

Bedürfte es dermalen noch der Beyspiele, die Meynung zu erhärten, daß sich die Menschen überhaupt durch das, was sie einmal gewohnt worden sind, unabhängig von der Vernunft, regieren lassen; so könnte ich Sie, My Lord, an unsre neulichen Verträge mit den beyden Landgrafen von Hessen, zu Cassel und zu Darmstadt, erinnern. Diese wackern Herren bereden sich mit unsrer Regierung, für eine gesetzte Summe Geldes so und so viel Menschen zu miethen und zu vermiethen. „Aber“ sagen sie, „wenn einem der Kopf abgeschossen wird; so „bekommen wir dafür so und so viel Thaler Banco. — Wird ihm ein Arm weggeschossen, so und „so viel Thaler Banco; oder ein Bein, so und „so viel Thaler Banco“. — Und da desgleichen ausgemacht wurde, „daß drey Bleßirte für ei„nen Todten gerechnet werden sollten“; so ist es possirlich, zu bemerken, wie die Agenten solcher Menschenfleisch-Händler nach einem Gefechte die Mannschaft mustern, und das kleinste Ritzchen in Rechnung bringen.

Warum unterwirft sich denn nun das Volk einer Tyranney, vor deren bloßer Erzählung schon dem Volke in England die Haut schaudert? - - - Ey!

My Lord, bloß darum, weil man jenes Volk bey
dem Glauben erzogen hat, die Köpfe, Beine
und Aerme der Einwohner gehörten alle ihren
gnädigsten Herren als Eigenthum; und
was, wo möglich, noch außerordentlicher ist, das nämliche Volk schreyt wohl so laut, als irgend eines in
Europa, wider die Franzosen, daß sie alle wohl-
hergebrachte Regierungen zu stürzen suchten. Freylich können wir wohl glauben, daß dieses
unglückliche Volk in weniger Zeit zu bessern Einsichten gelangen werde: und wenn dieß der Fall erst ist;
dann glaube ich auch, die Leute werden ihre Glieder
für ihr Eigenthum, und mithin für keine schickliche
Handels-Waare, nach dem Willen und Belieben ihres Herrschers, halten lernen.

Nunmehr, My Lord, belieben Sie einmal zu
bemerken, was die Franzosen in den letzt-verflossenen Paar Jahren gethan haben. Sie haben ihre
Soldaten gelehret, sich als Staats-Bürger von
gleichem Rang und Stande zu betrachten, so lange
sie nicht gerade in kriegerischen Operationen begriffen sind; so bald aber ihre Pflicht sie ins Feld ruft,
sind sie erzogen, zu glauben, daß sie, die gesetzte
Zeit über, denen gehorchen müssen, die zum Com-
mando über sie ernannt sind, weil dieses zu ihrer
eignen Erhaltung, und zu Erreichung ihres Zwecks
eine nothwendige Anstalt ist. Diese Distinction oder
Superiorität im Charakter hört mit ihrer militari-
schen Pflicht wieder auf; und sie kehren so dann

wieder zu demjenigen Rang in der Gesellschaft zurück, der weiter keine Superiorität verstattet, als die Gesetze.

Sagen Sie mir, My Lord, liegt wohl in dieser Lehre das mindeste, was dem gemeinen Menschen-Verstande dermaaßen widerstritte, daß ein weiser Mann erwarten könnte, es werde daraus Verwirrung entstehn? Ich weiß wohl, es ist behauptet worden, und zwar von Männern, die sich einigen Ruhm von Einsicht zu erwerben gewußt haben, behauptet worden, alle französischen Armeen würden durch die öffentliche Bekanntmachung solcher philosophischen Gleichheits-Begriffe desorganisiret werden. Diese Leute stritten recht ernstlich für die Meynung, wenn ein gemeiner Soldat im Gliede versichert wäre, daß er in der bürgerlichen Gesellschaft gleichen Rang mit dem General hätte; so könnte von ihm kein Gehorsam erzwungen werden. Dieses, My Lord, ist eine von den Behauptungen, die in den Ohren so spashaft klingt, daß nur Wenige recht untersuchen, ob sie auch wahr sey: sie nehmen dieselbe schon darum für ausgemacht an, weil sie das Nämliche schon vorher tausendmal haben sagen hören. —

Wollten sie aber überlegen, was für Wirkungen herauskommen würden, wenn man die Menschen in gewissen Grundsätzen erzöge; so würden sie gar bald das Spinnen-Gewebe der Sophisterey solcher Lappen-Philosophen erkennen. Indeffen laß-

sen Sie uns zusehn, My Lord, was für Licht uns
die Erfahrung, diese untrügliche Zeuginn der Wahrheit, über diesen Punct gebe. Es leben gegenwärtig in Londen mehrere Hunderte von Menschen,
welche die französischen Armeen während des vorigen
und des itzigen Feldzuges besuchet haben; und diese
erzählen uns, (denn sie machen gar kein Geheimniß
aus der Sache,) es wäre etwas Alltägliches, daß
sich die Soldaten, wenn sie sicher vor dem Feinde
wären und gute Quartiere hätten, mit allerley Ue-
bungen und Vergnügungen beschäftigten, bey denen
nicht der geringste Unterschied des Professions-Ran-
ges beobachtet würde. Zur gesetzten Stunde gehen
sie zu ihren verschiednen Speise-Tischen; und da
kann man sie bey Tische in der frohesten Laune, Ge-
nerale und Korporale, Obristen und Trommelschläger, Majore und Quer-Pfeifer, mitten untereinan-
der, essen, trinken, und von Herzen lachen sehn. —
Da bittet der Korporal nicht selten den General,
ihm ein Stücken Brod zuzulangen, welches denn
auf der Stelle geschieht. — Der Trommelschläger
sagt zum Obristen, daß er nicht zu viel Brühe nehmen, sondern für ihn auch etwas übrig lassen soll;
und der Obriste gehorcht augenblicklich. — Der
Quer-Pfeifer will ein Glas Wein trinken: und
wenn die Flasche dem Major am nächsten zur Hand
ist; so schenkt er seinem Kameraden ein volles Glas
ein, und beide stoßen zusammen mit ihren Gläsern
an. Werden sie aber mitten in dieser ruhigen glücklichen Lage von Freyheit und Gleichheit plötz-

ſich zum Fechten commandiret, (welches gar häuſig
geſchieht;) ſo fliegt ein jeder an ſeinen Poſten: und
keiner regt ſich oder handelt anders, oder ſcheint
auch nur anders zu denken, als nach dem Komman-
do des Officiers, unter dem er ſteht.

Dieſe Subordination unter Menſchen, die in jeder, zum bürgerlichen und geſelligen Leben gehörigen Situation einerley Stand und Rang haben,
dient zur vollſtändigen Widerlegung der ganzen politiſchen Scholiaſten - Theorie, und beweiſt außer
allem Streite, was eine weiſe Geſetzgebung zur Bildung der menſchlichen Denkungs - Art thun könne.
Zur Beförderung dieſes Experimentes hat Herr Pitt
nicht wenig beygetragen, und eben dadurch hat er,
ohne ſein Wiſſen und Denken, der Ariſtokratie die
Art an die Wurzel gelegt. Es liegt nunmehr daraus
ſonnenklar am Tage, daß ſich eine wohl - eingerich-
tete Staats - Geſellſchaft allerdings ohne jene beſtändig währende Ranges - und Standes - Superiorität
bilden laſſe, die man ſeit ſo langen Zeiten für das
Bollwerk eines Staates gehalten, — oder doch ausgegeben hat. Die beſte Entſchuldigung, die er hierbey noch zu ſeinem Behuf anführen kann, wird
wohl das Factum ſeyn, — er habe ſich gar nicht vorgeſtellt, daß eine ſolche Urſache dergleichen außerordentliche und gefährliche Wirkungen thun
könne.

Der Marquis von Lansbowne, eine Mann
von bewundernswürdig viel-umfaſſendem und auf-

gestörten Geiste, erklärte sich in der letztverwichenen
Parliaments-Sitzung auf die feyerlichste Art, er
sey völlig der Meynung, „daß durch Fortsetzung
„des Krieges wider Frankreich in dem Herzen von
„Europa am Ende eine militärische Republik gegründet
„werden würde, deren Macht groß genug wäre, ganz
„Europa bis in seinen Grundfesten zu erschüttern" *).

Dieser Gedanke verdient in Wahrheit unser
reiflichstes Nachdenken; zumal wenn wir erwägen,
daß es in Frankreich dermalen Millionen von jungen Männern giebt, die Anspruch auf alle mögliche
Aemter und Posten des thätigen Lebens machen
können, und die bey dem Anfange der Revolution
noch keine vierzehn Winter erlebet hatten. Diese
jungen Leute sind bey den Grundsätzen von Freiheit,
Gleichheit und Brüderschaft erzogen und aufgewachsen; und wir könnten uns wohl eben so leicht Hoffnung machen, die Wuth der Elemente mit einem
Ohr-Geflüster zu stillen, als sie auf andre Gedanken
zu bringen oder ihnen den Muth zu benehmen. —
Sie haben gehöret, und es wird ihnen stündlich von
ihren Brüdern, Vätern, oder andern ihrer liebsten
Verwandten und Freunden erzählet, was ein jeder

*) Daß dieses eine sehr wahrscheinliche Folge von langer
Fortsetzung des Krieges wider Frankreich seyn würde, hat
auch schon der obenangeführte stille Beobachter in seinen Briefen über das Fürsten-Bündniß zur
Theilung von Pohlen und Frankreich mit guten Gründen behauptet. Frankreich kann dadurch am Ende zu einem großen Algier für Europa werden, vor dessen
räuberischer Macht nichts mehr gesichert ist.

von ihnen, da er noch unter dem Scepter der Kö-
nigs-Gewalt lebte, zu leiden und auszustehn gehabt hat; und das dient, sie in dem schon eingewur-
zelten Abscheu vor aller monarchischen Regierungs-
Form überhaupt zu bestärken. In so fern läßt sich
der einmal angerichtete Schaden schlechterdings nicht
wieder gut machen; und es beweist schon dieses,
daß die Prophezeyung des Lords auf dem festen
Land in Erfüllung gehn könne, ehe die wenigen
Jahre, die noch zur Vollendung des gegenwärtigen
Jahrhunderts gehören, vollends ablaufen.

Daß sich Herr Pitt auf alle Weise hat angelegen seyn lassen, (worinnen er auch aus allen
Kräften von seinem neuen, mit sich selbst bewun-
dernswürdig-übereinstimmenden Freund, Herrn
Burke, treulich unterstützet worden ist,) eine un-
auslöschliche Erbitterung zwischen den beiderley Na-
tionen, der Englischen und der französischen, zu gründen, ist ein Verfahren, welches von Seiten unser,
den härtesten Tadel gar sehr verdient. Wir haben
es als ein politisches Axiom behaupten gehöret, daß
sich beiderley Völker nie in Banden einer wechselseitigen Freundschaft vereinigen würden. — Ja, was
noch mehr sagen will, es ist so gar dreist behauptet
worden, eine solche Vereinigung wäre schlechterdings
nicht möglich.

Nach meinen Gedanken, My Lord, hätte wohl
der nichtswürdigste Hof-Schmarotzer keine gefähr-
lichere und schändlichere Politik erdenken können,

nen, als diese. Hätten solche Staats-Klüglinge
gesagt, „zwischen beyderley Regierungen wür-
„de, so lange Frankreich in der Verfassung bliebe,
„in der es zur Zeit seiner Monarchie stand, kein
„Friede von langer Dauer bestehn können"; so
möchten sie Recht gehabt haben. Wer aber meynt
und sagt, es wäre nicht möglich, daß das Englische
und das Französische Volk zu wechselseitig-freund-
schaftlichem Verkehr mit einander vereinigt seyn
könnten, so ferne nur beiderley Regierungen in gleichem Grade frey wären, der muß doch geradehin
glauben und voraussetzen, es gäbe in der respectiven
Organisation der beiden Völker einen natürlichen
Unterschied, welcher an und für sich Feindseligkeit
erzeugte. Dieses springt mit einmal als eine handgreifliche Ungereimtheit dermaaßen in die Augen,
daß man mit Grund annehmen kann, jeder vernünftige Mensch könnt' es nicht anders als mit Hohn-
Gelächter anhören; und doch ist es gleichwohl von Männern, die so weise sind, wie Herr Pitt, gesagt
und behauptet worden.

Erziehet euer Volk nur zum Abscheu vor dem
Krieg-führen; so wird es zuverläßig nun und nimmermehr zum Gewehr anders greifen, als wenn es
sich selbst vertheidigen muß. - - - Diesen Satz haben schon die Quäker durch ihr Beyspiel eben so vollständig als unwidersprechlich erläutert. Eine solche
reine und wohlthätige Moral würde sich den Gemüthern des Volkes von selbst einprägen, wenn nur

U

die armen Menschen nicht durch die Ränke der Ge=
walthaber in Fesseln gelegt, zu Enthusiasten ge=
macht, und, als Enthusiasten *), zum Kriege ge=
schleppt würden.

Sagen Sie mir einmal, My Lord, was giebt
es wohl für ein natürliches Hinderniß gegen
Stiftung einer friedlichen Einigkeit zwischen den
Bewohnern der Städte Paris und London, das
nicht eben so gut einer gleichen Gemeinschaft zwischen
den Städten London und York entgegen stünde?
Oder wie geht es zu, daß Schottland und Eng=
land, nachdem sie so lange in die blutigsten Zänke=
reyen mit einander verwickelt gewesen sind, und eine
Feindschaft, die man lange genug für unversöhnlich
hielt, gegen einander geheegt hatten, gleichwohl ge=
genwärtig Freunde und Brüder zusammen nicht nur
scheinen, sondern wirklich sind? — Die Ursache
fällt in die Sinne: — sie haben endlich eingesehen,
wie unsinnig und niederträchtig die Staatskunst sey,
durch die sie sich haben anhetzen lassen, einander in
den Haaren zu liegen; und die Folge hiervon ist ge=
genseitiger Wohlstand.

Eben dieses Raisonnement gilt auch von den
Ländern Frankreich und England. Es giebt kein
natürliches, sondern nur ein (angeblich) politi=

*) Auch wohl, ohne Enthusiasten zu seyn; wider ihre eigne
Ueberzeugung sowohl, als wider ihre Neigung. — So
weit geht gewaltthätige Unterdrückung der Menschen=
Rechte!

sches Hinderniß, das der Eintracht zwischen beiden
im Wege steht, und aus dem gewisse Schwierigkeiten erwachsen, die das Volk auf beiden Seiten für
unüberwindlich zu halten, bisher erzogen und gewöhnet wurde. So bald wir dieses politische
Hinderniß, als null und nichtig, auf die
Seite werfen, wird nothwendig daraus Civilisirung
entstehn; und dann ist der Menschheit jede Segens-
Wohlthat gesichert, die sie zu genießen fähig ist.

Wer mir einwenden wollte, daß dieses Räsonnement wohl trügen könnte, dem werde ich, er heiße
auch, wie er wolle, schlechtweg antworten: wenn
sich nach einem ehrlich und unparteyisch gemachten
Versuche finden sollte, daß es nicht möglich sey, allem Kriege durch Belehrung und Richtung der
menschlichen Denkungs-Kräfte auf ein Paar gar
leicht faßliche Wahrheiten ein Ende zu machen, und
daß wir also einem einzelnen Lande zu Liebe eine
ganze Welt preisgeben müßten; so hätte doch
wahrhaftig das ganze menschliche Geschlecht immer
Ursache, den, der ein so rühmliches Experiment zuerst machte, in ewig segensvollem Andenken zu behalten *).

*) Die ganze Politik, von der hier die Rede war, ist Lü-
   gen, von Feinden der Menschheit erdacht, und von Welt-
   Betrügern fortgepflanzt. Kein Volk hat ein wahres Interesse, der Feind eines andern Volkes zu seyn: und
   thäten nicht die Herrscher, die nur aus Haabsucht und Toll-
   häusler-Ehrgeiz ihre Unterthanen zu dergleichen Unternehmungen mißbrauchen; so wäre kein Offensiv-Krieg möglich.
   Wo aber kein Offensiv-Krieg ist, da bedarf's auch sichtbar-
   lich keines Defensiv-Krieges.

U 2

Ich habe Ihnen, My Lord, darzuthun gesucht, daß Herr Pitt den Ruhm eines weisen Ministers keinesweges verdiene; jedoch glaube ich auch eben nicht, daß er ein bestochener Minister sey, oder daß er von dem allgemeinen Sicherheits-Ausschusse zu Paris ein Geschenk nehmen würde *), ob er gleich der Sache des Republicanismus in Frankreich ohne es selbst thun zu wollen, die vortheilhaftesten Dienste gethan hat.

Um aber doch seiner Weisheit ganz freyes Spiel zu lassen, und überhaupt nichts zu verheelen, was ihm etwan in einem oder dem andern Stücke zum Vortheile gereichen könnte, will ich einmal den Fall setzen, daß der große Haupt-Zweck des Krieges erreichet würde. — Ich will annehmen, daß sich die Armeen der Verbündeten wirklich schon zu Paris befänden, (ob ich gleich in ganzem Ernste glaube, daß dieß nun und nimmermehr geschehn werde, so lange man sie nicht mit einer hinlänglichen Menge von Luft-Ballonen versehn kann.) — Ich will annehmen, daß der National-Convent bis auf den letzten Mann geschlachtet, und Ludwig der Siebzehnte

---

*) Dafür möcht' ich nicht Bürge seyn. — In dem bisherigen Kriege freylich hat Herr Pitt aus Frankreich her so wenig Geschenke genommen, als ihm dergleichen angetragen worden sind; aber dafür hat er desto mehr Englisches Geld verschwendet, ganze Spitzbuben-Verräther- und Friedensstörer-Banden in Frankreich, und besonders in Frankreichs Hauptstadt zu Spionen- und Meuchelmörder-Streichen zu halten.

(oder Achtzehnte) in der ganzen Macht-Vollkommen-
heit des Despotismus auf den Thron gesetzt wäre: —
was wird wohl, My Lord, aus alle dem folgen?—
Weiter nichts, als eine abermalige Scene von Blut-
Bädern und Verheerungen; die für das itzige republicanische System gestimmte Majorität in Frankreich ist so ausgemacht unermeßlich, (und wie gewiß
dieses sey, weiß auch selbst Herr Pitt), daß sich
ein König seines Lebens nicht eine einzige Stunde
versichert halten dürfte. Er würde nicht essen können, ohne befürchten zu müssen, daß man ihn mit
Gifte vergäbe; nicht zu Bette gehn können, ohne
Furcht, im Schlaf ermordet zu werden.

Wer also den Franzosen einen König a u f d r ä n-
g e, der würde den, der sich dazu machen ließe,
wahrhaftig in einen viel jämmerlichern Zustand ver-
setzen, als der Zustand des ärmsten Sans-culotte in
dem ganzen weiten Gebiete von Frankreich seyn
kann. ••• Ließen die Verbündeten auch eine Armee
zu seiner Unterstützung in Frankreich stehn; so würde doch selbst diese in beständiger Gefahr schweben. ••• In jeder Stadt, in jedem Flecken, in jedem Dorf, an jedem Ort, wo solche fremde Soldaten einquartiret wären, würden sie heimlich niedergemacht werden; und es würden dergleichen Metzeleyen nie ein Ende nehmen, so lange noch ein einziger bewaffneter Ausländer in Frankreich übrig wäre. ••• Kurz, eine vollständige und wirksame Bezwingung von sechs und zwanzig Millionen Men-

schen, die ein so weit ausgedehntes Gebiete, wie
Frankreich hat, bewohnen, kann nur in den schlar=
affenländischen Träumen des Herrn Pitt und
seiner Helfershelfer Statt finden. ≈≈

In der That, My Lord, wenn wir auch den
Planen unsers Premier=Ministers ihre eigenthüm=
liche Richtung lassen, und sie auch gar als völlig
realisirt annehmen: so ist doch immer weiter nichts
davon zu erwarten, als Elend, Schande, und
vielleicht gar der Untergang Groß=Britanniens.

Die Leute, die auf die Fortsetzung dieses ruinö=
sen Krieges dringen, (deren es nunmehr in der
That nur noch wenige giebt,) bezeigen itzt überall
ihre Besorgniß, daß die Franzosen, da sie die östrei=
chischen Niederlande unter ihre Botmäßigkeit ge=
bracht haben, hernach, wenn es zu allgemeinen Un=
terhandlungen über einen allgemeinen Frieden kom=
men soll, darauf bestehn werden, diese Lande zu be=
halten.   Ein vernünftiger Mann würde indessen
denken, die Wiederherausgabe dieser Lande wäre
eine Sache, die wohl für den Kaiser wichtig genug
seyn könnte, aber uns ganz und gar nichts angien=
ge. Der Wiener Hof kann doch nimmermehr er=
warten, daß sich das Englische Volk bettel=arm ma=
chen müsse, um ihm seine verlohrnen Länder wieder=
zuschaffen. ≈≈ Sollen wir Britten immer Theil an
jeder Zänkerey nehmen, die der Kaiser mit der fran=
zösischen Republik anzufangen, deßwegen für gut
befindet, weil es die Carmagnolen in ihrer Gewalt

haben, die Niederlande wegzunehmen, so bald es
ihnen gefällt; so werden wir uns, wahrlich in einem hoffnungsvollen Zustande befinden. Da es
aber schon seit langen Zeiten der angelegentlichste
Wunsch jedes redlichen und verständigen Engländers
gewesen ist, daß wir uns (troz alles dessen, was man
uns von Erhaltung des Gleichgewichts der Macht
in Europa vorgeschwazt hat,) von allen Allianzen und
andern Händeln mit den Mächten des festen Landes
völlig losgemacht haben möchten; so lassen Sie uns,
My Lord, nunmehr näher untersuchen, was für
nachtheilige Folgen wir davon zu befürchten haben
könnten, wenn die östreichischen Niederlande in den
Händen der Franzosen bleiben sollten.

Wahr ist nach meinen Gedanken, daß aus den
Franzosen, wenn sie einen solchen Zuwachs zu ihrem
Gebiet und zu ihrer Volks-Menge bekommen, ein
mächtiger Volk werden kann, als die Alt-Franken
seit der Regierung Carls des Großen in irgend einer
Zeit-Periode gewesen sind: sie besitzen alsdann ein
Land, das dem unsrigen gerade gegen über liegt,
das von Natur höchst fruchtbar, *) und vor der wü-

*) Und, wohl zu merken, bey seiner ungemeinen natürlichen
Fruchtbarkeit vollkommener, als irgend ein ander Land in
Europa, gebaut, mithin zum höchsten Ertrage des Bodens
ohne allen Vergleich besser, als irgend ein andres, be-
nuzet. — (Die Schweizer allein thun es den Niederlän-
dern am Landwirthschafts-Fleiße gleich, haben aber gerade das Widerspiel von niederländischer, natürlicher Fruchtbarkeit an ihrem steinigen, undankbaren Boden).

thenden Regierung jenes Ungeheuers, Philipps des
Zweyten von Spanien, der Sitz des Europäer-Han-
dels und aller nützlichen Künste und Hanthierungen
gewesen ist.

Da ich die ganze Sache eben so genau, als
unparteyisch untersuchen will; so lassen Sie uns,
My Lord, ferner als zugestanden annehmen, daß
der Handel in diesen Gegenden wieder emporkom-
men, und Antwerpen durch Oeffnung des Schelde-
Stroms wieder zu seinem ehemaligen Reichthum und
Glanze gelangen werde.

Worinnen werden aber wohl die Folgen bestehn,
die aus alle dem entspringen müssen? weiter in nichts,
als, wenn wir nur ein ehrlich-gesinntes und verstän-
diges Parliament, und zugleich eine ehrlich-meynen-
de und weise Regierung haben, daß wir gezwungen sind, unser Absehn auf die innern Vortheile zu
richten, die wir von Natur besitzen, mit denen wir
den meisten andern Ländern der bewohnbaren Erdkugel überlegen sind, und die wir Jahrhunderte lang
so nachläßiger und schändlicher Weise hintangesetzt
haben.

Was sollen unsre Nachkommen von ihren Vorfahren denken, My Lord, wenn sie lesen und hören,
daß ihre Väter und Großväter ganze Jahrhunderte
hindurch beschäfftiget gewesen sind, um bloßer Krä-
mer-Angelegenheiten willen die entlegensten Winkel
des Erdbodens auszukundschaften, und sich zur Beförderung des Kaufmanns-Gewerbes in Alliänzen

zu verwickeln, die ihnen häufig die kostspieligsten
und ruinösesten Kriege über den Hals gezogen haben; —
oder wenn sie ferner erfahren, daß ihre Väter und
Großväter Armeen über die See geschickt haben, Ost-
und West-Indien, mit offenbarer Verletzung aller
göttlichen und menschlichen Grundsätze, zu berauben,
und ein Waaren-Monopolium zu gewinnen, welches eben so unnütz, als in seiner Consumtion grund-
verderblich war — da sie doch zu eben der Zeit in ihrem eignen Busen, und an der Thür-Schwelle ihres Vaterlandes, eine Reichthums-Quelle hatten,
die unendlich ergiebiger war, als ihr ganzer Handel
mit andern Völkern der Welt zusammen?

So wunderlich dieses klingen mag, My Lord,
so ist es doch nichts desto weniger buchstäblich wahr.
Die Fischereyen an unsern eignen Küsten, an denen
wir den Holländern in großer Maaße das Monopolium überlassen haben, und gebührende Aufmerksamkeit auf beßre Benutzung unsers eignen Bodens in
den mannichfaltigen Aesten und Zweigen der Land-
wirthschaft sind allein vermögend, jährlich ein Bißchen mehr, als nackte zwanzig Millionen
Pfunde Sterlings, einzutragen. — Ich berufe
mich, um allen möglichen Zweifeln über diesen wichtigen Punct im voraus zu begegnen, auf die Beweise und Zeugnisse, die in Ansehung der Fischereyen
zu verschiedenen Zeiten öffentlich bekannt gemacht worden sind, und auf Sir Johann Sinclair's

neuliche Berichte von der brittischen Landwirthschafts-
Commission *).

Darf ich also nicht dreist behaupten: wenn die
Franzosen auch beym vollen Besitz aller ihrer Eroberungen, nicht allein an den Niederlanden, sondern auch
anderwärts gelassen werden sollten; so könnten sie doch
das alles nimmermehr so benutzen, daß es ein Staats-
Einkommen abwürfe, welches nur der Hälfte von
diesem Belaufe gliche **)? Unsre Fischereyen würden
allein eine Pflanz-Schule von See-Leuten abgeben
können, die vielleicht hinreichte, eine Kriegs-Flotte
zu bemannen, welche das ganze Welt-Meer rein
halten könnte; und durch die Beurbarung unsrer
wüste liegenden Fluren ***), so wie überhaupt durch

*) Board of Agriculture.
**) Hier hat doch sicherlich bloß brittischer National-Stolz
die hypothetische Rechnung gemacht. Glücklicher Weise
hat sein Irrthum keinen Einfluß auf den Zusammenhang
und die übrige Bündigkeit seines Räsonnements. Sonst
könnte man ihm, wenn es ja Noth thäte, aus den um-
ständlichen Berichten seines apostatischen Landsmannes Arthur Young (in seiner Reise nach Frankreich rc.) — so
seicht auch übrigens die Urtheile dieses ökonomischen
Halb-Politikus sind, (wie ihn ein deutscher Schriftsteller
mit gutem Rechte nennt,) ganz füglich die ungeheure natürliche, alles übertreffende, mannichfaltige Fruchtbarkeit
des Bodens von Frankreich, und die unerschöpflichen In-
dustrie-Kräfte seiner Einwohner entgegensetzen. Man
sehe auch S. 57 unsers ersten Bandes.
***) Daß diese in Groß-Britannien so ausgebreitet sind,
und selbst in der Nähe der Hauptstadt nicht besser an die
Benutzung ihres Bodens gedacht wird, ist eine Schande

angemeßne Sorge für die Verbefferung der Landwirthſchaft auf den brittiſchen Inſeln würde ein an-
ſehnliches und bemitteltes Geſchlecht von Landwir-
then entſtehn, welches dann ſein Vaterland nicht
nur nützlich bauen, ſondern es auch wohl gegen einen General-Bund der ganzen Europäer-Welt vertheidigen könnte.

Welch eine herrliche, glorreiche Scene, My
Lord, öffnet ſich hier vor unſern Augen! Unſer
Handel würde ſich nach jeder Gegend der Erdkugel
ausbreiten; und unſre Manufactur-Waaren würden, nicht mehr geſtört durch Kriege, ſondern be-
ſchützt und aufgemuntert von einer weiſen und ehrlich-denkenden Geſetzgebungs-Macht, nach jedem
auswärtigen Staat unter Bedingungen verſandt
werden können, die den Abſatz für ſie erzwängen *).

Ich ſehe wohl ein, daß es viel Zeit und Mühe
erfodern würde, dieſe Materien näher ins Licht zu
ſetzen; ich kann aber in dem beſchränkten Raum eines ſolchen Sendſchreibens, wie ich dießmal an Sie,
My Lord, zu richten hatte, nicht mehr thun, als

für den pralhaften Stolz der brittiſchen Staats-Admini-
ſtration.

*) Was dieß betrifft, ſo würde der Erfolg wohl von der
klugen, oder unklugen Finanz-Verwaltung jedes Landes
abhängen, wo die Engliſchen Manufactur-Waaren ihren
Abſatz ſuchten. — Einfuhr-Verbote gehören indeß nicht
zu den Financial-Marimen, die für klug gelten könnten,
und hohe Einfuhr-Zölle eben ſo wenig. Dieß alles iſt nur
Finanz-Flickerey.

einen flüchtigen Umriß hinwerfen, der sich in der Folge, zur völligen Ueberzeugung des Volkes in unserm Vaterlande, weiter ausmalen läßt. Indessen kann derselbe doch dienen, meine Meynung zu bestätigen, daß England eben so wenig von der französischen Eroberung der Niederlande, als von der endlichen Befestigung der französischen Republik, nachtheilige Folgen zu befürchten habe.

Freylich kann man bey dieser Gelegenheit mit vielem Grunde der Wahrheit sagen, wir müssen eine Menge Mißbräuche, die sich in unsre Verfassung eingeschlichen haben, abschaffen, ehe wir uns vernünftiger Weise die mindesten reellen Vortheile von unsrer Local-Lage versprechen dürfen. Eine weise und unabhängige Gesetzgebungs-Macht würde wohl in sehr kurzer Zeit, und ohne irgend auf eine bedeutende Art durch den Republicanismus in Groß-Britannien gehindert zu werden, jede nöthige Reforme zu Stande bringen. —

Wenn uns irgend eine Hinderniß im Wege steht, eine wirksame und friedliche Reforme in England zu bewirken; so muß dasselbe ein Werk unsers Ministers seyn. — Er wird ohne allen Zweifel nicht ablassen, die monarchischen und aristokratischen Aeste der brittischen Gesetzgebungs-Macht mit der Versicherung zu beunruhigen, wenn wir einmal anfiengen, zu reformiren, so würde das Reformiren nicht eher ein Ende haben, als bis sie beide vernichtet wären. — Ich weiß auch wohl, My Lord, daß dieses ist die Minister-Litaney ist *); und es ist wohl nicht möglich, sich eine unseligere Verblendung vorzustellen.

In der That glaube ich, der Herzog von Port-land sey im Ernste der Meynung gewesen, sein herzoglicher Titel, und vielleicht auch seine Güther könnten schlechterdings nicht anders gesichert bleiben, als wenn die brittische Regierung im Stande wäre, den Jacobinismus in Frankreich zu vernichten— in wie fern dieses das zuverläßigste Mittel seyn würde, die Gleichheit in England zu zerstören. — Dafür hat er denn auch, zur Stunde dieser jämmer-lichen Verblendung, einen rühmlichen Namen verlohren, und dagegen ein Band **) gefunden.

Herrn Pitt's fester Entschluß, sich so gar auf keine billige Reforme einzulassen, weil so was hinterher unbillige Foderungen von Seiten des Volkes nach sich ziehen könnte, gründet sich auf ei-ne eigne Art von Logik, die sich nur, leider! mit dem gemeinen Menschen-Verstande nicht zum besten zusammenreimen läßt. „Das Wort Reform“, sagt „der Minister, hat keinen bestimmten Sinn, und „ist von so weiter Ausdehnung, daß er gar nicht „ausfindig machen kann, was man eigentlich dar-„unter verstanden wissen wolle“.

So viel ich indessen weiß, giebt es Männer von viel größerer politischen Scharfsicht, als Herr Pitt

*) Nicht in Groß-Britannien allein.

**) Das blaue Hosen-Band.

besitzt, die andrer Meynung sind, und die kein mög=
liches Unheil einsehn können, welches der Englischen
Monarchie dabey widerfahren würde, wenn man es
dem Volke dermalen allein überließe, Schiedsrichter
über die Sache mittelst eines wiedergebohrnen Par=
lamentes zu seyn. Freylich ist ganz wahrscheinlich,
daß dasselbe in dem Laufe seiner Berathschlagungen
den Ehren = Posten des Lord Aufsehers über
die fünf Häfen *) als eine widersinnige und
kostspielige Last für die Nation betrachten, und daß
bey durchgängiger Abschaffung aller solcher unnützen
Aemter dieses unfehlbar mit=eingehn würde: allein
das Volk würde wohl eben so sorgfältig bedacht seyn,
die verfassungsmäßigen Prärogativen der Krone,
als die Rechte des Volkes zu befestigen. Und der
Grund hierzu ist, weil keinem von beiden auf der
Waagschaale ein überwiegendes Gewicht gelassen
werden darf, wofern nicht das Gleichgewicht, wel=
ches zu beständiger Erhaltung einer freyen Verfassung
so nöthig ist, verlohren gehn soll. — Dieß ist die
ausdrückliche Lehre, die bey unsern Vorfahren zur
Zeit der Revolution die Oberhand behielt; und daß
diese Lehre noch bis heutigen Tag den politischen
Katechismus des brittischen Volkes ausmache, be=
haupte ich kühnlich, und widerspreche damit geradezu

*) Lord Warden of the Cinque ports; ein Posten,
der vielleicht vor Alters seinen guten Nutzen hatte, dessen
Innhaber itzt schlechterdings gar keine Amts = Geschäffte,
aber dennoch eine sehr beträchtliche Besoldung hat. Herr
Pitt besitzt itzt diese einträchliche Sinecure.

alle dem, was Herr Pitt von ſchreckhaften Fort-
ſchritten antimonarchiſcher Grundſätze in England
geſchwatzt hat.

Wenn wir aber, um dem Herrn Schatzkammer-
Canzler mit ſeinen eignen Waffen zu begegnen, ſo
gar zugeben wollten, daß ſeit der Zeit, da die Revolutionen in Nord-America und in Frankreich ausgebrochen ſind, der Jacobiniſmus ſchnelle Fortſchritte auf den brittiſchen Inſeln gethan hätte; wie
iſt es ihm möglich, zu glauben, ſo bald er die itzige
Lage der Dinge in Europa ernſtlich überlegt, daß
dergleichen Meynungen durch Verfolgung, oder mit
dem Schwerdt, ausgerottet werden könnten? —
Wer nicht einſehn kann, My Lord, daß dieſes gerade die entgegengeſetzte Wirkung thun würde, der
muß wahrſcheinlich ein Tropf ſeyn *).

Seine Proceduren, das Volk durch Schrecken
zum Schweigen zu bringen, müßten nothwendig
Anlaß zu einer beträchtlichen Verſtärkung der Armee
geben; und gerade dieſer Schritt würde ihn am
Ende unwiederbringlich ins Verderben ſtürzen **).

*) Höfiſch iſt dieſes Urtheil unſers Engliſchen Autors nicht;
aber doch, wie auch wir glauben, nicht ungegründet.

**) Dieſes ſchien Herrn Pitt am Ende des Jahres 1795
zu ahnden; und er machte daher Miene, überflüßige
Truppen abdanken zu wollen: welches er denn auch unfehlbar entweder wirklich thun, oder eine neue Intrigue
ausdenken muß, die ihm zum Vorwande dienen kann,
die Truppen, trotz ſeines Verſprechens, auf den Beinen
zu behalten.

Das Englische Volk ist von je her mit dem Militair in hohem Grade geizig gewesen, weil dasselbe unmittelbar unter den Befehlen der Vollziehungs-Gewalt steht: und wenn der demokratische Theil der Gesetzgebungs-Macht so ganz niederträchtig werden sollte, daß er Subsidien zu einer Verstärkung der Armee in Friedens-Zeiten bewilligte *); so würde jedem vernünftigen Menschen bange vor den Folgen werden, indem sie gerades Weges zu Bewirkung der Uebel führen müßten, die der Minister, wie er uns vorschwatzt, gern abwenden möchte.

Als der itzige Krieg angekündigt ward, antwortete Herr Pitt denen, die eine Reforme in der Volks-Repräsentation aufs Tapet brachten: — „itzt ist die Zeit nicht, ein Reformations-Geschäffte vorzunehmen." — Also schlief die gesuchte Reforme: aber der Minister sieht wohl ein, daß sie wieder aufwachen werde, so bald das richtige Gefühl des Volkes nicht weiter durch militarisches Menschen-Schlachten in seiner geraden Thätigkeit gestört wird. Er mag alsdann wohl seinen allergnädigsten Herrn mit wiederholten Versicherungen vor den rechtlichen Prärogativen der Krone, ja wohl gar mit der Vorstellung zu beunruhigen suchen,

daß

---

*) Die Majorität des brittischen Unter-Hauses ist dermalen so ganz zum Befehl des Ministers, daß sie ihm zuverlässig alles bewilligt, was er verlangt. Zu dieser Willfährigkeit helfen ihm Staats-Schulden, Bestechung und Versprechungen.

daß die Krone gefährdet sey: allein der Monarch
wird auch aus den herzlichen Adressen seiner Unterthanen *) erkennen, daß sein Thron auf die Zuneigung des Volkes fest gegründet sey, und so gar
durch die vielfältigen Leiden, die es durch die eben so
verdorbene, als starrsinnige Ignoranz seiner Diener
schon so lange auszustehn gehabt hat, noch nicht erschüttert sey.

Wie peinlich muß doch einem so gefühlvollen
Herzen, wie das Herz George des Dritten ist, die
Erinnerung seyn, daß seit der Zeit, da wir ihn vor
nicht mehr als vier und dreißig Jahren mit Freuden
als eingebohrnen Beherrscher empfiengen, über fünf
mal hundert tausend Britten erschlagen worden,
und zwey hundert Millionen Pfunde Sterlings für
Groß-Britannien verlohren sind ••• alles zusammen aufgeopfert über der Verfolgung von Maaß-
Regeln, die für den wahren Ruhm des Monarchen
eben so schimpflich gewesen, als sie für das Interesse
des Volkes ruinös ausgefallen sind! Bey der
Staats-Administration des Lords North verlohr
er Nord-America; •• aber seine Krone soll

***

*) Wohl zu merken, wenn er sie in die Hände be-
kömmt und liest — welches nicht immer, und nicht
bey allen Fürsten, der Fall ist. — Wie vieles, was
den Fürsten zu wissen heilsam und nöthig wäre, bleibt
ihnen nicht aus den zwo Ursachen verborgen, weil ihnen
ihre Räthe gewisse Dinge nicht zu Ohren und vor Augen
kommen lassen, und weil sie selbst von gewissen Dingen
nichts sehn oder hören wollen.

X

er, troß der grundverderblichen Staats-Administration des Herrn Pitt, nicht verliehren *).

Nach Ablaufe der neulichen Parliaments-Sitzung
verbreitete sich ein Gerüchte, welches auch überall
Glauben und Beyfall fand, es wären Friedens-
Unterhandlungen angefangen, und die Regierung
sey damit auf recht gutem Wege. Die convulsivische
Freude, die sich bey der bloßen schwankenden Aussicht, daß es wahr wäre, auf allen Gesichtern zeigte,
wurde gar bald durch die Nachricht ersticket, die wir
erhielten, daß unser weiser Minister, troß dessen,
daß das Unvermögen der Verbündeten, und der
gefährliche Zustand, in den er sein Vaterland gestürzt hatte, in aller Welt bekannt waren, dennoch
fest entschlossen sey, dem brittischen Volke noch
mehr Geld zur Fortsetzung des Krieges aus dem
Beutel zu spielen. Der neue Plan, den sich der
Herr Premier-Minister zur Ausrottung der Jacobiner und ihrer Grundsäße, auch außerhalb
Groß-Britanniens, gemacht hat, ist wirklich so
poßirlich, daß ich mich nicht enthalten kann, Ihnen,
My Lord, einen flüchtigen Abriß davon zu machen.

*) Also kann er auch wohl nichts dabey versehn, daß er,
troß der Reclamationen so vieler wahren Patrioten, diesen untauglichen Minister dennoch beybehält? Meynt's
unser Autor so?—Das weiß ich nicht; aber das weiß ich
doch, daß Erskine im brittischen Unterhause laut und
öffentlich andrer Meynung ist; und, was noch mehr
sagen will, daß sich auch das brittische Volk bey einer
ältern Gelegenheit, (freylich nicht im ißigen Jahrhundert,) andrer Meynung zu seyn bewiesen hat.

Es wird uns zu vernehmen gegeben, unsre
Minister und unsre Alliirten fiengen an,
zu befürchten, daß es vor der Hand nicht recht
thunlich sey, durch die nordischen Gränzen von
Frankreich in dieses Land einzudringen. Dieses
fangen sie an, nach Beendigung von nicht weniger
als drey Feldzügen einzusehn — während deren sie
nicht nur keine Eroberungen in Frankreich gemacht,
sondern vielmehr an dessen Statt gar noch ihre
schätzbarsten Besitzungen verlohren haben. Ist es
nicht Jammer-Schade, My Lord, daß sie nicht ein
wenig früher hinter diese wichtige Entdeckung gekommen sind? Aber dafür hat auch Herr Pitt
nunmehr eine so wirksame Methode, den Krieg
fortzusetzen, ausgedacht, daß der glückliche Erfolg
davon fast unfehlbar ist.

Er ist nämlich willens, eine Armee, nebst einer
unermeßlichen Menge von Kriegs-Vorräthen, zum
Beystande der Loyalisten (oder Königs-Getreuen)
nach der Vendee und Bretagne zu schicken. Wie
jedoch die Armee und die Kriegs-Vorräthe den Weg
zu diesen Ländern finden sollen, kann uns weiter
Niemand sagen, als der Himmel und Herr Pitt —
Indessen sollen sie nicht allein hingeschickt, sondern
es sollen auch alle, in Europa überall zerstreute
Emigranten aufgefodert werden, dem Grafen
von Artois, diesem neuen Türenne, beyzutreten,
der das Königs-Panier an dem passendsten Ort
aufpflanzen will: und so bald eine hinlängliche

Macht beysammen seyn wird, sollen sie in britti=
schen Sold treten, und gute Quartiere bekommen,
bis die ganze Republicaner=Faction in Frankreich
mit Strumpf und Stiel ausgerottet, die Königs=
Würde wiederhergestellt, und jedweder Emigrant
wieder zu dem Besitze seiner ehemaligen Güther
gelanget ist.

Dieß, My Lord, ist der hauptsächlichste Inn=
halt des neuen Plans, den Herr Pitt erdacht,
und zur Fortsetzung dieses gerechten und noth=
wendigen Krieges angepriesen hat, und den er,
wie man uns vorsagt, zur völligen Ueberzeugung
seiner Freunde im Parliamente frühzeitig in
der nächsten Sitzung desselben aus einander setzen
will. Auf diesen überzeugenden Vortrag wird
hernach, zweifelsohne, sein Gesuch um die noth=
wendigen Subsidien folgen, ohne welche die=
ser gerechte und nothwendige Krieg unfehlbar
aufgegeben werden müßte.

Wie viele Millionen er zu dieser Absicht
mittelst seiner Freunde im Parliamente dem Engli=
schen Volk ablocken werde, das, My Lord, kann
ich, bey meiner Ehre nicht vorhersagen; was er aber
schon darum, daß er sich dergleichen Maaß=Regeln
auszuführen nur einfallen läßt, verdiene, weiß
ich aufs Haar.

Die französischen Emigranten werden, vermuth=
lich eben so wenig Bedenken tragen, unser Geld
zu nehmen, als der König von Preußen bey einer

neulichen Gelegenheit zu Tage gelegt hat — und
werden uns just eben so viel nützliche Dienste thun,
wie Er. — Sie haben die Erfahrung von unsern
freundlichen Diensten, in dem Verlaufe der
beiden letzten Feldzüge, zu Toulon und an verschiedenen andern Orten gehabt, und können nunmehr
aufs genaueste wissen, was diese Dienste werth sind.

Allein es findet sich noch Ein kleines Bedenken für sie, dem neuen Plane des Herrn Pitt
zur Fortsetzung des Krieges mit aufrichtigem Herzen
beyzustimmen; ein Bedenken, welches er zu ihrer
Befriedigung völlig zu heben, meines Erachtens
nicht im Stande seyn dürfte. Sie wissen, wenn sie
zu Gefangenen gemacht werden, können sie sich von
ihren Landsleuten nicht viel Barmherzigkeit versprechen; und daß bereits eine große Majorität von denen, die sich dem Bündnisse wider die Republik bey-
gesellt hatten, wirklich aufgeopfert worden sey,
braucht ihnen nicht erst itzt noch erzählet zu werden.
Bey alle dem werden sie jedoch alles Geld, so viel
ihnen dessen unser weiser Minister zu geben für gut
befindet, nehmen, und werden's auch vermuthlich
weder an Versicherungen ihrer Erkenntlichkeit
noch an allen möglichen Versprechungen fehlen
lassen*).

*) Was für kläglichen Erfolg für die unglücklichen Emi-
grirten dieses im J. 1795 wirklich versuchte Unternehmen
auf Quiberon und Isle d' Yeu gehabt habe, ist allen
Zeitungs-Lesern bekannt. Was den Franzosen außer
den Englischen Proviant- und Ammunitions-Vorräthen,

Die Zeit ist vorbey, My Lord, da die höllische
und feige Politik, das französische Volk gegen einander zu bewaffnen, auf eine Weile von Wirkung
seyn konnte; und nun kann diese Zeit nimmermehr
wiederkommen.   Die Insurgenten in der Vendee,
in Bretagne und Poitou sind nun bey weitem nicht
mehr stark genug, der Monarchen-Sache irgend einen Dienst von Wichtigkeit zu thun, wenn sie auch
gleich dem Landwirth und dem Reisenden häufig zur
Last fallen.   Gegen diese begehen sie aber alle ihre
Räubereyen hauptsächlich in der Absicht, sich den
Lebens-Unterhalt zu verschaffen.   Dabey ist jedoch
ihre Anzahl so wirksam verringert, und es sind
überall so gute Observations-Heere wider sie aufgestellt, daß von dieser Seite her schlechterdings nichts
Wichtiges zu erwarten ist. —

Als sich Toulon in brittischen Händen, und
Lyon im Stande der Insurrection befand, konnte

bie den Emigranten aufs reichlichste von dem Minister
Pitt und dem Staats-Kriegs-Secretär Wyndham
mitgegeben worden waren, in die Hände fiel, war verlohren: und was auch den Händen der Franzosen entgieng,
mußte nach langem vergeblichem Aufenthalt auf kleinen,
fast unwirthbaren Inseln in der Nähe des Landes endlich
unverrichteter Sachen zurückkehren, wo es hergekommen
war. Kurz, das ganze Unternehmen hatte weiter keinen
Nutzen, als daß Groß-Britannien seine dran gewandten
vielen Kosten, und eine beträchtliche Anzahl von Emigranten theils die Ehre, theils das Leben verlohr, und die
Englischen Minister so gar den Vorwurf hören mußten,
daß sie die Emigranten, um ihrer nur los zu werden, vorsätzlich aufgeopfert hätten.

in den südlichen Provinzen von Frankreich etwas
unternommen werden, was einen glücklichen Erfolg
für die Monarchen-Sache versprach. Allein diese
vortheilhaften Gelegenheiten entgingen der Scharf-
ficht unsers Ministers; und nunmehr würden alle
Schätze Groß-Britanniens, wenn er auch mor-
gen darüber gebieten könnte, nicht hinreichen, solche
Gelegenheiten wieder herbeyzuschaffen. Dieses sage
ich nicht bloß aus eigner Bekanntschaft mit jenen
Gegenden, sondern vornehmlich zu folge des Aus-
spruchs verschiedner einsichtsvollen und unparteyischen Männer, die seit meinem dortigen Aufenthalt
ebenfalls dort gewesen sind.

Unter dem schweren Druck eines so gehäuften
Mißgeschicks haben wir nur einen einzigen Weg vor
uns, den wir einschlagen, und auf dem wir zu einer
sichern und glücklichen Heimath gelangen können.
Es ist dieser: das Volk muß unverzüglich

den Thron um Frieden,
und um ungesäumte Fortschaffung jener unwissenden
und bethörten Menschen anflehn, die über alle die
Leiden, welche sie so häufig über uns gebracht haben, weder Schaam, noch Reue, oder Gewissens-
Angst empfinden, und die sich noch immer unter-
stehen, von Fortsetzung des Krieges zu plaudern.

Geben wir bey dieser wichtigen und entscheiden-
den Gelegenheit noch Ränke-Schmieden Gehör, oder
lassen wir uns durch Drohungen zum Schweigen
bringen: so hat's mit England ein Ende.

Sollte itzt Bestechung oder Autorität, die Oberhand behalten; so würde England nicht die Thräne
des Patrioten verdienen. Unser Vaterland, und
selbst die Verwandten des Herrn Pitt rufen laut
um Frieden; ja, Mylord, um Frieden, er sey,
wie er wolle. Wer wird sich also wohl erfrechen,
den Völkern zuzuschreyen, daß das Menschen-schlachten dennoch seinen Fortgang haben müsse*) ? , , ,

Eine solche Vorstellung könnte das Volk zu Aus-
schweifungen spornen, an die nur zu denken, schon
schrecklich ist. Also lasset uns ein verfassungsmäßi-
ges, friedliches und entschloßnes Verhalten beobach-

---

*) Das Geschrey nach Frieden wurde gegen Ausgang des J.
1795 so laut und allgemein, daß sich das brittische Ministerium um so mehr gezwungen sah, demselben wenigstens
zum Schein, und wenigstens auf eine Zeitlang nachzugeben, und im Namen des Königs eine Bothschaft ins Parliament zu bringen, weil es nicht möglich schien, den
Unwillen, den die große Majorität der Nation über die
schrecklichen Folgen des unvernünftig unternommenen und
höchst albern geführten Krieges, und über die neuen Schritte der Regierung zu Stürzung der verfassungsmäßigen Freyheit des Volkes mittelst zwo verhaßter Bills zur Unterdrük-
kung des Berathschlagungs- und Supplicirungs-Rechts,
so wie der Sprech- und Druck-Freyheit, laut und öffentlich
bezeigte, anders zu besänftigen. Die Bedingungen aber,
unter welchen sich der Hof geneigt bezeigte, Frieden zu
machen, waren so absurd, daß sie von vernünftigen Leuten schon darum für Heucheley des Cabinettes erkannt wurden. Ob also, diese, im Namen des Königs gethane Ma-
nifestation bedeutenden Erfolg haben werde und haben könne, — löst sich itzt (am Ende des J. 1795) kaum noch
sagen.

ren: und thun wir dieses; so wird es uns bey dem,
der in den Herzen seines Volkes ohne Einwendung
regiert, gelingen.

In einer solchen Krisis richten wir natürlicher
Weise unsre Aufmerksamkeit auf das Betragen der
Hauptstadt, als einer Anführerinn des ganzen Lan=
des. London ist für das brittische Reich, was das
Herz für den ganzen Leib ist, — die Lebens = Quelle
seiner Existenz. Sie, My Lord, werden itzt aufge=
fodert, Sich als oberste Magistrats=Person dieser
Hauptstadt thätig zu beweisen; und es ist gar leicht
möglich, daß itzt ein oder der andere Versuch gemacht
wird, die Unabhängigkeit Ihrer Denkungs=Art wan=
kend zu machen, und die Reinigkeit Ihres guten Na=
mens dadurch zu beflecken, daß man Sie bey gegen=
wärtiger Gelegenheit zu einem dienstfertigen Werk=
zeuge der Absichten andrer Menschen zu brauchen
sucht.

Ich kann jedoch keinen Augenblick zweifeln, daß
Sie, My Lord, wenn ein solcher schändlicher Ver=
such gemacht wird, denselben mit gebührendem Un=
willen von Sich stoßen werden. Was für eine Er=
kenntlichkeit an Gelde, — was für ein Versprechen
von Minister=Freundschaft könnte Ihnen auch wohl
eine solche Wegwerfung Ihrer Ehre vergüten? Die
schöne Aerndte Ihrer Tage würde in eben dem Au=
genblicke, wie vom Winde, zerstreut seyn; und der
Abend Ihres Lebens würde Ihnen nicht mehr Zeit
lassen, das zerstreute wieder zu sammlen. In Ih=

ren Vermögens-Umständen sind Sie ein unabhän-
giger Mann, der Niemands Hülfe braucht; und in
Ihrer Denkungs-Art haben Sie längst eine unbe-
stechliche Redlichkeit zu Tage gelegt. Das sind sichere
und ehrenvolle Unterpfänder für Ihre Mitbürger und
für die ganze Nation, daß die rühmliche Geradheit
Ihres Ganges durch keine unschickliche Krümmung
geändert werden könne. In einem Zeit-Puncte, wo
uns der erste Minister der Krone vorschwatzen will,
daß der Thron eines Braunschweig-Lüneburg
verlohren sey, wofern nicht der Thron eines Capet
wieder aufgerichtet würde, kann Ihre Situation in
der That höchst bedenklich werden. Ihren Vorgängern hat immer nicht viel mehr auf den Schultern
gelegen, als was unmittelbar zu Local-Angelegen-
heiten gehörte; Ihre Pflichten aber müssen itzt
Einfluß aufs ganze Reich haben. - - - Ihre Grundsätze und Ihr Verhalten bey dieser wichtigen Gelegenheit können auf der allgemeinen Wage nicht anders, als von Gewichte seyn. Wie nöthig ist es also, daß Sie Vorsicht brauchen, damit Sie keinen
Fehltritt thun, und durch das Beyspiel, welches Sie
geben, nicht etwan den Feinden Ihres Vaterlandes
die Hand zur Bemäntelung ihres Verfahrens bieten.

Wenn Sie Sich mit Ihren Mitbürgern über
die unbedingte Nothwendigkeit eines unverzüglichen
Friedens-Schlusses besprechen; so werden Sie,
zweifelsohne das verschiedentliche Interesse und die
Affecten bemerken, von denen sich unsre Mitbürger

beherrſchen laſſen. Manche, die eine oder die andre
Begünſtigung von dem Miniſter erhalten haben, und
andre, die dergleichen noch von ihm erwarten, werden um Krieg und deſſen Fortſetzung ſchreyen.
Diejenigen, die ein Intereſſe bey Beförderung der
Oppoſitions-Männer haben, werden eben ſo heftig
wider Krieg ſchreyen. Auf ſolche Menſchen, My
Lord, dürfen Sie nicht hören; ihre Abſichten ſind
eigennützig, und Sie können daher eben ſo wenig
Vertrauen in ihre Verſprechungen, als in ihre Treue
und Anhänglichkeit an der gemeinen Sache des Vaterlandes ſetzen. ⁼ ⁼ ⁼ Gönnen Sie dagegen Ihr
Vertrauen Männern, die eben ſo unabhängig ſind,
wie Sie, und die durchgängigen Wohlſtand des brittiſchen Volkes als die beſte Sicherheit für ihren eignen Wohlſtand betrachten. Bey ſolchen Menſchen
vereinigt ſich die Selbſt-Liebe auf eine tugendhafte
Art mit dem Patrioten-Character, der gewiß von
der geſunden Vernunft einer edelmüthigen und bey-
ſtimmenden Nation in Ehren gehalten werden wird.

Sehen Sie übrigens dieſes Schreiben, My
Lord, als eine Vorrede zu einer Geſchichte des bisherigen Feldzuges an, die ich herauszugeben gedenke,
ſo bald der Winter die kämpfenden Heere zwingt,
ſich aus dem Feld in die Quartiere zu ziehen. ⁼ ⁼ ⁼
Meines Erachtens haben die Jahrbücher menſchlicher Thaten und Begebenheiten bisher noch keiner
merkwürdigern Epoche gedacht. Erlauben Sie mir
auch die Bitte, dieſe Epiſtel als ein aufrichtiges,

obgleich unwichtiges Merkmaal der Achtung und Ehrfurcht anzunehmen, die ich schon lange für Ihre
Denkungs-Art geheegt habe.

Mit den eifrigsten und aufrichtigsten Wünschen
für Ihre Gesundheit und Glückseligkeit sage ich hierdurch Eurer Herrlichkeit, leben Sie wohl.

Der Beobachter.

Ende des zweyten Bandes.

Druckfehler im ersten Bande.

In der Vorrede.

Seite 4 Zeile 14 del. Eifer —
- " 11 " 3 von unten statt ihrer lies seiner —
- " 14 " 17 st. durfte, l. dürfte. —
- " 17 " 1 der Note l. foderte noch am —

Im Werke.

Seite 7 Zeile 21 del. auch —
- " — " 23 st. in dem l. indem —
- " 19 " 10 st. nächst dem l. nächstdem —
- " 33 " 7 der Note st. alle l. alte —
- " — " 2 von unten st. könnte l. könne. —
- " 38 " 2 von unten der Note st. Einen, l. Einigen, —
- " — letzte Zeile der Note st. Reisende l. Rasende —
- " 45 Z. 4 del. das —
- " 51 " 5 v. u. l. an diesem —
- " 54 " 21 del. nach Inseln das Comma —
- " 57 " 4 der Note st. im l. in seinem —
- " 58 " 1 l. (welches —
- " 76 " 12 st. auch l. gleich —
- " 123 " 5 v. u. l. Regierung —
- " 124 " 13 l. würden. —
- " 143 " 7 v. u. st. würde l. wurde —
- " 154 " 2 v. u. der Note l. Exiliums —
- " 157 " 3 l. Sitzung —
- " 159 " 16 l. zu vernichten. —
- " 160 " 4 der Note l. entrissen: ist aber wohl dadurch —
- " 166 " 3 v. u. l. blieben —
- " 175 " 1 der Note st. die l. diese —
- " 177 " 16 l. verfochten —
- " 185 " 4 st. wenn l. wem —

Was die Gesinnungen der Verbündeten gegen einander selbst, und insonderheit Rußlands politische Anschläge in Absicht auf Pohlen betrifft, so heegt unser Beobachter offenbar gleiche Meynung mit dem stillen Beobachter; und er hat vor letzterm noch das voraus, daß er, weil er später schrieb, schon mit Erfahrungen vielerley belegen konnte, was sein Vorgänger bloß theoretisch und muthmaaßlich behauptet hatte.

Wie wenig durch die so verschrieene Lehre von Freyheit und Gleichheit selbst bey den Armeen der Neufranken die im Dienste so nöthige Subordination gestört werde, hat unser Beobachter auf eine eben so reizende, als interessante Art durch bündige Zeugnisse aus der Erfahrung dargethan.

Daß man aber wegen der angeblichen Atheisterey, in deren Ruf die Franzosen durch einige Tollhäusler-Schritte des National-Conventes zu Anfange des robespierrischen Dictator-Regiments gebracht worden waren, Krieg wider sie führen wollte und führte, erklärt er eben so gut für widersinnig, wie es schon der stille Beobachter dafür erkläret hatte.

Und was insonderheit seinen Haupt-Zweck anlangt, so beweist er aufs überzeugendste aus der durchgängig herrschenden Gesinnung seiner Landsleute, daß durch Abschaffung der Königs-Würde

b

in Frankreich die königliche Regierung in Groß=
Britannien auf keine Weise gefährdet werden könne,
so lange man sie nur dem Volke nicht mit Gewalt
dadurch verhaßt macht, daß man ihm seine verfaß=
sungsmäßigen Rechte und Freyheiten entzieht. —
Sollte man aber, wie es itzt ganz das Ansehen hat,
das letztere freventlich unternehmen und hartnäckig
dabey beharren; so kann alsdann freylich Niemand
für die Folgen davon haften. Und wer hätte dann
die Schuld, wenn diese Folgen unerwünscht, der
Erwartung vielleicht ganz zuwider ausfielen, und
denen, die so tollkühn die Rechte eines frey=gebohr=
nen Volkes antasteten, wiederführe, was sie selbst
verschuldet hätten?

Die Entfernung vom Druck=Ort hat es mir
unmöglich gemacht, alle Fehler im Abdrucke dieser
Sammlung im ersten so wohl, wie im zweyten
Bande zu verhüten. Was indessen nicht wider den
Sinn, was nur wider Genauigkeit in der Orthogra=
phie und Interpunctation anstößt, das verbessert
schon jeder aufmerksame Leser, unerinnert, von selbst.
Wo hingegen durch die Druck=Fehler der Sinn dun=
kel, unverständlich, oder sonst verunstaltet ist, da
war es nöthig, die wahre Les=Art der Handschrift
durch genaue Anzeige derselben herzustellen, welche
ich also dem Ende dieses zweyten Bandes ange=
hängt habe.

––––––––––––